우리는 기존 시스템을 바꾸려 하기보다는 오히려 그 체제를 인정하고 그 속에서 좀 더 높은 자리를 차지하려고 애씁니다. 대부분의 사람들은 자기도 기득권 강자처럼 되고 싶은 마음에 강자와 자신을 동일시하고 사회가 인정하고 부러워하는 성공을 인생의 목표로 삼고 있습니다. 이러한 '강자 동일시'는 '오로지 성공'의 욕망과 함께 강한 집념이 되어 우리의 삶을 끝없이 돈중독과 일중독으로 몰아갑니다. 왜 그럴까요? 그것은 첫째, '어떻게 감히, 내가, 이 구조를 바꿀 수 있단 말인가?' 하고 아예 처음부터 체념하기 때문입니다. 둘째, 그것은 '나도 저 높은 사람들처럼 강자가 되어 기득권을 맘껏 누려야지'라고 강자에 대한 선망과 자신의 세속적 욕망을 당연시하고 거기에 '강렬한 성공 집착'을 더하여 모두가 '강자 동일시'에 이르렀기 때문입니다. 철학자 니체는 이런 '강자 동일시'의 심리를 르상티망ressentiment이라고 해서 '원한에 기초한 노예-약자들의 시기와 질투와 복수'로 이해하고, 이 '르상티망'이 현대인의 가장 중요한 내면 풍경이라고 말했지요. 다시 한 번 물어볼까요. 왜 우리는 변화를 꿈꾸기보다 이런 '강자 동일시'의 태도를 갖게 될까요? 그것은 한편으로 변화를 꿈꾸던 사람들이 핍박받고 좌절하고 망하는 것을 너무 많이 보았기 때문에, 그리고 다른 한편으론 그저 주어진 현실 구조에 잘 적응해 기득권 계층으로부터 인정받고 잘사는 사람을 보면서 '나도 (저 사람처럼) 성공할 수 있다'는 꿈을 꾸기 때문입니다. 요컨대 강자의 폭력에 대한 두려움, 그리고 기득권을 누리는 이의 성공에 대한 부러움이 한데 섞인 결과, 우리는 '강자 동일시'의 심리에 젖어들고 있는 것입니다. 특히 IMF 사태 이후 "나도 망할 수 있다"는 위기감은 "나도 그들처럼 돈을 많이 벌고 성공하고 싶다"는 절박한 욕망과 합쳐져 더욱더 '강자 동일시'에 우리를 빠트립니다. 그리하여 우리는 '부당하고 힘센 자'를 '미워하면서 닮아' 갑니다. 오늘 우리는 함께 보다 나은 삶의 질서를 만들어 나가려는 변화의 의지를 속으로 억누르고 미리 포기합니다. 오히려 경쟁구조에 잘 순응하여 개인적으로 성공하는 것이 더 '현실적'이라며 억압적인 기득권 경쟁을 적극적으로 받아들입니다. 이런 '강자 동일시' 속에 경쟁구도는 더욱 치열해지며 사회는 더욱 심하게 분열됩니다. 친구나 이웃도 라이벌, 즉 경쟁 상대나 적으로 둔갑하는 것입니다. 그야말로 '만인에 대한 만인의 투쟁'이 삶의 현실이 되는 것입니다. 그 결과 역설적으로 경쟁의 구도를 만든 소수 기득권의 힘은 더욱 강해지고, 강자의 벽은 한층 높아집니다. 또 그럴수록 '강자 동일시'는 더욱더 강화되며 돈중독과 일중독은 중독을 넘어 자연스러운 삶이 됩니다.

강자 동일시

●

무엇이 우리의 행복을 가로막는가

ーーーーーーーーーーーーーーーーーー

돈중독 · 일중독

나의 불행은 내 탓이 아니다*

*악한 강자와
 강자가 되고 싶어 안달하고 애써 겨우 '끄트머리 강자'가 된 약자 사이에서,
 희망을 잃고 고통받는 선한 약자를 위하여,
 또한 '약자의 고통'을 함께 나누고자 하는 선한 강자를 위하여.

강자 동일시

●

무엇이 우리의 행복을 가로막는가

돈중독 · 일중독

사무사책방
Manifesto

강자 동일시

●

무엇이 우리의 행복을 가로막는가
돈중독·일중독

강자 동일시

●

무엇이 우리의 행복을 가로막는가

돈중독·일중독

강자 동일시

●

무엇이 우리의 행복을 가로막는가

돈중독·일중독

무엇이 우리의 행복을 가로막는가?

첫째도 돈, 둘째도 돈, 셋째도 돈!

첫째도 돈, 둘째도 돈, 셋째도 돈! 이 말은 재벌 회장의 구호가 아닙니다. 어느 은행가의 슬로건도 아닙니다. 바로 돌아가신 제 아버님의 말입니다. 아니, 말이라기보다 한恨이었습니다. 돈, 돈, 돈! 놀음을 좋아하던 할아버지와 일찍 돌아가신 할머니, 변변찮은 가정에서 끼니도 걸러 가며 일제 하 강제노동과 미군정기, 6·25 한국전쟁과 보릿고개 시절을 남의 집 품팔이 및 소농으로 살다 가신 제 아버지의 고단했던 일상 속에서 저절로 형성된 철학이었습니다. 일종의 '돈 트라우마'!

가난했던 저는 돈의 중요성을 어릴 적부터 '세뇌'받았죠. 요즘 흔해 빠진 '돈 세탁' 이전에 '뇌 세탁'입니다. 그러나 동시에 돈에 대한 증오심도 커졌습니다. 도대체 그놈의 돈이 뭐길래 아버지가 날마다 돈 타령을 하게 되었나? 그

렇다고 어머니께 살림살이 잘하라고 넉넉히 갖다 준 것도
아니고……. 도저히 잊혀지지 않는 제 어릴 적(1960~1970
년대) 기억 하나는, 쌀은커녕 보리쌀 살 돈도 없어 어머니
가 머리카락을 잘라 팔던 장면입니다. 그러니 저 역시 마
음 깊이, '망할 놈의 돈! 도대체 돈이란 게 뭐야?' 이런 생각
이 어떻게 들지 않을 수 있었겠어요?

경제개발 직전인 1960년은 1인당 국민소득이 100달러
도 안 됐습니다.(100달러가 뭐예요? 6·25 이후 남과 북이 갈린 분
단국가로 전쟁의 상처가 채 아물지 않아 팔다리 끊어진 '상이군인'
과 '고아와 거지'들이 넘치는 나라, 전 세계에서 가장 가난한 나라가
바로 우리나라였지요.) 그런데 2020년 지금은 3만 달러를 훌
쩍 넘었죠. 60년 전에 견주면 지금 우리는 평균 300배 이상
부자가 된 셈입니다. 실제로, 중국이나 동남아 여행을 해보
면 우리가 잘살고 있는 것을 실감하기도 하지요. 그렇다면
이제 우리는 과거의 고생을 뒤로하고 여유롭고 행복하게
살고 있나요? 아니면, 지금도 역시, 첫째도 돈, 둘째도 돈,
셋째도 돈 하며 가난했던 과거와 전혀 다름 없이 여전히
돈에 치대며 하루하루를 숨가쁘게 보내고 있나요?

"돈이 다리미"라는 말

2019년 아카데미 작품상을 받은 봉준호 감독의 영화
〈기생충〉엔 '돈이 다리미'란 말이 나옵니다. 돈이 인생의

모든 주름을 쫙 펴준다는 얘기죠. 돈이면 걱정도 불안도 스트레스도 다 날아가니까요. 심지어 나쁜 이미지조차 돈으로 세탁을 하죠. 그러니 '돈이 곧 권력'이고요.

오죽하면 '유전무죄, 무전유죄'란 말이 지금도 통용될까요? 듣기엔 경찰이나 판검사에게 돈을 '제대로' 써서 죄가 없게 되었다는 말도 많습니다. 실제로 비싼 변호인을 사서 일을 맡기면 있던 죄도 없어지고 무거운 죄도 가볍게 처리되기도 했다는 이야기 또한, 주변에 찾아보면 넘치고 넘치지요. 감옥에 가더라도 '황제노역'이라 해서 '부자 출신' 죄수의 하루 노동은 수백만 원어치로 계산되죠. 같은 감옥의 죄수라도 돈에 따라 노동가치가 달라지니, 누구나 돈, 돈, 돈 타령을 할 수밖에요.

사실 평소에도 그렇긴 해요. 비싼 명품 옷을 입은 사람, 고급 외제차를 타는 사람, 명품 가방을 든 사람은 특별히 귀하게 보이죠. 반대로 싸구려 옷을 입고, 경차를 타고, 싼 가방을 갖고 다니는 이는 아무렇게나 대해도 될 듯하죠. 오죽하면 호텔에 들어갈 때 경차를 몰고 가면 경비 아저씨가 들어가지 못하게 저지할까요? 그래서 너도 나도 돈, 돈, 돈! 하는 거죠.

일도 돈도 적당한 수준에서 만족하고, 시간을 내어 가족과 많이 웃고 어울려 놀며 이웃과 잘 지내면서 건강하고 행복하게 살면 좋을 텐데 그게 의외로 쉽질 않지요.

한 번만 깊게 생각해보면 우리 사회의 시스템이, 우리 사회를 큰 틀에서 움직이는 경쟁과 자본이 이걸 허락하지

강자 동일시

않고 있구나 하는 사실을 어렴풋이라도 느끼고 깨닫지요. 우리는 늘 타인과 비교하면서 또 비교당하면서 살지요. 비교는 이상하게도 나보다 못한, 나보다 가난한 사람과는 하질 않지요. 비교는 언제나 나보다 부자인 사람들과만 하게 됩니다. 사회적 분위기(부르디외라는 프랑스 사회학자가 말하는 아비투스habitus이지요)가 그래요. 꼭 나보다 잘살고 잘난 '강자'들과 비교를 시키지요. 교육부터요. 그러니 늘 '상대적 박탈감'만 느낄 뿐이지요.

삶의 대부분을 받쳐주는 힘, 인정받고 능력있는 '강자'의 힘은 돈에 있다는 것을 온 사회가 밤낮으로 보여주며 가르치고 강요하고 있지요. 특별한 배움 없이도 사람들은 돈이 없으면 삶이 너무 비참하게 느껴지고, 돈만이 행복을 보장한다는 것을 저절로 알게 됩니다. 보더스의 말처럼 "세상의 모든 문제는 돈과 연결되어 있다"고 믿게 되니 마침내 돈이 신神이 되는 것입니다. 이런 세태를 물신주의物神主義라 하죠.

물신주의가 중독을 만들고, 중독은 죽음을 부른다

물신이란 사물을 신처럼 섬긴다는 말입니다. 그 배경엔 살가운 자연관계와 인간관계가 죄다 사라지고 상품관계와 화폐관계만 남았다는 탄식이 서려 있죠. (물론 사람이 살아가는 데는 물질이 꼭 필요하지요. 하지만 아무리 그렇더라도 그

15

물질의 근본바탕이 되는 자연은 그 어떤 물질보다 비교 불가능할 정도로 절대 중요합니다. 공기나 물이 없으면 제아무리 부자라도 똑같이 절망과 공포에 빠지죠.) 살기 위해서는 집, 옷, 먹을 것 같은 물건이 필요한데, 모두 사람이 일을 해서 만들어내는 것들이지요. 자연에 의지하더라도 물건은 사람이 '인공적으로' 만드는 것이지요. 그런데 이제는 그 옛날 수렵 시대나 채취 시절과 달리 대부분 직접 만들지 않고 모두 다 시장에서 상품으로 구입하지요. 그 상품은 오로지 돈으로만 살 수 있는 것이고 그러기에 너도 나도 돈, 돈, 돈, 하는 게 언뜻 보면 당연한 삶의 이치이긴 합니다.

문제는 온 세상이 그놈의 '돈' 때문에 과잉으로 경쟁하고, 과잉노동하고, 과잉소비하며, 과잉쾌락까지 추구하는 일이죠. 로빈슨 크루소처럼 나 홀로 사는 게 아니라 많은 사람들이 모여서 살려면 어느 정도의 경쟁, 노동, 소비, 쾌락을 추구하는 건 어쩔 수 없는 일인지도 모릅니다. 하지만 지금의 자본주의 사회는 적당한 수준에서 결코 만족할 줄 모릅니다. 교육과 미디어가 앞장서서 우리들의 경쟁심과 세속적 욕망을 끝없이 부풀리지요. 남을 이기고 남보다 잘살지 않으면 무언가 크게 잘못 사는 것 같은 사회 분위기 속에 그 욕망이 '진짜 자신이 원하는 욕망'인지 아니면 '사회가 자신에게 세뇌시킨 가짜 욕망'인지 도무지 알 수 없게 만들지요. 어쨌든 경쟁 속에서 이겨야 하니까, 돈이 많은 '강자'가 되어야 하니까, 딴 생각하고 한눈팔면 지니까 가난해지고 '루저'가 되니까, '끊임없는 공부' '끊임없

　　　　　　　　　　　　　　　강자 동일시

는 일'로 '끊임없이 돈'을 추구하게 되지요. 그렇게 모두가 끊임없이 과잉으로 치닫고 중독에 빠져듭니다. 스스로 멈추지 못하기 때문입니다. 그 끝엔 죽음이 기다리죠. 개인적 죽음뿐만 아니라 사회적 파국이란 의미에서 말이죠.

이런 얘기에 많은 사람들이 이렇게 대답해요. "죽어도 좋으니 돈 좀 많이 벌고 싶다", "중독이라도 좋으니 죽도록 일 많이 하고 돈 벌어 떵떵거리며 살고 싶다", "개같이 벌어 개같이 쓰다 죽더라도 돈만 있다면 여한이 없겠다." 이런 마음, 가난하게 자랐던 저 역시도 잘 압니다. 제 아버지나 어머니도 비슷했을지 모릅니다. 하지만 조금만 더 생각해보죠. 우리 인생이 하루이틀로 끝나는 것도 아니잖아요. 그래도 좀 의미도 있고 사는가시피 살려면 '돈에 복수하듯' 그저 욱하는 심정으로만 살 순 없죠. 아우슈비츠 수용소에서 프랭클 박사가 깨달은 게 무엇입니까? 그 '죽음의 수용소'에서조차 인간은 어떻게든 의미를 추구하고 의미없이는 한순간도 살 수 없는 존재라는 사실이었지요. 아무리 생각해봐도 결국 일이고 돈이고 '강자'고 모두 '살자'고 하는 것이지 '죽자'고 하는 건 아니니까요. 살더라도 '무조건이 아니라 의미있게' '잘'살아야겠죠. 우리가 사는 오늘의 자본주의 사회를, 그 속에서 다람쥐 쳇바퀴처럼 도는 우리들 인생살이를 좀 더 차분하게, 진지하게 되돌아봐야 할 이유가 너무나 많이 있습니다.

"하루를 살더라도 한 번뿐인 내 인생, 인간답게 의미있게 살기 위하여!"

공부와 취업, 노동과 인생

지금과 같은 자본주의 사회에서 돈을 벌려면 어떻게 해야 하나요? 당연히 괜찮은 일자리를 잡아야죠. '일하지 않으면 먹지도 말라'는 말도 있잖아요. 일도 않고 돈도 못 벌며 밥만 축내면 식충食蟲이라 하죠, 밥벌레!

제가 중·고등학교 다닐 때, 시험 결과가 나쁘면 선생님들이 애들에게 이렇게 물었죠. "느거 아부지, 뭐하시노?" 어떻게 들으면 부모가 부자면 성적이 나빠도 괜찮다는 얘기에요. 또 다른 선생님은 이렇게 물었어요. "너, 밥도 묵고 댕기나?" 학생이 "예"라 대답하면, 선생님은 "밥만 축내고 댕기지 말고 열심히 공부해라!" 했죠. 그러면 애들은 고개를 푹 숙였죠. 선생님의 '선의의 가르침'과는 별개로 '밥값'하며 살라는 말도 기본은 같은 원리죠. 삶 그 자체로 존중받는 게 아니라 뭔가 값어치로 따져 밥값을 능가해야 옳다는 생각이 들어 있지요. 굳이 오늘날 개념으로 말하자면, 비용 대비 수익cost-benefit, 가성비價性比 분석!

지금 생각하면 일종의 언어폭력이지만, 당시엔 관행이었죠. 그런데 그게 선생님들이 애들을 미워해 그런 건가요? 아니죠. 정반대죠. 선생님들 모두 '아이들 장래를 위하는' 마음에서 그런 거죠. 다만 그 방법과 생각이 문제이지요.

요컨대 돈 많이 벌어 남부럽지 않게 더 나아가 남이 부러워하게 살려면 좋은 일자리 잡아야 하고, 그러려면 일단은 공부를 잘 해야 한다, 바로 이게 보통 우리가 어릴 적부터 세뇌된 '인생 내비게이션'이죠.

돈 벌어 남부럽지 않게, 아니 남부럽게 떵떵거리며 살기 위해 모두 눈만 뜨면, 공부, 공부, 공부! 하는 세상이 된 겁니다. 그렇게 공부해서 어렵사리 취업하면 직장생활은 언제나 일이 넘치고 갈수록 일중독workaholism에 빠질 수밖에 없는 나날이지요. 사회 전체가 한편에는 일 없이 놀아 죽을 맛인 사람, 다른 편에는 일에 치여 죽을 맛인 사람, 이래도 죽을 지경, 저래도 죽을 지경입니다. 살자고 돈 벌고 일하는 건데, 언제나 '일은 많고 돈은 없으니' 일 때문에, 돈 때문에 모두 죽을 지경이죠.

일을 해야 먹고 산다지만, 자본주의 노동은 사실 골치덩어리입니다. 바로 차별 때문이에요. 첫째는 가사노동과 직장노동이 차별되는 문제, 둘째는 취업자와 실업자로 갈라지는 문제, 셋째는 취업자도 정규직과 비정규직으로 차별되는 문제, 넷째는 남성 노동력과 여성 노동력이 차별되는 문제, 다음은 자국 노동력과 외국 노동력이 차별되는 문제, 다음은, 아래로 '갈'구고 위로 '비'벼야(이른바 '갈비의 법칙') 살아남는 문제, 또 다음은, 사람이나 자연에 해로워도 돈이 된다면 무조건 많이 만들어 무턱대고 많이 파는 문제. 문제, 문제, 문제…… 결국 이 모든 문제의 뿌리는 '돈에 중독된' 사회구조 때문입니다.

모르는 사이에 돈이 마약처럼 되었죠. 매일매일의 삶이 '돈벌이 전쟁'이지요. 가정이나 학교나 직장이나 모두가 돈벌이를 위한 전쟁이고, 나라와 나라, 체제와 체제 사이에도 중심 문제는 '돈벌이 전쟁'이지요. 종교에서조차 신은 사라지고 돈이 최고의 신이 되었으니까요.

돈중독 사회의 해악 중 하나는 알콩달콩 시끌벅적 오순도순하던 삶의 이야기가 사라졌다는 겁니다. 인생이란 게 잘났으나 못났으나, 자기 자신을 좋아하고 사랑하며 자기를 낳아주고 길러주신 부모님과 이웃과 사회를 존중하고 자신의 삶이 의지하고 있는 자연을 소중히 여기는, 뭐 그런 게 아니겠습니까. 그래서 서로 이야기 나누며 웃고 울어가며 고생도 같이하고, 서로 사랑하고 위로하며 도란도란 그렇게 살아야 하는 것 아니겠어요?

쉽고 예쁘고 화려한 것만 찾고, 잘났다고 오만방자 뻐기고 못났다고 비굴과 혐오와 저주를 일삼는다면, 그건 무엇보다 먼저, 나 스스로 '내 삶에 대한 기본적 존중'을 차버리고 불행의 불구덩이 속으로 '멍청하게' 자청해 들어가는 것이지요. 돈중독 사회가 되니, 돈 없는 사람을 쉽게 무시하고 함부로 대하며, 모든 것을 돈의 이해관계 속에서 계산하게 되지요. 그러니 가족이나 이웃, 친구 사이의 친밀한 관계들이 모래알처럼 푸석푸석해지고 맙니다. 빨리 돈 벌어 편하고 사치하게 살고 싶은 마음에 잔머리를 굴리며 돈벌이만 생각하며 살아가게 되지요. 물리적으로는 살아 있지만, 인간적으로는 이미 죽은 삶이지요. 이걸 좀비Zombie라 하던가요? 아니 죽음보다 못한 삶일 수도 있어요.

우리는 흔히 삶과 죽음을 대조하지만, 그 중간에 좀비가 있는 거죠. 산 것도 죽은 것도 아닌, 어정쩡한 좀비 상태……. 돈중독 사회, 돈중독 개인에게서 흔히 볼 수 있는 현상이지요.

잘사는 것이 잘 죽는 것이고, 잘 죽는 게 잘사는 것이란 말도 있지만, 삶과 죽음은 원래 긴 생명의 흐름 속에서 하나입니다. 마치 한 톨의 밀알이 썩어 수많은 밀알을 새로 키워내듯 말이죠. 하지만 자본주의 안에 갇힌 삶은 산 것도 아니고 죽은 것도 아닌, 돈벌이와 일중독에 빠져 이리저리 치이며 좀비 신세로 살기를 강제당하죠. 원래 자본資本이란 게 돈으로 돈을 버는 것이니, 돈이 안 되는 것은 모두 쓰레기 취급합니다. 돈벌이에 도움이 안 되면 사람도 쓰레기처럼 무더기로 버려지니 말이죠. 이렇게 자본에 갇힌 줄도 모르게 갇혀 살아가는 존재, 바로 이게 오늘날 우리들의 자화상이 아닐까요? 그래서 외칩니다. "더 이상 좀비로 살 순 없다! 좀비가 아닌 인간으로 살고 싶다!"

그 많던 아이들 꿈은 어디로 갔을까?

얼마 전까지 초등생 꿈이 '공무원'이라 했지요. 공무원이 꿈이라는 아이에게 "왜 공무원이냐?" 했더니 "연금이 나오잖아요"라고 합니다. 들어보셨죠? 참, 기가 막힙니다. 하다못해 "공무원이 돼 나라를 정의롭게 하고 싶다"든지 "이웃을 위해 봉사하고 싶다"든지 이런 게 아니라, '연금'

이 나오니까 좋다? 정말, 너무합니다. 그런데 그나마 공무원으로 뭔가 하겠다는 건 좀 낫죠. 요즘 애들은 '공무원'이 아니라 '건물주'가 꿈이래요. 일단 건물주가 되면, 편히 앉아서 돈만 챙기며 살겠다는 거니, 더 이상 할 말이 없어요. 솔직한 것인지는 모르겠지만 이런 아이들이 많아질수록 우리 미래는 그야말로 참담해집니다.

왜들 이럴까? 어린아이들조차도 이렇게 돈에 눈먼 '돈 중독'자들로 자라고 있다니! 무엇이 우리를 이렇게 만든 것일까? 문제는 우리 사회가 존재가치(쓸모 있는 것)가 아니라 교환가치(돈이 되는 것)만 중시하는 사회가 되어버렸기 때문입니다.

보다 깊게 바라보면 교환가치인 '돈'을 많이 갖고 떵떵거리며 남이 부러워하는 '강자'가 되고 싶어서지요. 아니 바로 그 '강자가 되고 싶은 마음'만을 지나치게 확대하여, 모든 것을 '강자의 시선'으로 보고 나와 강자를 쉽게 일치시킨 다음 '오로지 성공'과 '강자 동일시'를 한데 묶어 집념과 집착으로 만들어버린 것이지요. 중독을 중독인지 모르게, 그냥 자연스러운 일처럼 '위로만 위로만' 우리의 세속적 욕망과 이기적 욕심을 부풀리며 심화시켰지요.

아이들이 무슨 잘못이 있겠어요? 부모들이 하는 말, 어른들이 하는 말, 언론에서 하는 말을 되풀이할 뿐이죠. 다 어른들 때문입니다. 어디에서 살지를 결정할 때 가장 중요한 기준은 아이들 행복보다 아파트의 시세이지요. 만약 우리 아이가, 이태석 신부나 슈바이처 박사처럼 아프리카로

강자 동일시

가서 가난하고 아픈 사람을 치료해주려는 꿈을 가졌다면 대견하다고 칭찬하기는커녕 "쯧쯧, 그런 생각 가지고 밥은 먹고 살겠냐? 너만 좋으면 되냐?"고 펄펄 뛰며 말리겠지요.

이런 세태는 최근 부동산과 관련된 사회적 논란에서도 잘 드러나고 있지요. 집 부자들이 수억대 수십억대의 시세 차익을 노리며 집 장사를 하거나 전세나 월세살이를 하는 사람들에게 폭리를 취하려는 모습들이 바로 그것입니다. 고급 아파트 사는 부모들이 임대 아파트 아이들이 자기 아이들과 같은 학교에 다니는 걸 아무런 부끄럼없이 대놓고 반대하는 일이 수두룩한 지경이니…. (우리 시대 '돈중독 사회' 속에 우리 스스로가 빠진 '강자 동일시', 그 욕망의 이기주의는 우리 삶을 '늑대와 늑대의 전쟁터'로 몰아놓고 우리 모두를 불행하게 만들고 있지요.) 따지고 보면, 집이나 땅은 우리가 이 지구별에서 잠시 빌려 쓰고 가는 것인데, 그걸 재테크니 재산증식이니 하면서 투기의 대상으로 삼는 건 분명히 범죄이고 죄악이죠. 벌써 집이나 땅이라고 하지 않고 '부동산'이라 하는 것 자체가 땅에 대한 모독입니다. 땅과 집은 모든 생명을 키워내는 근본인데, 이걸 상품화해서 돈벌이 수단으로 삼는 행동이야말로 우리가 사는 사회가 물신주의에 빠져 있다는 가장 확실한 증거이지요. 모두가 돈의 노예인 것이지요. 불편하지만 분명한 진실입니다. 그래서 외칩니다. "교환가치보다 존재가치를! 상품가치보다 생명가치를!"

첫째도 삶, 둘째도 삶, 셋째도 삶!

길지도 않은, 단 한 번뿐인 인생, 제대로 살기 위해선 정직한 성찰이 첫 걸음입니다. 우리가 요가를 하는 이유는 뒤틀린 몸을 바로잡자는 겁니다. 그러면 뒤틀린 마음은 어떻게 잡을까요? '정직한 성찰'이 답이죠. 마음이 뒤틀려 있다는 걸 알아차리고 인정하는 게 우선이고, 다음엔 이게 왜, 어떻게 뒤틀리게 되었는지 제대로 알아야겠죠. 그걸 위해선 제대로 된 '참공부'를 해야 합니다. '참공부'란 자신을 아는 공부이기도 하고 사회를 아는 공부이기도 하지요.

자신을 아는 공부는 내가 내 삶의 참된 주인공으로 살기 위해서랍니다. 내가 느끼는 흥미, 재주, 의미를 찾는 공부이기도 하고, 인생살이의 이치를 깨닫는 공부이기도 합니다. 기껏 100년도 못 사는 인생, 결코 재수나 삼수가 불가능한 인생, 하루를 살아도 멋지게, 행복하게, 알차게 살아보자, 이런 얘기죠. 그렇게 살아야 나중에 후회를 덜 하겠죠. 그래서 저는 이렇게 정리했습니다. 남이 부러워하고 사회가 인정하는 '강자'가 되기보다 먼저 나 자신이 '좋아하는 나', 나 스스로가 인정하고 사랑하는 '나 자신'이 되자. 남이 부러워하냐 안 하냐 하는 것은 중요한 문제가 아니다. 1등보다 돈보다 내 삶은 몇천 배 몇만 배 더 소중하다. '강자'가 되기보다 '나 자신'이 되자. 그리고 그 '나 자신' 속에는 '나'뿐만 아니라 '나'를 낳고 키워준 부모, 형제, 이웃이 있고 또한 '내 삶'이 가능한 '자연'이 있다. 나는 '나'이면서

강자 동일시

동시에 '사람과 자연 사이에서의 나'라고 생각했습니다.

돈에 사로잡힌 돈중독도 문제지만 돈을 증오하는 것도 문제다, 돈을 올바로 공부하면서 돈을 넘어서는 길을 찾자, 이거죠. 제가 35년 전, 대학 졸업 무렵에 앞으로 학자가 되기로 결심한 것도 이런 생각 때문이었어요. 어떻게 하면 사람을 잘 다루고 일을 많이 해 돈을 많이 벌까를 연구하는 학자가 아니라, 어떻게 하면 내가 행복하고 내 이웃들이 즐겁게 일하며 사람답게 살 수 있을지 연구하는 사람 말이죠.

사회를 아는 공부는 우리 삶의 방향을 제대로 잡기 위해서입니다. 기껏 열심히 살았는데, 방향이 잘못돼 후회 막심한 삶은 참 안타깝죠. 역사도 알아야 하고, 현 사회의 본질도 알아야 해요. 인류가 2050년을 넘기기 어렵다고 경고하는 '기후위기' 문제나 오늘의 '코로나19' 사태는 사회나 역사를 제대로 공부하지 않으면, 기껏 마스크 잘 쓰고 손소독 잘하고 백신이나 맞으면 된다는 식으로 끝나고 말지요. 그런 식이라면 코로나19가 끝나도 그보다 더 센 놈이 또 옵니다. 갈수록 태산이죠!

지금 우리가 사는 자본주의 사회는, 역사적으로 노예제나 봉건제를 허물며 등장했다는 뜻에서 긍정적 측면도 있지만, 동시에 만물의 상품화를 통해 인간과 자연, 공동체에 가하는 파괴성과 미래에 미치는 부정적 영향이 너무나 큽니다. 기후위기나 코로나 사태도 바로 이런 파괴성에 뿌리가 있죠. 돈에 중독되고 일에 중독되어 눈과 귀가 먼 나머지, 이런 걸 제대로 성찰하지 못하면 결국 우리는 '집단자살 체제' 속에 공멸하게 됩니다.

자본주의가 신자유주의라는 이데올로기 속에 윤리적 '인간의 얼굴'을 '위선'이라면서 던져버리고 야만한 '짐승의 얼굴'을 '차라리 정직'이라며 선택하고, 적자생존·약육강식의 맨 얼굴을 들이밀 때 우리는 무엇을 어떻게 해야 하나요. 모두가 '짐승자본주의'의 야만성에 길들여져 일부 지배계층의 '가스라이팅gaslighting'이나 '그루밍grooming'에 취해 오로지 '최적자' 혹은 '최종의 포식자'로 강자만 되고 싶어 한다면, 종포식자 공룡이 마지막엔 지상에 아무것도 남아 있질 않아 굶어 멸망했다는 이야기처럼 되지 말라는 보장이 어디 있겠어요.

1등만이 기억되고 살아남는다며 모두가 '강자 동일시'에 빠진다면, 그 어느 누구도 '선한 약자'되기를 거부하고 '악하든 선하든 간에 오직 강자만' 되어 살고자 한다면, 이 강자되기의 약육강식 전쟁은 누구에게나 어디에서나 일반화되어 마침내 집단자살, 집단공멸에 이르게 될 것입니다. 마지막 순간에 서로 살려고 아비규환, 아우성칠 일이 아니라, 이런 경고에 귀 기울이고 우리의 삶과 사회를 바꾸고 실력을 기르며 더 늦기 전에 시급히 탈출구를 찾아야 합니다.

그래서 '돈중독' '일중독' 사회와 '강자 동일시'의 심리를 극복해야 합니다. 우리의 삶과 사회의 모든 문제 핵심에 '돈중독'과 '일중독'이 그리고 그 밑에 '강자 동일시'의 심리가 깔려 있다는 사실을 직시해야 합니다. 죽임의 경제가 아니라 살림의 경제를, 양적 성장이 아니라 질적 성숙의 사회를, 노동력 양성이 아니라 인격체 발달을 돕는 교육을, 부자 되기가 아니라 두루 검소한 삶의 방식을 만들고 넓혀나가야 합니다. 무엇보다 '사회가 인정하고 남이 부러워하는 강자'가 아니라 '나 자신이 인정하고 내가 사랑하는 나다운 나'가 되어야 합니다. 그리고 그 마음으로 이웃과 자연과 함께 더불어 살아야 합니다. 나부터 실천하고, 또 더불어 실천해야 합니다. 정치와 경제와 문화의 구조를 모두 바꿔야 합니다. 여기서 언론과 교육, 종교와 예술의 역할은 매우 중요합니다.

아무리 일과 돈이 좋고 남부러워하는 떵떵거리는 강자가 되고 싶다 해도, 결국 이 모두는 내 삶을 온전한 내 삶으로 살기 위한 수단, 나답게 그리고 내가 사랑하는 이웃과 자연과 함께 살기 위한 수단에 불과합니다. 목적은 '삶'입니다. 한 번뿐인 내 삶을 위해, 나와 우리 모두를 위해, 나답게 나 자신으로 행복하고 자연과 함께 이웃과 함께 건강하게 사는 것이 목적입니다. 더 이상 우리 삶 전체를 상품화商品化하는 일이 없어야겠습니다. 그래서 '돈, 돈, 돈!'이 아닌 '삶, 삶, 삶!'으로 바뀌어야 합니다. 대량생산-대량소비 체제 속 과잉생산과 소비중독에서 해방되어 적정생산-적정생활의 새 시스템을 만들어야 합니다. 이제 더 이상 제 아버님처럼 눈만 뜨면 돈, 돈, 돈! 하는 사람이 없기를 소망합니다. 떵떵거리며 남 보기 좋은 '강자'가 아니면 어떻습니까? 내가 인정하고 내가 좋아하고 내가 사랑하는 '나 자신'이 되어야지요. 그 '나'가 가까운 이웃과 정을 나누며 자연 속에서 자연과 더불어, 함께 맘껏 웃으며 건강하게 살아야지요.

사무사책방思無邪冊房의 김지환 주간이 저의 강의를 책으로 엮어주신 것도, '강자 동일시' 그리고 돈중독과 일중독—이 모든 중독을 넘어 나답게 그리고 모두가 더불어 잘살아보자는 외침에 함께하고자 하는 뜻에서일 겁니다. 간절하고 급한 마음에 조금 지나치다 싶은 의견에도 그 숨은 뜻까지 찾아 이해해주는 편집자에게 깊은 고마움을 표합니다. 이 책을 읽어주시는 독자들과 더불어 우리 모두, '행복한 삶의 연대'를 생각합니다.

다시 한 번, 저의 바람을 정리해봅니다.

"무한한 성장만이 답은 아니다."
"더 이상 좀비로 살 순 없다."
"하루를 살더라도 인간답게 의미있게 살아보자."
"교환가치보다 존재가치를, 상품가치보다 생명가치를 추구하자."
"남이 부러워하는 나가 아니라 내가 사랑하는 나, 나다운 나로 살자."
"이웃과 자연을 지배하는 '잘난 강자'가 아니라, 이웃과 자연과 더불어 웃는 '행복한 나'로 살자."

"남보다 잘난 인간 '강한 나'가 아니라, 남과 더불어
　함께 잘사는 인간 '선한 나'로 살자."
"새로운 사회를 위해 행복한 삶의 연대가 필요하다."

2021년 5월
강수돌

1. 경쟁은, 우리를 어떻게 망치고 있는가?
2. 무엇에, 우리는 중독되어 있는가?
3. 나부터, '돈중독' '일중독' 벗어나기

Part 1

경쟁은,
우리를
어떻게
망치고 있는가

2012년 7월 초 각 언론에서는 한국사회에서 금융자산만 10억 이상을 보유한 부자들이 14만 명 정도라고 보도했습니다. 대부분이 부동산 자산가인 이들은 평균 144억 원을 갖고 있고 자녀를 위한 사교육에도 한 달 평균 1,000만 원 이상 쓰고 있습니다. (2021년 지금은 비교할 수 없을 만큼 더욱 더 심해졌겠지요.) 고급백화점과 명품숍들은 이런 사람들을 유혹하기 위한 각종 아이디어를 짜냅니다. '당신이 사는 곳' '당신이 타는 차' '당신이 입고 있는 옷'이 '당신의 품격'을 말해준다는 광고와 특별한 서비스를 세련된 영상에 담아 전합니다. 구매력을 가진 소수의 상류계층에만 해당되는 그런 광고는 모두에게 열려 있고 누구나 보고 듣습니다. 밤낮으로 떠다니는 그런 광고에 계속해서 접속되면 '명품 광고'는 곧 '세뇌 광고'가 됩니다. 평범한 보통사람도 그런 것을 동경하고 선망하게 되며 마침내 자신도 그 비싼 명품을 가져야만 하고, 가질 수 있으리라는 욕망에 부풀게 됩니다. 그 꺼지지 않는 욕망의 불길 속에 갇혀 그런 명품을 갖지 못하면, 무슨 커다란 결함을 지닌 못난 인간이 된 것 같은 절망감과 무력감에 빠지게 됩니다.

1

경쟁은, 우리를 어떻게 망치고 있는가?

경쟁이란 무엇인가

'경쟁은 좋은 것'이라는 거짓말

많은 사람들이 경쟁은 좋은 것이라고 믿습니다. 아니, 경쟁은 우리 인생의 본질이며, 꼭 필요한 것이라고까지 말합니다. 물론 지나친 경쟁이나 공정하지 못한 경쟁은 문제가 좀 있다는 토를 살짝 답니다. 논란을 일으키며 비판이 많아지면 이렇게 말합니다. 현실 자체가 경쟁인데 어느 누가 피해갈 수 있냐며, 어쨌거나 결론은 '경쟁은 필수'라고 합니다. 남은 문제는 현실이 이러하니 우리 각자는 어떻게 하면 경쟁력을 높일 것인가 하는 실천 방법을 고민해야지 무슨 뚱딴지같이 한가한 소리를 하고 있느냐며 문제를 제기하면 오히려 짜증을 냅니다. 그래서 자기 계발이나 자기 계발을 돕는 학원들이 인기를 끕니다. 모두가 성공을 향해, 부나방처럼 타 죽는지도 모르고 경쟁의 불구덩이 속으로 앞다투어 뛰어드니 마침내 우리 사회는 '피로사회', '과로사회'가 되고 '일중독' 사회가 됩니다. 죽어가는 줄도 모르고 죽어가는 게임에 자발적으로, 무슨 사명감이라도 있는 듯 열심히 동참하는 것이죠.

왜 그럴까요? 과연 그런 식으로 모두가 경쟁의 게임에 필사적으로 뛰어들면 '모두' 행복해질 수 있을까요? 이제야말로 무턱대고 시류에 따라가기보다는 잠시 걸음을 멈추고 스스로 물어야 합니다. 정말 그렇냐고, 정말 그게 진실이냐고 말이죠. 우리의 느낌이 '뭔가 아닌 것 같다'라고 말한다면, 이 성찰은 우리 삶에 매우 소중한 돌파구를 여는 실마리가 될 수 있습니다.

우선은 경쟁은 좋은 것이란 말부터 한번 따져보지요. 경쟁competition이란 말의 어원을 보면, 라틴어로 '함께 추구하는 것'이란 뜻입니다. 경쟁은 바람직하거나 공통적인 목표를 향해 손 잡고 '더불어' 가는 것입니다. 만약 오늘날도 우리가 이런 의미로 경쟁이란 말을 쓴다면, 말할 필요조차 없이 경쟁은 좋은 것입니다. 바람직한 것을 함께 추구하는데 누가 나쁘다고 하겠습니까?

그러나 오늘날 문제시되는 경쟁은 그냥 경쟁이 아닌 생존경쟁을 뜻합니다. 다른 말로 '너 죽고 나 살자' 경쟁입니다. 다른 사람을 억누르고 내쳐야만 내 생존이 보장되는 사회가 곧 우리가 살아가는 이 자본주의 사회의 현실입니다. 저는 이를 두고 '팔꿈치 사회'라고 했습니다. 팔꿈치로 주변 사람을 밀쳐내야지만 나의 생존이 보장되는, 치열한 경쟁사회란 뜻입니다. 만약 이런 현실을 직시하지 않고 그냥 경쟁은 좋다고만 한다면, 그것은 좋게 말해서 착각이고 냉철하게 말하면 사기에 세뇌당한 것입니다.

생존경쟁은 놀이경쟁과 다르다

생존경쟁이란 초등학교 운동장에서 벌였던 놀이경쟁과는 전혀 다른 개념입니다. 놀이경쟁에서는 청군과 백군으로 나뉘어 운동하고 경쟁하면서 재미를 느낍니다. 나도 모르는 사이에 친구들과 친해지고 단합된 힘도 느껴집니다. 같이 놀고 경쟁하는 것이 좋은 것임을 체험하는 순간입니다. 축구나 씨름, 기마놀이나 배구, 굴렁쇠 굴리기나 피구와 같은 여러 경기를 하고 개별 점수나 종합 점수가 나와 청군이 승리하고 백군이 패배하더라도 또 그 반대였다 하더라도 자기 편이 져서 약간 속이 상하는 정도일 뿐 생존 자체가 문제되지는 않습니다. 혹시 사회자를 잘 만난다면 승리한 팀이 져서 마음이 아픈 팀을 위로하기 위해 업어주자고 말할지도 모릅니다. 그렇게 되면 청군은 이겨서 좋고 백군은 업혀가면서 기분이 좋다고 손을 흔들어댑니다. 어른들 같으면 끝나고 청군과 백군이 막걸리 한 잔씩 걸치며 서로간의 우애를 나누기도 합니다. 이것이 놀이경쟁입니다. 이 놀이경쟁은 비록 청군과 백군으로 나뉘어 우열을 다투지만, 함께 '즐거움'을 추구합니다.

그러나 생존경쟁은 전혀 다릅니다. 승자와 패자의 운명이 천지 차이로 갈라집니다. 삼성과 애플 사이의 치열한 경쟁을 보십시오. 법적으로 고소나 고발을 하고 상대방이 죽어야 내가 산다는 자세로 거의 '전쟁'을 합니다. 오늘날 세계시장에서 이뤄지는 생존경쟁은 다른 말로 '경제적 전쟁'입니다. 프로이센 시대에『전쟁론』을 썼던 칼 클라우제비츠는 "전쟁이란 다른 형태의 (폭력을 쓴) 정치"이라 일갈한 바 있습니다. 전쟁은 절대 무턱대고 생기지 않고, 우연히 발생하거나 독립적이지 않습니다. 생존경쟁은 경제적 형태로 이뤄지는 전쟁이며, 경제 영역에서 관철되는 정치의 한 형태입니다. 다시 말하자면 오늘날 경쟁이란 생존경쟁이자 경제적 전쟁이며, 경제적인 형태를 빙자한 정치의 한 모습인 것입니다. 그렇다면 그 정치의 주체는 누구일까요? 단도직입적으로 그것은 권력과 기업이고 이들은 결국 자본입니다.

경쟁은 자본이 세상을 지배하는 수단이다

자본capital은 무엇일까요? 어원적으로 자본이란 동물의 머리capita에서 생겼습니다. 소가 송아지를 낳고 닭이 병아리를 까듯, 동물이 그 머릿수를 하나씩 불려가는 데 뿌리를 둔 말입니다. 'capital'은 그 말 자체로 자본의 속성이 무한한 자기 증식, 작은 눈뭉치가 굴러가면서 커다란 눈덩이로 변모하듯 끊임없이 자기 몸집을 불려가는 것임을 보여줍니다. 흔히 우리가 사는 이 자본주의 사회를 '돈 놓고 돈 먹는' 사회라 표현하는 것도 바로 이 무한한 자기 증식을 본질로 하는 자본의 속성을 드러낸 것입니다. 자본은 처음에는 작은 상업이나 공업으로 출발했지만, 점차 산업 혁명의 기계화를 통해 규모와 영역을 키웠고 식민지 개척과 전쟁을 통해 세계를 지배하기 시작했습니다. 오늘날은 세계화와 정보화를 통해 전 지구를 자본의 무대로 만들고 있습니다. 그 흐름을 주도하는 것으로, 각 나라의 독과점적 대기업과 정치가들이 있고, 다음으로 범지구적으로 활동하는 초국적기업과 세계금융자본 및 그들의 모임인 G8, G20, 세계경제포럼WEF 등이 있으며, 나아가 범지구적 관리 조직인 국제통화기금IMF, 세계은행WB, 세계무역기구 WTO, 자유무역협정FTA 등이 있습니다.

그렇다면 이 자본은 어떻게 해서 몸집을 불려나갈까요? 바로 생존경쟁을 통해서입니다. 우선 나라별로 '국가 경쟁력'을 드높이는 경쟁을 시키면 어느 나라가 1등을 하는지와 관계없이 경쟁에 참여하는 모든 나라가 최선을 다해 (허리띠를 졸라매며) 열심히 뛸 것입니다. 일한다는 것은 경쟁력을 높이기 위해, 한편으로 사람의 정신적, 육체적 노동력을 최대한 짜내고 다른 편으로 자연의 물리적, 생태적 생명력을 최대한 짜내는 것을 말합니다. 그 과정에서 사람과 자연이 훼손되고 파괴되어도 경쟁력만 높인다면 좀 참아야 한다고 말합니다. 처음에는 기업가나 정치가가 그렇게 말하고 언론이나 교육이 그 말을 이어받아온 사회로 전파합니다. 마침내 사람들은 그 말을 대부분 믿고 내면화합니다. 그렇게 해서 자본의 논리가 그 사회 구성원 대다수의 논리인 것처럼 둔갑하게 됩니다. 같은 원리가 한 나라 안에서도 관철됩니다. 각 회사들은 '기업경쟁력'을 높이기 위해 혼신을 다합니다. 일단 무한경쟁을 당연시하게 되면 결과적으로 누가 승리하는지와는 무관하게 모든 기업의 경영자와 노동자들은 최선을 다해 허리띠를 졸라맵니다. 라이벌 기업, 경쟁 회사가 죽어야만 내가 사는 그런 게임입니다. 그 말은 거꾸로, 우리 회사가 죽어야만 경쟁사가 살아남는다는 말이기도 합니다. 그렇게 치열한 생존게임을 하는 가운데, 우수한 회사는 우수한 대로 좀 못한 회사는 좀 못한 대로 자기가 부리는 노동력을 효과적으로 지배합니다. 전체적으로 보면, 경쟁을 통해 1등부터 꼴찌 회사까지 자본의 지배를 별 저항 없이 잘 받아들이게 만드는 것입니다. 이게 바로 경쟁의 본질입니다.

경쟁이란 자본의 지배를 위한 수단입니다. 경쟁과 지배는 동전의 양면과 같습니다. 경쟁과 지배가 동전의 양면이라는 명제, 즉 (생존)경쟁은 (자본의) 지배를 공고히 하는 수단이라는 명제는 '박수치기 게임'의 비유(연약한 연사가 조별 경쟁을 시킴으로써 연설에 집중하지 않던 전체 청중을 평화적으로 장악하는 것)나 '선착순 달리기'의 비유(말 안 듣는 학생들을 통제하고자 하는 체육 교사가 아이들에게 선착순 3명만 가려내는, 운동장 뛰어 돌아오기 게임을 시킴으로써 순식간에 모든 아이들을 말 잘 듣게 만드는 일), 또는 '자상한 남편'의 비유(중국 영화 〈홍등〉에 나오는, 서로 질투하며 경쟁하는 부인들을 여럿 거느린 남편이 극도의 자상함을 통해 효과적으로 여러 여성을 동시에 관리하는 모습)를 통해 더욱 쉽게 이해될 수 있습니다.

현실 자본주의 경제가 돌아가는 원리가 이러하니, 갈수록 사람들이 피곤해지고 삶이 무의미하게 느껴질 수밖에 없습니다. 그런데도 우리는 '경쟁은 필연이고 좋은 것이니 해야만 한다'고 말합니다. 하지만 그런 생각은 자본과 그 대리인들과 대리 조직이 만들어낸 것입니다. 본래 사람이 살아가는 원리는 경쟁이 아니라 협동입니다. 서로 돕고 나누는 가운데 온갖 역경을 이겨내며 같이 살아나온 것이 인류의 생존 방식이었습니다. 그 단초를 알 수 있는 것이 '오래된 미래'인 북미 원주민, 호주나 남태평양의 원주민들, 히말라야 산맥 주변의 라다크 마을과 같은 전통 공동체 마을들입니다. 우리의 전통 마을들도 두레와 품앗이 같은 우애와 호혜의 전통이 있지 않던가요? 오늘날도 스페인의 몬드라곤 협동조합이나 방글라데시의 그라민 은행(마을은행) 같은, 협력적이고 연대적인 경제야말로 평화와 평등, 자유와 정의를 달성하는 건강한 삶의 방식임을 증명하고 있지 않은가요?

삶의 본질은 경쟁이 아닌 협동이다

놀이경쟁과 달리 생존경쟁은 좋은 것이 아닙니다. 삶의 본질은 경쟁이 아니라 협동이며, 독점이 아니라 나눔이기 때문입니다. 우리의 마음과 느낌은 잘 압니다. (치열하고 때로 야비하게) 경쟁할 때 마음이 평온한가요, 아니면 서로 협동할 때 마음이 평화로운가요? 말할 필요조차 없지요. 경쟁이 아닌 협동이, 독점이 아닌 나눔이 우리 인간의 본래

적 삶에 맞지요.

생존경쟁은 필연이 아니라 자본이 자신의 필요에 따라 만들어낸 것입니다. 일단 자본이 요구하는 경쟁에 빨려들다 보면 처음엔 공정경쟁으로 출발하는 것 같지만 결국은 불공정 경쟁으로 갈 수밖에 없습니다. 처음엔 적절한 경쟁으로 가는 것 같지만, 나중엔 살인적인 경쟁으로 가게 되어 있습니다. 둘 다 죽을 듯 내달리다가 살기 위해선 먼저 무릎을 꿇고 피하라는 식의 공멸적인 '치킨 게임'으로 치닫습니다. 지금의 경쟁은 상생의 경쟁이 아니라 공멸의 경쟁입니다. 이런 불공정 경쟁이나 과당경쟁을 통제한답시고 국가가 '공정거래위원회' 같은 조직을 만들었지만 자본의 독과점, 부정부패, 정경유착, 내부거래, 순환출자, 부당하청, 과당경쟁을 막는 데 실패했습니다. 역부족입니다. 적정경쟁이 아니라 경쟁의 세계화가 갈수록 심하게 이루어져 사람의 뼛속까지 경쟁심리로 물들어가고 있습니다. 이것이 사태의 진실입니다. 이 진실을 회피하고 그렇지 않다고 스스로를 속여서는 안 됩니다. 이 진실을 똑바로 보고 문제를 해결해 나가는 일에 함께 힘과 지혜를 모아야 합니다.

경쟁의 동력학

이제 '경쟁의 동력학dynamics'을 살펴보겠습니다. 정태적으로 보는 것이 아니라 동태적으로 보자는 이야기입니다. 크게 세 가지 비유를 들어 (생존)경쟁이 이뤄지는 과정이 어떠한 모습을 띠며 결국 우리 삶에 어떤 영향을 미치는지 알아보겠습니다.

극장의 비유:
집단이기주의-'우리끼리'만 잘살고 '남'은 없다

첫째, '극장의 비유'입니다. 동일한 시간과 공간에서 경쟁이 사회적으로 어떤 영향을 끼칠 수 있는지 포착할 수 있는 비유입니다. 어느 도시에 영화를 즐겁게 감상할 수 있는 계단식 극장이 있습니다. 세계적 인기를 누리는 남녀 주인공의 멋진 사랑을 다룬 영화입니다. 사람들이 가득 찼습니다. 영화는 시작되었고, 모두 가만히 앉아서 조용히 영화를 보기 시작했습니다. 그런데 얼마 지나지 않아 갑자기 맨 앞줄의 누군가가 벌떡 일어섰습니다. 자기 혼자만 주인공의 멋진 모습을 좀 더 잘 보기 위해서입니다. 그 옆에 앉아 있던 사람들도 "나도……"라고 말하며 일어서서 영화를 보기 시작했습니다. 그러니 그 뒷줄에 앉아 있던 사람들은 갑자기 영화를 잘 볼 수 없게 되었습니다. 그 순간에 바로 앞줄 사람들에게 "좀 앉으시라"고 부탁할 수도 있었지만, 혹시 결례가 되거나 보복을 당할까 봐, 그리고 짜증도 나고 귀찮기도 해서 자기도 그냥 일어서버립니다. 이런 식으로 둘째 줄, 셋째 줄…… 해서 영화관에 있던 모든 사람이 일어서게 됩니다. 약 30분 늦게 극장에 들어온 사람은 "어? 내가 잘못 들어왔나?" 할 정도로 이상합니다. 모두 일어서서 영화를 보기 때문입니다.

그런데 좀 있다가 서 있던 맨 앞 줄 사람이 의자 위로 올라서서 영화를 보기 시작합니다. 자기 혼자만 영화를 더 잘 보기 위해서입니다. 이제 그 옆 사람도 의자 위에 올라갑니다. 둘째 줄, 셋째 줄, 넷째 줄, 그런 식으로 모든 사람이 의자 위로 올라가서 영화를 봅니다. 만약 영화관 밖에 있던 다른 사람이 이 영화관 안의 사람들을 보았다면, 아마도 "미친 놈들"이라 했을지 모릅니다. 이런 식으로 '나 혼자만' 잘살겠다는 이기적 행동이 (만일 소통과 연대가 부재하다면) 온 사회를 미친 사회로 만들 수 있습니다. 무엇보다 자기가 속한 진영과 집단, 계층과 계급의 이기주의는 그것이 자신에게 이익을 주고 있는 한 그 문제점이 자기 스스로에게는 잘 인식되지 않습니다. 그러기 때문에 '우리끼리' 뭉쳐 '우리끼리'만 잘살자는 집단이기주의에 사로잡혀 맹목적으로 자기 이익만 추구하는 삶을 당연시한다면, 이 사회의 삶은 사람의 삶이 아닌 '늑대와 늑대의 투쟁'이 될 것입니다. 오늘날 생존경쟁이 바로 그러한 속성을 갖고 있습니다. 나 혼자만 또는 우리끼리만 잘살고자 상대방을 적대시하는 경쟁, 그런 '적대적 경쟁'의 구도 위에서는 어느 누구도 참된 인간성을 누리며 행복하게 살기는 어렵습니다.

수험생의 비유: 사람-개성은 사라지고 상품이 되다

둘째, '수험생의 비유'입니다. 이것은 시간적으로 경쟁 사회가 어떤 식으로 변해가는지를 말해주는 이야기입니다. 대략 30년 전까지만 해도 사람들은 이렇게 말했습니다. "네가 원하는 대학에 가려면 고1 때 좀 놀더라도 2, 3학년 때 열심히 하면 된다." 그 뒤로 한 10년이 흐른 뒤 사람들은 말했습니다. "요즘은 중1 때부터 열심히 하지 않으면, 네가 원하는 대학에 가기 힘들다." 그런데 오늘날은 어떤가요? 어떤 아이가 자신이 원하는 대학에 가려면 언제부터 열심히 해야 한다고 할까요? "초등학교 때부터"라고 하는 사람도 있지만, "유치원부터"라고 하는 이가 더 많습니다. 심지어 "태아 때부터" 영어를 공부해야 치열한 생존경쟁에 살아남을 수 있다고도 합니다. 어느 사이트는 '태아영어교실'을 운영하기도 합니다. 많은 돈을 주고 엄마와 태아가 같이 영어 공부를 하는 것입니다. 세 살 먹은 아이의 혀 밑 근육을 잘라 영어 발음을 원어민처럼 하게 만들려는 엄마의 이야기가 해외 토픽에 소개되기도 했습니다. 아직도 엄마 품이 그리운 아이들을 홀로 해외 어학연수를 보내거나 영어 어학연수 도중에 불안해서 수학 과외 교사까지 붙여주는 열성 부모도 있습니다. 아이와 엄마를 해외에 보내놓고 아빠는 나 홀로 돈만 벌어다 부쳐주는 '기러기 아빠' 이야기도 더 이상 낯선 이야기가 아닙니다. 낯선 이야기라니요. 오히려 진부할 정도로 흔한 이야기가 되었죠.

이 이야기는 비유가 아닙니다. 실제 현실입니다. 30년 전과 20년 전, 10년 전, 그리고 현재를 비교해보면 경쟁의 물결이 시간적으로, 역사적으로 어떤 결과를 초래하는지 명확해집니다. 생존경쟁 내지 기득권(더 많은 돈과 권력, 명예 등)을 향한 경쟁은 동태적으로 볼 때 마치 늪에 빠지는 것과 같습니다. 일단 한번 빠지면 발버둥치면 칠수록 더욱 깊이 빠져듭니다. 마지막에 우리를 기다리는 것은 죽음뿐입니다. 그렇다면 우리가 경쟁을 하는 까닭이 먼저 죽으려고 하는 것일까요?

바로 여기서 또 하나 질문을 던져야 합니다. 학생들이 공부를 하는 까닭이 오로지 대학을 가기 위해서인가 하는 질문입니다. 그것도 꼭 일류대학, SKY대학에 말입니다. 대학大學이란 무엇인가요? 말 그대로 큰 배움을 얻는 곳입니다. 큰 배움이란 모름지기 지식과 정보, 기술과 기능, 그리고 지혜와 통찰을 갈고닦아야 합니다. 그런데 오늘날에는 일부의 지식과 정보, 일부의 기술과 기능을 얻는 데 그칩니다. 그것도 배움 자체가 아니라 취업을 위해서입니다. 스펙을 쌓는다는 말이 유행인데, 이 말 자체도 어불성설입니다. 스펙specification이란 원래 어떤 상품의 기능적 특성을 말합니다. 하기야 오늘날 노동력도 상품으로 사고파는 물건이나 다를 바 없으니 그렇게 말하는 것도 틀린 말은 아닙니다. 만약 그렇다면 진정으로 대학다운 공부는, 인간 노동력이 상품으로 거래 대상이 되는 자체가 문제이니 이를 근원적으로 '고쳐야 한다고 말하는 공부'여야 하지 않을까요? 그렇지 않고 남들과 다른 탁월한 스펙을 쌓아 자기 노동력을 남들보다 비싸게 잘 팔기 위한 공부를 합니다. 그래야 남보다 나은 생존이 보장된다고 믿기 때문이지요. 그럴수록 대학은 학문, 즉 진리탐구와 사회비판, 대안제시의 전당이라는 본연의 역할을 방기합니다. 이런 본질적인 면을 놓친 채 이른바 '일류대학'에 가서 잘사는 기득권층에 편입되려는 욕망만 불태운다면 우리 사회는 갈수록 더 야만스런 사회, '만인의 만인에 대한 투쟁'만 남는 사회가 될 것입니다. 사실 지난 수십 년 사이의 변화가 이미 그런 사회를 만든 것이 아닌가요? 우리의 선택은 끝없는 경쟁 속에 더욱더 깊은 늪에 빠질 것인가, 아니면 지금부터라도 연대와 협동의 새로운 사회를 실천하는 구조적 변화를 위해 함께 힘을 모을 것인가 하는 갈림길 사이에 있습니다.

그래서 우리는 '내가 원하는 대학에 들어가려면?'이란 질문을 넘어 '대학에 가지 않아도 인간답게 사는 방법은?' 같은 질문을 던져야 합니다. 교육자나 과학자, 연구자가 되려면 대학에 갈 필요가 있을 것입니다. 하지만 기술자가 되거나 예술가가 되려면 다른 기관에 가야 합니다. 오늘날 교육은 너도 나도 대학에 가야 하고 서울로, 그것도 이른바 'SKY대'라는 일부 극소수 대학만 가야 성공한 것처럼 여겨지는 시대입니다. 잘못되어도 한참 잘못되었습니다. 그래서 앞으로 필요한 사회는 시인학교, 기술학교, 애니메이션 학교, 뮤지컬학교, 발명학교, 학문학교, 농부학교, 목공학교, 생태건축학교 등이 평등한 위상을 차지하는 사회, 그리고 각 영역별로 일정한 기준(가령 70점)을 달성하고 나오는 사람들에게는 비슷한 대우를 해주는 사회, 그리하여 모든 사람의 개성을 자유롭게 살리면서도 서로 평등하게 존중받고 사는 사회를 만들어야 합니다. 이것이 제가 자주 지금처럼 소수의 상류층이 '많은 돈과 여유로운 삶'을 독차지하고 대다수 사람들은 생존경쟁에 목을 매는 '사다리꼴 사회'를 그냥 운명처럼 받아들이고 방치해서는 안 됩니다. 상류계층에 대한 끝없는 선망과 자기 자신에 대한 한없는 불만으로 가득 찬 정신질환적 욕구불만의 '사다리꼴 사회'를 더 이상 지속시켜서는 안 됩니다.

부르짖는 '원탁형 사회'입니다. 지금처럼 소수의 상류층이 '많은 돈과 여유로운 삶'을 독차지하고 대다수 사람들은 생존경쟁에 목을 매는 '사다리꼴 사회'를 그냥 운명처럼 받아들이고 방치해서는 안 됩니다. 상류계층에 대한 끝없는 선망과 자기 자신에 대한 한없는 불만으로 가득 찬 정신질환적 욕구불만의 '사다리꼴 사회'를 더 이상 지속시켜서는 안 됩니다. '원탁형 사회'는 이처럼 모두 불행해지는 '사다리꼴 사회'를 극복하기 위한 대안으로 제가 제시하는 사회모델입니다.

PC방의 비유: 경쟁-결국 끝은 없고 파멸만 있다

셋째, 'PC방의 비유'입니다. 1990년대 중반에 한 PC방이 있습니다. 모든 가정에 개별 컴퓨터가 없었을 때 이야기입니다. 주인은 당시로써는 최첨단인 386 컴퓨터를 수십 대 사들이고 의자도 인체공학적으로 설계된 의자로 구비해 일등급 PC방을 열었습니다. 투자된 비용만 해도 1억이 넘었습니다. 일부는 자기 돈으로 충당했지만, 일부는 은행에서 대출했습니다. 주인의 예상처럼 손님이 여기저기서 몰려왔습니다. 날마다 손님이 불어나는 듯했습니다. 주인은 "이런 식이라면 1년도 안 되어 본전은 뽑을 것"이라 장담했습니다.

그런데 6개월쯤 지나자 그 근처에 다른 PC방이 등장합니다. 그 주인은 486 컴퓨터로 쫙 깔고 의자는 물론 잠을 잘 수도 있는 소파까지 들여놓았습니다. 심지어 배가 고프면 밥도 먹을 수 있게 전기밥솥도 갖다 놓았습니다. 투자에 은행 융자까지 포함해 무려 수억 원이 들었습니다. 기본 시설이 기존 PC방보다 훨씬 좋다는 소문이 나면서 손님들이 대거 이동했습니다. 그 바람에 기존 PC방은 파리를 날리게 되었습니다. 이용 요금도 내리고 온갖 혜택을 덧붙여준다고 해도 손님들은 새로 생긴 곳으로 가버렸습니다. 야속했지만 그것이 자본주의 경쟁이니 할 수 없습니다. 반면에 새로 생긴 PC방 주인은 좋아서 입이 다물어지지 않았습니다. "과연 투자한 만큼 이익을 보는구나" 하면서 흡족해합니다. 하루하루 지나갈수록 돈을 버는 기쁨에 가슴이 뛰었습니다. '시간은 돈'이라는 말이 정말 맞다고 생각하며, 그렇게 몇 달이 지나갑니다.

그런데 바로 길 건너편에 또다시 최첨단 장비를 갖춘 PC방이 새로 생겼습니다. 새 점포는 최신 586 컴퓨터로 깔았습니다. 책상과 의자 모두 최첨단으로 바꾸었습니다. 안락한 소파나 배고픔을 해결하는 밥솥은 물론 각종 간식과 음료수까지 골고루 갖추었습니다. 밤샘하는 손님들을 위한 침대까지 갖추었습니다. 단기 고객과 장기 고객을 별도로 관리하면서 각종 혜택을 줍니다. 기존 PC방과 동일한 이용료이지만 훨씬 좋은 서비스를 누릴 수 있으니 손님들은 새 PC방으로 몰려듭니다. 건너편의 486 PC방은 '닭 쫓던 개 지붕 쳐다보는' 꼴이 되었습니다. 스스로 경쟁자를 물리쳤노라고 승리감에 도취했는데, 그 승리감이 하루아침에 사라질 줄은 꿈에도 몰랐습니다. 그 이전의 386 PC방을 물리치고 새로운 승자가 됨으로써 맛보았던 승리감을 이제는 586 PC방에 빼앗깁니다. 동일한 승리의 원리가 동일한 사람에게 패배의 원리로 적용되는 순간입니다. 은행에서 빌린 억대의 대출을 미처 다 갚기도 전에 이제는 이자조차 감당하기 어렵게 되었습니다. 버티고 버티다 그만 도망을 다니게 되었고, 신용불량자로 낙인이 찍힙니다.

과연 이걸로 끝난 것일까? 아닙니다. 계속해서 최첨단 장비의 PC방이 생기면서 기존 PC방은 몰락합니다. 이제는 사실 PC방으로 사람들이 몰리지도 않습니다. 스마트폰 시대가 되면서 PC 기능을 스마트폰이 대신 해결하기 때문입니다. PC도 없고 스마트폰도 없는 꼬마 손님들만 PC방에 들락거리니 겨우 살아남은 주인들도 유지비 감당도 힘겨울 정도입니다.

어느 누구도 영원한 승자로 남을 수 없다

이러한 풍경은 PC방에만 국한되지 않습니다. 빵집도 그러하고 카페도 그러며 문구점이나 옷가게도 그렇습니다. 무한경쟁이 일어나면서 투자 원금, 즉 본전도 뽑기 전에 망할 준비를 해야 하는 게 현실입니다. 그래서 동네마다, 도시마다 상점들이 몰린 골목에는 수시로 간판이 바뀝니다. 한번 간판이 바뀔 때마다 얼마나 많은 돈이 낭비되고 얼마나 많은 물자가 낭비되며 얼마나 많은 사람이 한숨을 내몰아 쉬는지 모릅니다. 이러한 비유가 우리에게 가르치는 것은 크게 세 가지입니다.

하나, 어느 누구도 영원한 승자로 남을 수는 없다는 점입니다. 한번 승리했다고 영원히 승리한다는 보장이 없습니다. '고생 끝에 낙이 온다'는 말이 있지만, 무한경쟁의 영역에는 해당하지 않습니다. 고생 끝에 다른 고생이 기다리고, 또 다른 고생 끝엔 새로운 고생이 기다립니다. 갈수록 태산입니다. 그야말로 무한한 경쟁만 있을 뿐입니다. 그 맨 끝에는 죽음이 기다립니다. 죽지 않고 살려면 경쟁을 그만두어야 합니다. 경쟁이 아닌 다른 원리 위에 새로운 삶의 질서를 구축하지 않으면 안 됩니다.

둘, 무한경쟁을 하는 세계에서는 각 개별 자본의 수익률이 갈수록 떨어집니다. 이를 정치경제학의 용어로 '이윤율의 경향적 저하'라고 합니다. 요즘 많은 분들이 "생산해서는 도무지 재미를 볼 수 없다. 이제 돈 벌려면 유통밖에 없다"고도 합니다. 일정 부분, 맞는 말입니다. 경쟁이 치열해지다 보니, 은행 빚을 내더라도 각종 투자는 많이 해야 하고, 빚을 채 갚기도 전에 다른 경쟁업체가 더 좋은 설비로 경쟁을 걸어옵니다. 서로가 서로를 죽이는 게임을 하다 보니 투자 대비 수익률, 이윤율은 갈수록 떨어집니다. 그래서 공장에서 생산을 해서는 도무지 남는 게 없다는 말이 나옵니다. 유통은 전화 한 통화만으로 돈을 벌 수 있으니 훨씬 간편하게 보입니다. 같은 물건이라도 싼값에 납품하는 공장을 찾아 물건을 달라고 한 다음 그 물건을 찾는 곳에 팔면 됩니다. 그러면 늘 일정한 수익을 챙길 수 있습니다. (물론 유통업조차도 경쟁이 치열해지고 창고비용, 운송비용, 인건비 등 물류비용이 급등하여 갈수록 수익률이 떨어집니다. 제조업이나 유통업 가리지 않고 갈수록 힘들어지는 까닭입니다.) 사태가 이러하다 보니, 생산을 담당하는 공장들의 경쟁은 더욱 치열해집니다. 하청에 하청이 될수록 죽을 맛입니다.

셋, 무한경쟁이 형식적으로는 생산성 경쟁으로 나타나지만 내용적으로는 파괴성 경쟁으로 치닫고 있습니다. 앞서 말한 것처럼, 제조업이나 유통업 가리지 않고 단가 인하 경쟁이 이뤄질수록 사람과 자연의 생명력을 가혹하게 파괴하게 됩니다. 그 정도로 생산 과정이 비인간화, 반생명적으로 변합니다. 생각해보세요. 기업들은 갈수록 노조를 파괴하려 하고 실질임금을 낮추려 합니다. 노동시간을 늘리고 각종 복지 혜택을 축소하려 합니다. 그렇게 할 수밖에 없는 것은 갈수록 이익이 안 나기 때문이지요. 그래서 원청에서 하청으로, 대기업에서 중소영세기업으로 내려갈수록 노동조건은 비인간화합니다. 원료나 부품을 해외에서 조달하는 경우 그 해외 현지의 노동조건은 더욱 열악합니다. 개인적 저항이나 노조의 저항에 직면한 경우 개별 자본은 어쩔 수 없이 약간의 양보를 하지만, 전반적으로는 노동과 자연을 희생해 더 많은 이윤을 남기고자 합니다. 그래야지만 경쟁 속 생존이 가능하니까요. 무한경쟁이 결국 무한파괴로 치닫는 이유입니다.

돈이 권력이고 권력이 돈이다

이제 조금씩 분명히 보이기 시작합니다. 경쟁이란 게 원래부터 인간사회의 작동원리가 아니었다는 사실이, 그리고 경쟁의 과정이나 결과가 '너 죽고 나 살자'라는 원리 탓에 결코 인간적이지 않다는 사실이, 나아가 경쟁에서 승리한다는 것이 결국은 극소수의 기득권 그룹에 들고자 하는 '강자 동일시' 욕망이라는 사실이 드러난 셈입니다. 여기서 말하는 기득권이란 대체로 돈과 권력을 말합니다. 실제로 돈과 권력은 분리되기도 어렵습니다. 돈이 곧 권력입니다. 돈이 권력을 만들고 또 권력을 쥐면 돈이 굴러들어옵니다. 그래서 정치와 경제는 분리해서 파악하기 어렵습니다. 대개 우리는 정경유착이 문제라고 말하지만, 정경분리가 되기도 어렵거니와 정경유착이야말로 어떤 점으로는 자본주의 사회경제 시스템의 본질을 말해주고 있습니다. 이제 좀 더 구체적으로 현실을 보겠습니다.

입시경쟁은 소수의 학생들만을 위한 전쟁터이다

실제로 학교와 직장, 그리고 사회와 국가, 나아가 세계 전체를 살펴보면 이렇습니다. 학교에서는 소수의 공부 잘하는 아이들은 부모나 교사로부터 우대를 받지만 대부분 아이들은 고도의 스트레스와 두려움, 그리고 열등감에 시달립니다. 대한민국 모든 학생들의 유일한 학습 목표인 대학 진학, 그것도 일류대 진학이란 것은 사실상 5퍼센트 정도밖에 되지 않는 극소수 아이들만 갈 수밖에 없습니다. 일류대의 입학정원이 그러니까요. 그 명백한 사실에도 불구하고 마치 모든 아이가 열심히 하기만 하면 모두 일류대에 들어갈 수 있을 것 같은 분위기를 만들어 그 착각을 굳혀버렸습니다. 이런 상황에서 벌어지는 경쟁, 구체적으로는 입시라는 이름의 전쟁은 공부를 잘하는 아이나 못 하는 아이를 가리지 않고 모두를 극도의 스트레스로 몰아넣습니다. 그 결과 10대 청소년이 1년에 300명 내외가 자살할 지경에 이르고 청소년 행복도가 OECD 국가 비교에서 꼴찌를 면하지 못합니다. 학생들 사이의 폭력이나 왕따 현상도 결국은 이러한 측면과 무관하지 않습니다. 아이들이 경쟁하지 않고 학습의 즐거움을 느끼면서 매일매일 행복하게 자란다면 이런 일은 결코 일어나지 않을 것이기 때문입니다. 게다가 해마다 5만 명에서 8만 명 정도의 학생들이 '탈학교 청소년'으로 바뀝니다. 더 이상 이런 학교에 다니기 싫다는 것입니다. 오로지 입시경쟁만을 위해 존재하는 학교, 그러한 경쟁에서 좋은 성적을 거두도록 학생을 엄격하게 통제하고 관리하는 분위기, 그리하여 창의성이나 자율성이 억압되는 환경 속에서 기쁘고 편하게 배움을 지속할 수 있는 학생이 얼마나 되겠습니까? 따지고 보면 학생이나 교사나 모두 고통입니다. 이것은 경쟁을 위한 학습이라는 시대적 패러다임이 만들어낸 치명적 결과입니다.

모든 인간은 태어날 때부터 죽을 때까지 존중받아야 합니다. 마땅히 그래야 합니다. 그러나 경쟁 시스템은 극소수의 존중 받을 사람과 대다수의 무시해도 좋은 사람으로 사람을 가릅니다. 극소수 존중받는 이들은 많은 경우 '우월감'에 젖어 삽니다. 우월감이 지나치면 타자를 멸시하기 쉽습니다. 그리하여 오히려 비인간화됩니다. 대부분 존중받지 못하는 이들은 '열등감'에 젖어 삽니다. 자기 비하, 자신감 또는 자존감 결여, 소극성, 피동성, 나아가 우울증까지 동반됩니다. 행여 그 열등감을 남에게 들킬까 봐 노심초사합니다.

그러면서 열등감을 감추려고 오히려 뛰어난 척, 자신을 증명하느라 별 의미도 없는 일에 엄청난 에너지를 소모하기도 합니다. 남에게 잘 보이려 남에게 인정받으려 온갖 난리를 칩니다. 반지하방에 살면서도 수입 고급 외제차를 끌고 다닙니다.

이런 식으로 억압된 열등감은 가끔 주변 사람에게 갑작스런 공격성으로 나타나기도 합니다. 서로 상처를 주고받는 일이 허다합니다. 사람 사이에 우열을 나누는 경쟁 시스템은 결국 우등생이나 열등생 모두를 비인간화시킵니다.

반지하방에 살면서 고급 외제차를 끌고 다니는 이유

직장 현실은 어떤가요? 경제개발 초기 단계에서는 많은 노동력이 필요했기 때문에 정리해고 같은 단어는 낯설었습니다. 그러나 이제 경제가 어느 정도 성장하고 몸집이 커진 상태, 그리고 시장이 포화에 가까운 상태에서는 기술혁신이 역설적으로 사람의 노동력을 일터 밖으로 밀어냅니다. 새로운 혁신을 통해 수용되는 노동력보다 밖으로 방출되는 노동력이 훨씬 많습니다. 그래서 혁신이 일어날수록 살아남기 위한 생존경쟁은 더욱 치열해집니다. 이제 실업자와 취업자 사이의 경쟁은 물론 취업자 중에서도 정규직과 비정규직 사이에 살아남기 위한 치열한 경쟁이 일어납니다. 여성과 남성 사이의 경쟁도 이루 말할 수 없이 가혹합니다. 한 기업의 노동자와 경쟁기업의 노동자 사이의 경쟁 또한 거세집니다. 같은 사업장 안에서도 경영위기가 오나 안 오나 관계없이 정리해고는 상시적 위협요인이 되고 있습니다. '잘리지 않고' 살아남기가 모든 노동자들에게 보이지 않는 지상명령이 되었습니다. 게다가 언제 잘릴지 모르는 분위기 때문에 '아직 살아 있을 때 많이 벌자'며 더욱 일에 매달립니다. 잔업, 철야, 특근도 마다 않고 기업이 시킨다면 무엇이건 할 태세입니다. 갈수록 몸과 마음이 피폐해지는 까닭입니다. 돈 버는 남편들은 '돈 기계'로 전락한 나머지 일을 마치고 집에 돌아와도 '반려견 대접'도 못 받는다고 한탄합니다. 부인이나 아이들은 집에 오면 반려견과 다정한 소통을 하지만, 아빠가 퇴근 후 집에 오면 아무도 쳐다보지 않기 때문입니다. 피곤에 찌든 아빠는 가정에서 방치됩니다. 이런 가정이 한둘이 아닙니다. 아이들은 학교에서, 어른들은 직장에서 경쟁 패러다임에 파묻혀 살아야 하니, 갈수록 삶은 외롭고 팍팍해집니다. 모든 인간은 태어날 때부터 죽을 때까지 존중받아야 합니다. 마땅히 그래야 합니다. 그러나 경쟁 시스템은 극소수의 존중받을 사람과 대다수의 무시해도 좋은 사람으로 사람을 가릅니다. 극소수 존중받는 이들은 많은 경우 '우월감'에 젖어 삽니다. 우월감이 지나치면 타자를 멸시하기 쉽습니다. 비그리하여 오히려 비인간화됩니다. 반면 대부분 존중받지 못하는 이들은 '열등감'에 젖어 삽니다. 자기 비하, 자신감 또는 자존감 결여, 소극성, 피동성, 나아가 우울증까지 동반됩니다. 행여 그 열등감을 남에게 들킬까 봐 노심초사합니다. 그러면서 열등감을 감추려고 오히려 뛰어난 척, 자신을 증명하느라 별 의미도 없는 일에 엄청난 에너지를 소모하기도 합니다. 남에게 잘 보이려 남에게 인정받으려 온갖 난리를 칩니다. 반지하방에 살면서도 수입 고급 외제차를 끌고 다닙니다. 이런 식으로 억압된 열등감은 가끔 주변 사람에게 갑작스러운 공격성으로 나타나기도 합니다. 서로 상처를 주고받는 일이 허다합니다. 사람 사이에 우열을 나누는 경쟁 시스템은 결국 우등생이나 열등생 모두를 비인간화시킵니다. 갈수록 '탈인간의 사회'가 만들어지는 배경입니다.

양극화는 필연이다

선거 때마다 '중산층'을 만들겠다, 부자를 만들겠다는 것이 선거 구호로 등장하는 것도 사실은 사회 전체가 소수의 부자와 대부분의 허덕거리는 사람들로 양극화되었기 때문입니다. 이른바 '20대 80 사회'라는 용어가 1990년대 이후에 이런 양극화 사회를 특징짓는 말이었습니다. 한 사회의 20퍼센트에 이르는 사람들이 그 사회적 부의 80퍼센트를 차지한다는 뜻입니다. 그런데 그 사이에 '10대 90 사회' 또는 '1대 99 사회'가 등장합니다. 부의 편중이 더 심해졌다는 이야기지요. 2011년에 '월가를 점령하라'는 새로운 시위대들은 '1대 99 사회'에 대한 저항, 즉 1퍼센트가 99퍼센트의 부를 독점하는 현실에 저항했습니다. 가장 잘산다는 미국이 이런 식의 빈부격차, 빈익빈 부익부 현상이 심해졌다는 사실은 대단히 시사적입니다. 북미 대륙은 물론 유럽 대륙 역시 마찬가지입니다. 무한경쟁, 적대경쟁을 조장하는 시스템은 결국 극소수의 경쟁력 있는 이들에게만 유리한 게임일 뿐입니다. 한편 인도나 중국, 방글라데시와 같은 가장 가난한 나라조차 그러한 빈익빈 부익부 현상이 압도합니다. 아무리 가난한 나라라도 극소수 부자들은 천문학적인 부를 누리며 흥청망청 잘살아갑니다. 결국 전 세계적으로 어느 나라 할 것 없이 경쟁 시스템 아래서는 사회 양극화의 쓰라린 현실을 겪을 수밖에 없습니다.

전 지구적 차원에서도 부자 나라와 가난한 나라, 북반구와 남반구 사이의 격차는 더욱더 벌어졌습니다. 리스본

　　　　　　　　　　　　　　　강자 동일시

그룹이 펴낸『경쟁의 한계』라는 보고서는 1980년대 이후 '지구촌 자본주의' 시대가 도래했음에도 막상 개발도상국은 자금 흐름에 있어서도 고립과 단절을 경험했다고 고발합니다. 일례로 1980년에 전체 개발도상국은 국제자금의 55퍼센트를 유입했고 14퍼센트를 유출했으나 10년 뒤인 1990년엔 그 비율이 각기 2퍼센트 정도로 줄어들고 말았습니다. 1992년에 창설된 리스본그룹은 '콜럼버스의 아메리카 대륙 발견' 500주년을 맞아 더 이상 지구촌이 정복과 경쟁이 아닌 협력과 상생의 패러다임으로 거듭날 것을 촉구하기 위해, 지구촌의 현재와 미래를 걱정하는 소장 학자들이 모여 결성한 연구조직입니다. 이들은 보고서에서 지구촌 경쟁이 심화한 결과 부자 나라들조차 실업자가 대량 생산되어 몸살을 앓고 있다고 고발합니다. 일례로 1973년엔 OECD 회원국의 실업자는 1,130만 명(1년 이상 실업상태인 장기 실업자는 10퍼센트 정도)이었으나 경쟁의 격화로 1991년엔 실업자 수가 3,000만 명으로 급증했고 장기 실업자도 50퍼센트를 차지하게 되었다고 지적합니다. 또한 이 그룹은 서구 선진국들이 아시아, 남아메리카, 아프리카의 개발도상국들이 서로 이전투구식 경쟁을 하는 사이에 실질적인 이득은 자기들이 독차지했음을 지적하기도 합니다. 실제로 개발도상국들은 1990년대 이래로 한국, 대만, 홍콩, 싱가포르 등 신흥공업국NICs, 중동 산유국가OPEC, 동구권, 인도나 중국, 브라질 등 후발 개발도상국, 그리고 아직도 정체를 면하지 못하는 사하라 이남 아프리카 나라들 등으로 분화되면서 상호경쟁이 치열해진 반면, 구미 각국의 다국적기업이나 세계금융자본은 한편으로 개발도상국들을 새로운 생산입지나 판매시장으로, 다른 편으로는 조세피난처로 십분 활용하면서 무한한 자본 증식을 추구했습니다. 그 가운데 전 세계적 차원의 독과점이 형성된 것입니다. 일례로 자동차 타이어 산업의 경우, 1980년에 13개 기업이 전 세계 타이어의 80퍼센트를 생산했는데, 1990년엔 6개 기업이 전체의 85퍼센트를, 그리고 2000년엔 3, 4개 기업이 카르텔을 이뤄 대부분 타이어를 생산할 정도가 되었습니다. 이렇게 세계적 독과점을 형성하기 위해서라도 독점자본들은 각국 정부에게 탈규제, 개방화, 민영화를 적극 요구해왔습니다. 특히 1980년대 이래 남미의 부채위기 국면에서 국제통화기금이나 세계은행은 긴급 구조조정 자금을 수혈하면서 그러한 변화를 '구조조정'이라는 이름으로 강요해왔습니다. 나오미 클라인의 표현처럼 그처럼 강요된 변화란 결국 '충격요법'을 통한 가난한 나라의 자발적 노예화, 바로 그것이었습니다. 요컨대 부자 나라들의 지배적 정치세력과 초국적 자본은 가난한 나라의 독립성과 자립심을 심대하게 훼손해놓고 이미 빚더미에 오른 가난한 나라들에게 다시 최후의 생명력마저 빨아가기 위해 신자유주의적 구조조정을 강요해왔습니다. 우리도 IMF 시절, 혹독한 경험을 충분히 맛보았지요. 이것이 전 지구적 생존경쟁의 원리 위에 움직이는 세계경제의 실상입니다.

경쟁에 '영원한 승자'는 없다

이제는 이와 같은 경쟁, 즉 기득권을 향한 적대적 경쟁, 그리고 마침내는 너 죽고 나 살자는 식의 생존경쟁이 가진 한계와 모순을 하나씩 살펴보겠습니다.

우선 기득권 경쟁의 한계는 크게 세 가지 측면으로 정리할 수 있습니다.

생존경쟁, 기득권 경쟁은
극소수 능력자를 위한 게임이다

첫째, 누누이 강조하지만, 승패로 갈라지는 기득권 경쟁, 생존경쟁은 극소수만을 위한 게임이란 점입니다. 누구나 도달할 수 있는 목표인 듯해놓고 실제로는 오로지 소수만 성공하게 되는 목표치를 정해놓습니다. 그것은 모두가 달려가는 게임이게 해놓고 오로지 극소수만 뛸 수 있는 배타적 게임으로 되어 있습니다. 특히 오늘의 신자유주의 자본주의 아래서 벌어지는 생존경쟁의 게임, 그것의 핵심은 극소수만이 성공하게 '구조화'되어 있는 게임이라는 사실입니다. (예를 들어 지옥이란 말까지 듣는 치열한 입시경쟁에도 SKY대학 정원을 '확' 늘릴 수 없는 것과 같은 이치이지요. SKY대학 입학정원을 '대폭' 늘린다면 이미 일류대학 SKY가 아니니까요. 성공은 '소수에게 제한된 것'이기에 성공이지요.) 그런데 신자유주의는 숱한 미디어와 교육을 통해 그 극소수에게만 해당하는 성공이 마치 누구에게나 가능한 보편적인 일처럼 착각하게 만들고 있습니다. 언론과 교육이 그렇게 만들어갑니다. 많은 경우, 이 극소수의 기득권은 개인적으로나 구조적으로 대물림됩니다. 개인적 대물림은 자본주의 상속제도에 의해 가능합니다. 그것조차도 온갖 편법을 동원해서 탈세를 하는 것이 현실입니다. 재벌이나 정치가들이 그런 일을 가장 모범적으로 행합니다. 운 좋게 들키지 않으면 넘어가고 만일 운 나쁘게 들켜서 사회 문제화되더라도 사후적으로 조금 더 세금을 내면 그만입니다. 법적으로 문제가되어 구속위기에 처하더라도 큰 걱정은 없습니다. 재벌이 평소에 체계적으로 관리해온 판사나 검사, 정치가들이 무대 뒤에서 고도의 '작전'을 세워 빠져나갈 구멍을 알아서들 잘 만들어줍니다. 그 사이에 불법 상속된 재산으로 충분히 세금을 내고 엄청나게 남을 만큼 벌어놓은 경우도 비일비재합니다. 돈 좀 내고 보석 신청을 한 다음 '휠체어'를 타고 나오면 '끝'입니다. 텔레비전 화면 속의 개그가 아닌 실제로 이뤄지는 대 국민 쇼는 이런 식으로 이뤄집니다. 평소에 관리해온 언론들은 당연히 적극적으로 협력합니다. 그리고 그들은 그날 밤 최고급 호텔을 빌려 큰 잔치를 벌이며 샴페인을 터뜨립니다. 이런 식으로 온 나라와 사회가 극소수 기득권 동맹이 지배하는 나라로 변하고, 대다수 사람은 너도 나도 '기득권 그룹'을 선망할 뿐 아니라 그런 그룹에 들기를 열망하며 '강자 동일시' 심리와 '오로지 성공'의 욕망이 함께 만들어낸 집착과 집념에 빠져들게 됩니다. 그리하여 기득권 동맹이 만들어놓은 무한경쟁의 게임을 오늘의 신자유주의 자본주의 아래서 벌어지는 생존경쟁 게임, 그것의 핵심은 극소수만이 성공하게 '구조화' 되어 있는 게임이라는 사실입니다. (예를 들어 지옥이란 말까지 듣는 치열한 입시경쟁에도 SKY대학 정원을 '확' 늘릴 수 없는 것과 같은 이치이지요. SKY대학 입학정원을 '대폭' 늘린다면 이미 일류대학 SKY가 아니니까요. 성공은 '소수에게 제한된 것'이기에 성공이지요.) 그런데 신자유주의는 숱한 미디어와 교육을 통해 그 극소수에게만 해당하는 성공이 마치 누구에게나 가능한 보편적인 일처럼 착각하게 만들고 있습니다. "미친 듯이 공부하고 미친 듯이 일하고 미친 듯이 돈을 벌어라. 반드시 너는 성공한 강자가 될 수 있다"고 마치 숨을 쉬듯 모두가 이 주문을 반복해서 되내어 자연스러운 생존법칙으로 내면화시킵니다.

무비판적으로 수용하며 어쩔 수 없는 현실로 인정하고 맙
니다.

생존경쟁, 기득권 경쟁에 '영원한 승자'는 없다

둘째, 기득권 경쟁의 다른 한계는 '영원한 승자'는 없다
는 점입니다. 1961년부터 1970년대까지 최고의 권력을 휘
둘렀던 박정희조차 '끝'이 있었고, 항도 부산의 최대기업
이었지만 1985년 정치자금 헌납 거부로 전두환에게 밉보
여 해체된 국제그룹 사례도 있습니다. 또『세계는 넓고 할
일은 많다』는 책도 내고 세계경영의 선두주자로 승승장구,
맹위를 떨치던 김우중 대우그룹 회장이나 대치동 은마아
파트와 한보철강의 정태수 회장도 1997년 'IMF 위기'를 맞
아 그룹 해체와 함께 하루아침에 가라앉고 말았습니다. 일
본의 경우도 마찬가지입니다. 세계 제2차 대전 뒤에 맥아
더가 일본 군국주의의 재발을 막기 위해 미쓰비시, 미쓰이,
스미토모 등 3대 재벌을 해체하여 각기 계열 회사들을 독
립 회사로 만들었습니다. 1980년대 이래 오늘날까지 도요
타가 소니를 제치고 일본의 간판 기업이 되었지만 이것조
차 영원하지 않습니다. 수 년 전부터 시작된 대대적인 도
요타 자동차 리콜 사태로 그 명성에도 금이 가기 시작했습
니다. 미국의 포드나 지엠 역시 마찬가지입니다. 1903년
에 설립되어 세계 자동차 산업의 선두주자였던 포드 자동
차, 그리고 그의 라이벌인 지엠 자동차가 2008년 세계금융
위기 때 부도위기에 내몰려 국가로부터 막대한 구제금융

을 받은 것도 대표적 사례로 꼽을 만합니다. 사태가 이러하다면, 자본주의 경쟁사회에서 가장 현명한 자는 잘될 때 충분히 벌어 다른 곳으로 튀는 자임을 알 수 있습니다. 영원한 승리가 없으니 일시적 승리를 영원히 연속적으로 이어가는 것, 정치경제학적 용어로 '특별 잉여가치'를 한 곳에서 계속 추구하는 게 아니라 부단히 공간과 영역을 이동해가며 추구하는 것이 핵심입니다. 마치 발 빠른 야구 선수나 게릴라 전사처럼 '치고 빠지는' 것입니다. 이렇게 무한경쟁의 원리는 극소수에게는 천문학적 기득권을 갖다주지만 결코 영원한 것이 없기 때문에 승자조차도 극도의 불안감에 시달리게 하며, 그에 대한 해결책으로 교묘함과 약삭빠름을 추구하게 됩니다. 그러니 성실하게 땀 흘리며 살아가는 보통사람들은 결코 이들을 따라가지 못합니다. 현실이 이러한데도 대부분 사람들은 '강자 동일시를 통한 자기기만'으로 인해 '나도 할 수 있다'는 환상을 품게 됩니다. 바로 이 환상 속에 우리 시대 우리 모두의 '중독'은 점점 더 치유 불가능한 악질적 중독이 되고 있는 것이지요.

승자와 패자, 모두가 파괴의 공범자가 된다

셋째, 기득권 경쟁 속에서는 승자나 패자 모두가 사회적 파괴의 공범자가 된다는 점입니다. 여기서 말하는 사회적 파괴란 인간성, 공동체, 생태계 등이 파괴되는 것을 뜻합니다. 기득권 경쟁이 계속되면 종국에는 사회적 파괴가 극단적으로 진전되어 경쟁적으로 획득할 기득권이 더는 남아 있지 않은 상태가 될 수 있습니다. 마치 모든 것이 사라진 세상에 홀로 남겨진 '종포식자' 공룡처럼요. 이것이 세 번째 한계입니다. 예를 들어보죠. A라는 기업이 경쟁력 있는 상품을 만들어 최고의 자리에 올랐다 합시다. B라는 라이벌 기업도 가만히 있지는 않습니다. 서로 더욱 경쟁력 있는 기업이 되기를 위해 뼈를 깎습니다. 여기서 경쟁력의 핵심은 생산성입니다. 그런데 생산성이란 무엇인가요? 투입 대비 산출의 비율입니다. 투입이란 구체적으로 인건비, 원료비, 부품비, 설비비, 에너지비, 금융비 등 각종 비용입니다. 산출이란 생산물의 양이나 매출액으로 표시됩니다. 여기서 경쟁력을 위해 생산성을 높인다는 것은 가능하면 인건비, 원료비, 부품비, 설비비, 에너지비, 금융비 등 각종 비용은 줄이고, 생산량이나 매출액은 높이는 것입니다. 그리하여 정리해고, 비정규직화, 외부 하청, 사내 하청, 임금 동결, 노조 억압, 원료 무단 채취, 납품 단가 인하, 폐수 무단 방출, 산업 안전 미비, 에너지 비용 인하, 금융계 청탁이나 부당 대출 등이 예사로 이뤄지고 동일한 비용에도 생산량을 늘리기 위해 노동시간 연장이나 노동강도 강화가 이뤄집니다. 결국 이것은 무얼 말할까요? 개인의 인격과 존엄성, 인간성이 훼손되고 가정이나 마을, 지역 공동체가 막대한 피해를 입으며, 자연 생태계가 무자비하게 파괴되는 것에 다름 아닙니다. 기득권 경쟁을 하는 가운데, 승자나 패자나 모두 자기도 모르는 사이에 이처럼 우리가 지켜야 할 소중한 것들을 파괴하는 일에 함께 공범자가 되어버렸

강자 동일시

습니다. '죽기 아니면 살기로' 경쟁하는 가운데 모두가 서서히 죽어갑니다. 이러한 파괴의 물결에 승자와 패자가 모두 협동하는 꼴이므로, 불편한 표현이지만 공범자라는 말을 할 수밖에 없습니다. 그렇게 공범적으로 파괴한 결과 역설적이게도 더 이상 자본 증식에 동원할 토대가 그 어떤 것도 남아 있지 않게 되는 자가당착에 빠지게 되는 것입니다. 아무리 눌러도 여러 장애물에도 불구하고 여기저기 터지는 노동저항들, 세계 곳곳에서 행해지는 다양한 대안적 시도들, 석유 및 자원고갈 사태, 기후위기, 핵위기, 식량위기 등이 그 증거들입니다. 바로 이런 점들이 기득권 경쟁이 명백한 한계가 있음을 보여주고 있습니다.

더하여 이러한 기득권 경쟁에는 몇 가지 모순이 있습니다.

'갈비의 변증법'

하나는 생산 과정에서 '갈비의 변증법'이 작동하면서 인간성 소외가 일어난다는 점입니다. '갈비의 변증법'이란 아랫사람에 대해선 적절히 갈구고, 윗사람에겐 잘 비벼야지만 주어진 시스템 속에서도 잘 살아남을 수 있는 현실을 빗대어 표현한 것입니다. 변증법이라고 한 까닭은 이렇습니다. 사회의 형태는 하류층은 두텁고 상류층은 뾰족한 사다리꼴입니다. 그러한 사다리꼴 질서 속에서 한 단계씩 올라갈수록 갈구는 방법과 비비는 방법이 절묘하게 섞여지며 변화와 발전을 거듭한다(정-반-합의 과정)는 것입니다.

높이 올라갈수록 그 방법들이 교묘해지거나 눈에 잘 보이지 않는 방식으로 변합니다. 그리고 맨 아랫사람이 한 칸 윗 단계로 올라갈 때마다 과거의 자신을 부정하는, 부정의 부정 원리가 작동합니다. 그래야 현재의 자신을 정당화하고 유지할 수 있기 때문입니다. 또한 아래로 갈구고 위로 비비는 빈도가 많아지고 습관화할수록 나중엔 인간성이라는 질이 변합니다(양질변환의 원리). 따지고 보면, 계속 아랫사람을 갈구는 사람이나 시달리는 사람이나 점차 인간성과 인간미를 상실하게 됩니다. 비비는 것도 마찬가지입니다. 계속 아첨하고 비비기만 하는 사람이나 언제나 그런 아첨을 받기만 하는 사람들은 지문조차 상실한 자존감 제로의 사람으로 변하거나 목에 '기브스'를 하며 목 뻣뻣한 디스크 환자로 늘 다른 사람 위에 군림해야만 마음이 편해지는 괴물이 되고 맙니다. 요컨대 영혼을 잃어버린 '좀비'가 된다는 뜻입니다. 오늘날 꽤 많은 기업형 인간이 바로 그런 식의 모습을 보이는 것도 우연이 아닙니다. (사실이 아닌 편파적 과장이라고 하실 분도 계시겠지요. 저 역시 제발 사실이 아니길 믿고 싶은 한 사람입니다.) 기업조직만이 아니라 조폭 집단의 경우나 군대조직, 정치가들의 조직 역시 그런 면모를 보입니다.

승자가 모든 것을 가져간다

또 하나는 분배 과정의 문제입니다. 분배 과정을 보면 한마디로 '승자독식'입니다. '20대 80 사회' 또는 '10대 90

사회', 심지어 '1대 99 사회' 등이 바로 이러한 '승자독식'의 분배 과정을 상징하고 있습니다. 그래서 대부분 경쟁에 참여하는 이들은 수단과 방법을 가리지 않고 '탑top'에 들려고 합니다. 무엇을 위한 승리인지, 공정한 게임인지 물어볼 여유조차 없습니다. 한눈팔면 뒤처지기 때문에 오히려 그런 질문 자체가 금기시됩니다. 2012년 7월 초 각 언론에서는 한국사회에서 금융자산만 10억 이상을 보유한 부자들이 14만 명 정도라고 보도했습니다. 대부분이 부동산 자산가인 이들은 평균 144억 원을 갖고 있고 자녀를 위한 사교육에도 한 달 평균 1,000만 원 이상 쓰고 있습니다. (2021년 지금은 비교할 수 없을 만큼 더욱더 심해졌겠지요.) 고급백화점과 명품숍들은 이런 사람들을 유혹하기 위한 각종 아이디어를 짜냅니다. '당신이 사는 곳' '당신이 타는 차' '당신이 입고 있는 옷'이 '당신의 품격'을 말해준다는 광고와 특별한 서비스를 세련된 영상에 담아 전합니다. 구매력을 가진 소수의 상류계층에만 해당되는 그런 광고는 모두에게 열려 있고 누구나 보고 듣습니다. 밤낮으로 떠다니는 그런 광고에 계속해서 접속되면 '명품 광고'는 곧 '세뇌 광고'가 됩니다. 평범한 보통사람도 그런 것을 동경하고 선망하게 되며 마침내 자신도 그 비싼 명품을 가져야만 하고, 가질 수 있으리라는 욕망에 부풀게 됩니다. 그 꺼지지 않는 욕망의 불길 속에 갇혀 그런 명품을 갖지 못하면, 무슨 커다란 결함을 지닌 못난 인간이 된 것 같은 절망감과 무력감에 빠지게 됩니다.

직업적으로 보면 한국사회는 판사, 검사, 변호사, 정치가, 기업의 CEO를 비롯한 임원, 공무원, 대기업 관리직, 교수, 교사, 국회의원, 시장, 대통령 등이 성공한 기득권 자리로 분류됩니다. 대학으로 보면 지방대에 비해 서울 소재 대학, 그중에서도 SKY로 상징되는 극소수 대학들이 최고의 기득권 대학입니다. 게다가 한국사회에서 여전히 양성평등은 거리가 멉니다. 물론 지난 수십 년간 많은 진전이 있었습니다. 그러나 아직도 남녀 임금격차는 40퍼센트 내외이고, 교육계를 제외한 대부분 조직에서 여성 리더들은 극소수에 머물러 있습니다(이른바 '유리천장'의 존재). 한마디로 남성이 (선천적) 승자로서 독과점을 하는 상황인 셈입니다. 이런 식으로, 성별, 직업별, 계층별, 계급별 구분이 중첩되면서 승자들이 사회적 부를 독식하는 시스템이 모든 분야에서 고착화하고 있습니다. '개천에서 용 난다'고 하던 말은 이제 철지난 유행가처럼 잊혀진 과거의 말이 되어버렸습니다.

'승자독식'의 잔칫상은 '패자라는 희생양' 위에 차려진다
어쩌면 나의 행복은 타인의 불행을 토대로 만들어진 것일지 모른다

마지막으로 또 하나의 불편한 진실이 있습니다. 그것은 승자가 누리는 기득권은 결코 하늘에서 떨어진 것도 아니요, 땅에서 솟은 것도 아니란 점입니다. 그것은 결국 승자가 경쟁의 과정에서 성공적으로 따돌린 광범위한 패자

강자 동일시

들이 희생양으로 된 것을 토대로 합니다. 극소수가 누리는 기득권의 토대는 결국 대부분 패자를 희생양으로 한 것이란 점이 사태의 본질입니다. 나의 행복이 타자의 불행을 전제로 한 것이란 사실, 이것이 불편한 진실입니다. 만일 나의 행복이 타자의 불행을 토대로 한다면 나의 행복 역시 불완전할 수밖에 없습니다. 생각해보십시오. 꼭 같은 경우는 아니지만, 남의 재산을 빼앗아 부자가 된 자가 과연 마음이 편할 수 있을까요? 그렇게 부자가 되었다면 보복의 두려움에 하루라도 두 다리 쭉 뻗고 잠을 잘 수 있을까요? 대개 부잣집 담벼락이 특별히 높거나 보안이 강화되는 이유의 하나는 바로 그러한 두려움의 결과가 아닐까요?

물론 여기서 말하는 기득권이 극소수만이 누리는 엄청난 부와 권력만 뜻하는 것만은 아닙니다. 사실은 여성에 비해 남성이 기득권층이 될 수 있고, 실업자에 비해 취업자가, 비정규직에 비해 정규직이, 생산직에 비해 관리직이, 중소기업에 비해 대기업이, 후진국에 비해 선진국이, 고졸자에 비해 대졸자가, 지방에 비해 서울이 기득권을 누리기 쉽습니다. 게다가 자연 생태계에 대해서는 모든 인간이 기득권자가 되기 쉬운 형국입니다. 이런 면에서 보면 극소수의 부자들이나 최고 권력자들만 기득권 그룹이 아니라 할 수 있습니다. 가장 높은 곳에서부터 가장 낮은 곳에 이르기까지 모든 사람은 자연 생태계와 사회적 약자에 대해 상대적으로 일정한 기득권을 누리고 있다고 보아야 할 것입니다. 하지만 일반적으로 말해 우리는 극소수의 기득권 그룹을 상정할 수 있고 그것이 현실적으로는 더 사태의 핵심을 이룹니다.

양심적 기득권은 어떻게 행동해야 하는가

바로 이 지점에서 '나의 기득권이 수많은 약자의 희생에 토대한 것'이란 사실을 양심적으로 자각하는 기득권 그룹은 과연 어떻게 행동하는 것이 올바를까요? 크게 두 가지입니다. 하나는 이른바 '노블레스 오블리제noblesse oblige'를 실천하는 것입니다. 대표적 사례로 경주 최씨 가문을 들 수 있습니다. 지금도 그 앞마당에 놓여 있는, 이 가문의 '집안을 다스리는 6훈' 중에는 "1년에 만 섬 이상의 재산은 모으지 마라"는 것과 "사방 100리 안에 굶어 죽는 사람이 없게 하라"는 것이 있습니다. 지나친 권세나 재산은 자제하고 사회로 돌리라는 것입니다. 이것이 곧 '가진 자의 의무'를 뜻하는 노블레스 오블리제의 전형이 아니던가요? 그러나 이것 또한 최씨 가문이 기득권 구조 자체에 대해서는 문제제기를 하지 않는 것을 전제로 합니다. 그래서 두 번째 방식이 나옵니다. 그것은 기득권 구조 자체를 허무는 활동입니다. 지금과 같은 사다리 질서 속에서 기득권 경쟁을 하는 원리 자체를 바꾸려는 것입니다. 그리하여 대안적 구조, 예컨대 원탁형 구조를 만들어 누구나 자신의 개성과 잠재력을 살리면서도 전체적으로 누구나 비슷한 대접을 받으며 보람 있게 살 수 있는 그런 평등하고 자유로운 구조를 만드는 것입니다. 경주 최씨 가문의 예를 든다면, 만일 최씨

강자 동일시

가문이 양반과 상민, 그리고 천민으로 나뉜 사회구조를 타파하여 모든 사람이 동등한 자격으로 살아가는 사회를 만드는 운동을 했다면 바로 이 경우에 해당할 것입니다.

사실 오늘날도 많은 종교인은 일정한 종교행사에 참여하여 기부나 헌금을 많이 냄으로써 사회적 약자를 배려하는 실천을 행하지만 막상 빈부격차가 날 수밖에 없는 사회구조나 기득권 경쟁원리 자체를 바꾸자고 주창하는 말은 별로 없습니다.* 이에는 여러 이유가 있겠지만, 기득권 그룹은 기득권 자체를 누리면서 중독되어가고, 비기득권 그룹은 기득권 자체를 선망하고 열망하면서 중독되어가기 때문입니다. 나는 이를 각기 향유중독과 동경중독이라 부르고 싶습니다. 결국 상층부건 중하층부건 상관없이 모든 사람들이 기득권의 본질이나 원천에는 별 관심을 두지 않고 오로지 기득권을 차지하려는 강박에 사로잡힌 나머지 '모로 가도 서울만 가면 된다'는 식의 성공을 우상시하는 성공중독에 빠져들고 있습니다. 거의 모두가 너무나 당연한 듯 받아들이는 '강자 동일시의 노예'가 되어 있는 것입니다. 당연히 그 결과 우리는 이 잘못된 게임 자체를 바꾸려하기보다는 너도 나도 그 속에 편입되기 위한 게임에만 몰두할 뿐입니다.

---

* 윤리가 개인의 도덕적 선택과 책임을 묻는 '개인윤리'로만 좁혀질 때, 역설적으로 '윤리'는 사회의 구조적 모순과 타락을 '은폐하는 수단'이 되기도 합니다.

이제 좀 더 분명해졌습니다. 지금까지 우리가 알아왔던 경쟁(생존경쟁 또는 기득권 경쟁)이 결국은 허망하다는 점이. 그리고 본질적으로 경쟁이란 파괴성을 띠기 때문에 당장 그만두어야 한다는 사실을 말입니다. 그리하여 비인간적이고 반생명적인 경쟁의 원리 대신 인간적이고 생명적이며 평화적인 연대와 협동의 원리 위에 새로운 사회와 경제 시스템을 구축해야 한다는 사실도 분명해졌습니다. 이것은 단순한 '노블레스 오블리제' 차원을 넘어가는 것입니다.

경쟁을 선택할 것인가, 연대와 협동을 선택할 것인가

그래서 이제부터는 소통, 연대, 협동의 원리에 대해 차분히 정리해보겠습니다. 경쟁이란 말도 원래는 '함께 추구하는 것'을 뜻했습니다. 이런 의미에서 참된 경쟁이란 결국 협동을 뜻하고 있음을 명심할 필요가 있습니다. 현실경제에서 수많은 기업, 특히 세계적인 다국적 내지 초국적 기업들이 '전략적 제휴'를 하는데, 실은 이것이 '이윤'을 목적으로 한 것만 아니라면, 그리하여 진정으로 인류의 삶에 필요한 것을 효율적으로 제공하기 위한 활동이라면 이것이야말로 참된 경쟁(함께 추구하는 것)이 될 수 있습니다. 그러나 현실은 필요의 원리가 아니라 이윤의 원리, 그것도 무한 이윤을 좇는 것이기 때문에 참된 경쟁, 즉 소통과 협력이 아니라 파괴와 분열로 치닫게 됩니다.

잠시 아래의 시 한 편을 감상해보겠습니다.

나치 일당이 공산주의자를 잡아갈 때
나는 침묵했다
나는 공산주의자가 아니었기에

그들이 사회민주당원들을 감금했을 때
나는 침묵했다
내가 사회민주당원이 아니었기에

그들이 노조 활동가들을 잡아갈 적에
나는 침묵했다
나는 노조원이 아니었기에

그들이 유대인들을 잡으러 왔을 때
나는 침묵했다
나는 유대인이 아니었기에

마침내 그들이 나를 잡아갈 때
세상에는 날 위해 싸울 이들이
하나도 남아 있지 않았다

「그들이 나를 잡아갈 때」라는 제목의 이 시는 마틴 니
뮐러(1892~1984)라는 독일 고백교회의 목사가 쓴 참회의

시입니다. 그는 1933년에 히틀러 나치 일당이 권력을 장악하고 세계 제2차 대전을 일으키며 1945년까지 수백만 명의 사람들을 죽이고 박해한 데 대해 "나치만 책임이 있는 것이 아니라 목사인 나도 책임이 있다"고 했습니다. 사실 그는 나치 시절에 폭압정치와 여론 조작, 유대인 박해가 심해지자 양심적인 목사들과 함께 저항운동을 했습니다. 그 와중에 나치에게 붙잡혀 8년 동안 옥고를 치르다가 전쟁 말기에 연합군에 의해 가까스레 구출되었습니다. 그랬던 그가 고희(70세) 무렵에 이 시를 쓰게 되었는데, 그 취지는 나치가 정권을 잡기 전부터 시민적 양심과 연대를 촉구하여 나치의 발흥을 진작 막아냈어야 했다는 것입니다. 이런 참회에 근거해 다시 독일사회에 양심의 경종을 울리고자 이 시를 썼습니다. 독일의 지식인 한나 아렌트도, 뉘른베르크에서 열린 전범재판에 끌려온 나치의 하수인들이 ("왜 수많은 사람들을 학살했는가?"라는 질문에 대해) "나는 오직 주어진 명령에 복종했을 뿐"이라고 담담하게 진술하는 것을 보고 '악의 평범성' 즉 우리 모두 아무 생각 없이 살아갈 때 누구나 천인공노할 만행을 저지를 수 있음을 경고한 바도 있습니다. '생각 없음(무사유無思惟)'이 '악의 씨앗'임을 말한 것이지요.

'생각 없음'이 '악의 씨앗'이다

이러한 니묄러 목사의 고백이나 한나 아렌트의 지적은 한 개인의 양심과 철학이 얼마나 중요한지를 말한 것이

강자 동일시

기도 하지만, 더 나아가 소통과 연대의 중요성을 강조하고 있는 것입니다. 당장 내 일이 아니라고 타자의 고통을 외면하는 순간 우리는 탈연대를 선택하고 실천하는 셈입니다. 그렇게 우리는 상호 고립되고 원자화합니다. 그렇게 될수록 지배자들의 힘은 더욱 강해집니다. 반면 아무리 작은 일이라도 타자의 고통이 나의 고통임을 느끼면서 소통하고 연대하는 순간 우리의 힘은 두 배 이상으로 커집니다. 그리하여 내가 고통을 당할 위기에 처하게 되더라도 평소에 연대했던 힘들이 나를 구출할 것입니다. 이런 믿음이 존재하는 한 우리들은 외부의 압력이나 위협에 굴하지 않고 당당하게 살아갈 수 있습니다. 지배자들과 자본의 논리는 사람들을 경쟁과 분열로 몰아가서 '분할통치'를 하려고 하지만, 풀뿌리 민초들의 논리는 소통과 연대를 통해 '공생 공락'하는 것입니다.

그러면 여기서 이런 질문이 필요합니다. 사태의 본질이 이러한데도 왜 우리는 대개 소통과 연대를 하지 않고 경쟁과 분열에 빠지고 말까요?

'강자 동일시'는 우리 사회의 가장 강력한 심리이다

그것은 앞서도 말했지만 우리는 기존 시스템, 즉 기득권 경쟁을 강제하는 기득권 중심의 억압적 사회질서와 사회경제 구조를 바꾸려 하기보다는 오히려 그 체제를 인정하고 그 속에서 좀 더 높은 자리를 차지하려고 애씁니다. 대부분의 사람들은 자기도 기득권 강자처럼 되고 싶은 마음에 강자와 자신을 동일시하고 사회가 인정하고 부러워하는 성공을 인생의 목표로 삼고 있습니다. 이러한 '강자 동일시'는 '오로지 성공'의 욕망과 함께 강한 집념이 되어 우리의 삶을 끝없이 돈중독과 일중독으로 몰아갑니다. 왜 그럴까요? 그것은 첫째, '어떻게 감히, 내가, 이 구조를 바꿀 수 있단 말인가?' 하고 아예 처음부터 체념하기 때문입니다. 둘째, 그것은 '나도 저 높은 사람들처럼 강자가 되어 기득권을 맘껏 누려야지'라고 강자에 대한 선망과 자신의 세속적 욕망을 당연시하고 거기에 '강렬한 성공 집착'을 더하여 모두가 '강자 동일시'에 이르렀기 때문입니다. 철학자 니체는 이런 '강자 동일시'의 심리를 르상티망ressentiment이라고 해서 '원한에 기초한 노예-약자들의 시기와 질투와 복수'로 이해하고, 이 '르상티망'이 현대인의 가장 중요한 내면 풍경이라고 말했지요.

다시 한 번 물어볼까요. 왜 우리는 변화를 꿈꾸기보다 이런 '강자 동일시'의 태도를 갖게 될까요? 그것은 한편으로 변화를 꿈꾸던 사람들이 핍박받고 좌절하고 망하는 것을 너무 많이 보았기 때문에, 그리고 다른 한편으론 그저 주어진 현실 구조에 잘 적응해 기득권 계층으로부터 인정받고 잘사는 사람을 보면서 '나도 (저 사람처럼) 성공할 수 있다'는 꿈을 꾸기 때문입니다. 요컨대 강자의 폭력에 대한 두려움, 그리고 기득권을 누리는 이의 성공에 대한 부러움이 한데 섞인 결과, 우리는 '강자 동일시'의 심리에 젖어들고 있는 것입니다. 특히 IMF 사태 이후 "나도 망할 수 있다"는 위기감은 "나도 그들처럼 돈을 많이 벌고 성공하고 싶다"는 절박한 욕망과 합쳐져 더욱더 '강자 동일시'에 우리를 빠트립니다. 그리하여 우리는 '부당하고 힘센 자'를 '미워하면서 닮아'갑니다. 오늘 우리는 함께 보다 나은 삶의 질서를 만들어 나가려는 변화의 의지를 속으로 억누르고 미리 포기합니다. 오히려 경쟁구조에 잘 순응하여 개인적으로 성공하는 것이 더 '현실적'이라며 억압적인 기득권 경쟁을 적극적으로 받아들입니다. 이런 '강자 동일시' 속에 경쟁구도는 더욱 치열해지며 사회는 더욱 심하게 분열됩니다. 친구나 이웃도 라이벌, 즉 경쟁 상대나 적으로 둔갑하는 것입니다. 그야말로 '만인에 대한 만인의 투쟁'이 삶의 현실이 되는 것입니다. 그 결과 역설적으로 경쟁의 구도를 만든 소수 기득권의 힘은 더욱 강해지고, 강자의 벽은 한층 높아집니다. 또 그럴수록 '강자 동일시'는 더욱더 강화되며 돈중독과 일중독은 중독을 넘어 자연스러운 삶이 됩니다.

우리가 찾아야 할 희망의 실마리

그러나 만일, 우리가 평소에 친구나 동료, 이웃과 폭넓게 소통하고 단결하며 연대하는 실천을 한다면 우리는 니뮐러 목사의 시에 빗대어 이런 기쁨의 시를 쓸 수 있을지 모릅니다. 이 시의 가제를 '우리가 그들을 물리칠 때'라고 해보겠습니다.

그들이 공산주의자를 잡으러 왔을 때
나를 비롯한 모든 사람들이 힘을 합쳐
아무도 잡아가지 못하게 막아냈다

그들이 사회민주당원을 잡으러 왔을 때
나를 비롯한 모든 이들이 단결하여
아무도 잡아가지 못하게 했다

그들이 노조 활동가를 잡으러 왔을 때
나를 비롯한 모든 이들이 하나가 되니
그들은 아무도 잡아가지 못하고 말았다

그들이 유대인을 잡으러 왔을 때
나를 비롯한 모든 이들이 연대를 하니
그들은 누구도 잡아가지 못했다

그들이 나를 잡으러 왔을 때
이 세상 모든 이가 나랑 힘을 합해
그들을 모조리 붙잡고 말았다

이 얼마나 통쾌한 일일까요? 물론 현실은 이와 다르겠지요. 그렇더라도 현실의 삶에서 경쟁과 분열만이 존재하는 건 아닙니다. 연대와 협동의 원리를 실천하는 삶도 많습니다. 아니, 소통과 단결, 연대와 협동이 없는 삶이 도대

강자 동일시

체 가능하기나 한 것인가요? 만일 자본주의나 신자유주의가 말하는 것처럼 이 세상이 오로지 경쟁과 자기 이익의 원리로만 움직인다면 가정이나 학교, 직장이나 사회, 그리고 모든 인간관계가 단 하루라도 제대로 지탱될 수 있을까요? 그나마 우리 마음속에 약간이라도 배려와 나눔, 소통과 공감, 연대와 협동, 단결과 공생 등과 같은 가치가 있기 때문에 이 가혹하게 강요되는 경쟁의 세상에서조차 사람 냄새 나는 틈새들이 존재할 수 있는 것이 아닐까요? 그러면서도 더 정확하게는, 이러한 인간적 공간들, 원초적으로 인간적일 수밖에 없는 공간과 시간과 관계들이 자본주의 시대에 들어서서 그리고 신자유주의의 물결로 인해 더욱 지속적으로 파괴되는 것이 역사적 현실이 아닐까요? 저는 이것이 불편하지만 진실이라고 생각합니다. 마르크스가 말한 계급투쟁보다 더 근본적인 것은, 인간과 자연의 본연적 생명력과 자본의 파괴성 사이의 투쟁이라고 해야 옳다고 저는 믿습니다.

니뮐러 목사의 시가 자본의 파괴성으로 말미암아 원자화, 고립화하여 경쟁과 분열에 적응된 우리 개인의 모습을 반성하는 것이라면, 제가 그 시를 변용해 새로 지은 시는 자본의 파괴성에도 불구하고 인간적 소통과 연대를 통해 그 파괴성을 효과적으로 막아내는 희망의 실마리를 노래한 것입니다.

이기적 마음을 넘어 공동체적 마음으로

이제 경쟁에 대한 우리의 긴 논의를 마무리할 때가 된 듯합니다. 우리가 선택해야 할 경쟁이 아닌 협동, 분열이 아닌 연대, 적대감이 아닌 공감, 무시가 아닌 소통이 이러한 현실 속에서 그럼에도 불구하고 어떻게 가능할지 생각해보겠습니다.

토끼와 거북이 이야기

어린 시절에 읽었던 동화 중에 토끼와 거북이 이야기가 있지요. 아마도 국어 책에서 읽었을 것입니다. 토끼와 거북이가 심심한 나머지 달리기 시합을 하기로 합니다. 토끼가 언덕 같은 데를 잘 달리니까 산꼭대기까지 가는 건 일도 아니라고 생각합니다. 거북이는 당연히 느리니까 토끼한테 질게 뻔했지만 재미 삼아 해보기로 합니다. 아니나 다를까, 출발한 지 얼마 지나지 않아 토끼는 저 멀리 달렸고 거북이는 지렁이처럼 천천히 갑니다. 한참 달리던 토끼가 뒤를 돌아보니 거북이가 보이지 않을 정도로 까마득하게 보였습니다. 그래서 토끼는 "잠을 좀 자며 쉬었다 가도 되겠다"고 생각하고, 편한 마음으로 토끼는 낮잠을 즐깁니다. 그러다가 한참 뒤에 깨어보니 아뿔싸, 그렇게 늦게 가던 거북이가 거의 산꼭대기에 다가가는 것입니다. 토끼는 뒷다리가 보이지 않을 정도로 열심히 달렸습니다. 그러나 토끼가 거의 정상에 뛰어오를 무렵 이미 거북이는 정상에 올라앉아 있습니다. 결국 걸음이 느렸던 거북이가 한 번도 쉬지 않고 꾸준히 달렸더니 게으름을 부리던 토끼를 이기고 맙니다.

이 이야기는 '자만하지 말고 부단히 뛰어야 승리한다'는 교훈을 줍니다. 우리는 이런 식으로 어릴 때부터 토끼처럼 자만하지 말고 거북이처럼 부지런히 달려야 경쟁에서 승리한다고 배웠습니다. "자만하지 말고 게으름 피우지 말고 부지런히 달려라"라는 교훈은, "삶은 경쟁이다"라는 것을 전제로 하는 지혜입니다. 어릴 적부터 배운 이런 가르침이 교육을 통해 부단히 반복되다 보니 우리는 두 가지 내용을 당연시하고 자연스럽게 여깁니다. 즉 경쟁은 무조건 필요하다는 것과 경쟁을 하면 무조건 이겨야 한다는 것을 마치 진리처럼 받아들이는 것입니다.

그러나 여기서 질문할 것이 있습니다.

첫째, 토끼와 거북이가 정말 심심했다면 굳이 산꼭대기까지 달리기 시합을 할 필요가 있었을까요? 달리기 시합의 결과 승자인 거북이는 만세를 불렀겠지만 패자인 토끼는 온종일 기분이 나쁘지 않았을까요? 그러니 달리기 경주 말고 오히려 둘이서 더 재미있게 놀 방법을 찾아볼 수도 있지 않았을까요? 왜 피곤하게 경쟁을 할까요? 경쟁을 않고도 재미있게 놀 방법이 얼마든지 있는데 말입니다.

둘째, 경쟁을 하면 무조건 이겨야 한다는 생각은 일종의 강박증이 아닐까 하는 점입니다. 누구도 자신의 중심이 탄탄하게 서 있고 주변으로부터 충분한 사랑을 받고 있다면, 경쟁할 필요도 별로 느끼지 않고 경쟁을 하더라도 꼭 이겨야 한다는 생각은 들지 않습니다. 재미 삼아 경쟁을 하는 경우라도, 만약 그 사람의 내면에 열등감이나 공허감이 크다면 '꼭 내가 이겨야 한다'는 강박 또는 집착에 시달리기 쉽습니다. 손상된 자아 존중감, 즉 자존감을 되찾고 싶기 때문입니다. 그래서『경쟁에 반대한다』라는 책을 쓴 알피 콘 선생은 이렇게 말합니다. "우리는 자신의 능력을 근본적으로 의심하기 때문에 경쟁을 하며, 결국 낮은 자존감에 대한 보상을 위해 경쟁하는 것이다." 다시 말해, 열등감에 시달리는 사람일수록 경쟁에서 승리해 자기 존재를 확인받고 싶어 하는 것입니다.

한편 토끼와 거북이의 달리기 이야기에 또 다른 버전이 있습니다. 철학 교수를 하다가 변산 공동체를 만들어 유기농 농부로 변신했던 윤구병 선생이 만든 이야기입니다. 토끼와 거북이가 잘 어울려 놀고 있었는데, 갑자기 늑대 한 마리가 나타났습니다. 늑대가 한꺼번에 둘 다 잡아먹기가 어려우니 꾀를 냈습니다. 저 산과 강을 건너 언덕까지 한 바퀴 돌고 오는 경주를 하는데, 늦게 오는 놈을 잡아먹겠다는 것이었습니다. 앞서 나온 이야기 식이라면 토끼건 거북이건 먼저 달리려고 애를 썼을 것이고 토끼가 낮잠을 자거나 게으름만 피우지 않는다면 이길 확률이 높았을 것입니다. 그런데 여기서는 이야기가 좀 다릅니다. 토끼와 거북이는 늑대의 의도를 눈치채고 대단히 훌륭한 꾀를 냅니다. 그것은 서로 협동하여 달리기를 한 뒤 맨 마지막에도 같이

강자 동일시

들어오는 것입니다. 둘 중에 진 놈을 잡아먹겠다고 했으니 둘 다 같이 들어오면 누구도 잡아먹히지 않을 것이란 이 야기입니다. 그래서 산을 오를 때는 토끼가 거북이를 등에 태우고 달리고, 강을 건널 적에는 거북이가 토끼를 등에 업고 헤엄칩니다. 그렇게 해서 서로 도와가며 한 바퀴 돌 아 최종 골인 지점에 같이 손잡고 들어옵니다. 이 장면을 보고 늑대는 슬그머니 꼬리를 감추며 사라지고 말았다는 이야기입니다. 여기에서 교훈은 경쟁과 분열은 죽임이요, 단결과 연대만이 인간답게 살 수 있는 길이라는 것입니다.

어려울수록 소통과 공감, 연대가 소중하다

물론 현실은 이와 많이 다르죠. 설사 토끼와 거북이가 같이 들어왔다 하더라도 늑대는 약속을 지키려 하지도 않 고 슬그머니 사라지지도 않을 것입니다. 현실의 늑대는 아 마도 "너희 둘 다 패배한 놈들이니 둘 다 잡아먹고 말겠다" 며 덤벼들 수도 있습니다. 실제로 대기업, 재벌, 다국적 기 업, 초국적 기업, 세계금융자본들은 수단과 방법을 가리지 않고 중소영세 기업을 잡아먹으며 돈벌이를 추구합니다.

그러나 그럴수록 사람과 사람 사이의 소통과 공감, 단 결과 연대는 필수적입니다. 작은 힘들일수록, 깨어서 '소 통, 공감, 단결, 연대'해야 합니다. 그래야 비로소 잘못된 구 조나 모순을 뚫고 건강하고 행복한 사회를 만들어낼 수 있 기 때문입니다. 한 시절 우리의 젊은이들이 불렀던 노랫말 처럼 혼자 소리로는 할 수 없었던 일도, '둘과 둘이 모여 커단 함성'이 되면 반드시 해낼 수 있을 것입니다.

여기서 시장경쟁이나 자유무역을 옹호하는 시장만능
주의자들이 약방의 감초 격으로 인용하는 '공유지의 비극'
이야기는 시사하는 바가 큽니다. 그들은 이 이야기를 이렇
게 봅니다. "공유지? 말이 좋지 원래 사람들은 이기적이기
때문에 마을 사람들이 공동의 목초지 같은 걸 놓아보아야
모두 자기 가축만 돌보려 한다. 그래서 그 공동의 목초지는
금세 황폐화하고 오로지 먼지바람과 소똥만 나뒹굴 것이
다." 이게 그들이 말하는 공유지의 비극입니다. 결국 공유
지 같은 건 비효율적이기 때문에 모두 민영화나 사유화를
해야만 각자 자기 이익을 위해 잘 돌볼 것이라는 식이죠.

인간은 '이기적'이면서도 '이타적'이다

여기서 중요한 점은 시장주의자들은 '인간은 이기적이
다'란 전제를 무비판적으로 받아들인다는 것입니다. 그리
고 이것을 당연시하는 입장에 서서 공유지는 반드시 망가
지므로 공유지 자체를 없애야 한다고 보는 것입니다. 강자
중심의 사유화와 상품화를 정당화하는 논리입니다.

그러나 우리는 여기서 두 가지를 포착해야 합니다.

첫째, 위 이야기의 핵심은, 인간의 이기심 또는 자기 이
익만 헤아리는 편협함이야말로 '공유지의 비극'을 초래하
는 뿌리라는 점입니다. 시장자유주의자들이 말하는 인간
의 이기심, 바로 그게 문제입니다. 바로 그 이기심 탓에 이
세상이 험악해지고 있지 않은가요?

둘째, 인간은 이기적인 면도 있고 이타적인 면도 있습니다. 갓 태어난 아기는 생존을 위해 부모의 절대적인 보살핌이 필요합니다. 이런 면에서 인간은 이기적입니다. 그러나 충분한 사랑, 조건 없는 사랑을 받게 되면 이 아이는 내면이 행복해지고 충만해지면서 서서히 주변을 살피고 배려하게 됩니다. 자신만을 위한 이기심과 함께 주변도 생각하는 이타심이 공존하게 됩니다. 한 사람 안에서도 이러한 성질이 공존하는데, 어느 면이 실제 행동으로 작동하는가 하는 것은 사회적 상황이나 관계 속에서 결정됩니다. 만일 이타심보다 이기심이 더욱 강한 사람이 있다면, 그것은 어릴 적부터 주변의 사랑이나 인정을 받지 못해서 그럴 확률이 높습니다. 반면에 서로 돕고 사는 공동체가 활성화한 상태라면 그 속에서 사람들은 이기심을 자제하면서 이타심을 더 많이 발휘하게 될 것입니다.

'새로운 소박함'을 위하여

독일인 레기네 슈나이더가 쓴 『새로운 소박함에 대하여』를 보면 우리는 '공유지의 희극'도 가능하다는 것을 알 수 있습니다. 북독일의 전통적인 항구도시인 함부르크의 어느 지역에 공원이 하나 있었습니다. 처음엔 예뻤지만 세월이 가면서 개똥이나 쓰레기도 많이 쌓이고 술주정뱅이들이 맥주 캔을 버리거나 오줌을 싸고 갔습니다. 냄새가 나서 사람들은 쉴 수도, 잔디나 벤치에 앉아 책을 읽을 수도 없게 되었습니다. 바로 시장주의자들이 말한 '공유지의 비극'입니다. 그런데 소냐라는 한 여성이 이런 상황을 너무 가슴 아프게 여기고 하루는 작정을 했습니다. 겸손하지만 적극적으로 이웃 집 문을 두드리고 얼굴을 마주하며 함께 공원을 깨끗하게 만들자고 제안했습니다. 한 사람이 나서니 "그것, 좋은 일"이라며 너도나도 같이하자고 나섰습니다. 그렇게 깨끗이 청소한 다음 집집마다 다과를 들고 나와 소박한 잔치를 벌였습니다. 청소를 같이하지 않은 사람들도 불러 모았습니다. 나무와 꽃도 심었습니다. 공원에 모인 사람들이 모두 행복해했습니다. 그리하여 '비극의 공유지'가 희극으로 전환되었습니다. 이러한 일이 어디서나 실제로 가능하다는 것, 바로 이 점이 희망의 근거입니다.

우리 모두는 나만 잘살고 싶은 이기적인 면도 있지만 나누며 살고 싶어 하는, 이타적인 마음도 갖고 있습니다. 개인individual이라는 말은 공동체community로부터 하나씩 분리된 쪼가리라는 의미를 가지고 있습니다. 개인 안에 공동체가 있고 공동체 안에 개인이 존재하는 것이 인간 존재의 본질입니다. 원칙적으로 모든 개인은 '공동체적 개인'일 수밖에 없습니다. 이기적인 듯 보이는 개인도 그 속 깊이 어딘가엔 분명히 '이타성'이 숨어 있습니다. 최소한 '나의 이기성'을 인정하듯, '남의 이기성'도 인정합니다. 따라서 '나의 이기성과 남의 이기성이 서로 충돌할 때 나는 어떻게 해야 하나'를 고민할 줄 아는 '염치'는 누구나 가지고 있습니다.

그런데 우리 사회 안에는, 내 삶이 처해 있는 환경이 너무나 불합리하다고 느끼는 사람들이 꽤 있어요. "내가 살고 있는 이 사회가 결코 정의롭지도 이성적이지도 않구나! 선한 사람이 아니라 악한 사람이 잘살고 복받고 있구나!"라고 생각하게 된 사람들은 "아, 내 삶이 절대 녹록할 수 없겠구나. 어찌되었든 살아남아야 한다. 그럴려면 아무나 함부로 못하는 강자가 돼야 한다!"라고 믿고 있지요. 어려운 시대 '각자도생各自圖生의 꾀'는 강자선망에서 더 나아가 '강자 동일시'로 발전하게 되지요. 이 사회의 비윤리성과 그럴수록 강렬한 성공에의 집착은 '강자 동일시' 속에 우리 모두를 몰아넣지요. '살아남아야 한다. 1등만이 살아남는다'는 것은 마치 악마의 주문처럼 우리들 영혼을 사로잡습니다. 그렇습니다. 바로 그렇기 때문에 우리는 정신 바짝 차려야 합니다. 마음을 다잡고 우리는 우리들 마음 깊은 곳에 있는 '우리의 이타성'을 살려내야 합니다. 어렵더라도 그래야 불행하지 않고 행복해집니다. 우리 모두 행복해지기 위해서 우리의 마음을 활짝 열었으면 좋겠습니다. 서로 마음의 문을 열고 소통하고 배려하고 연대하면 '희망'은 얼마든지 만들 수 있습니다. 그 희망은 옛 노랫말처럼 '둘과 둘이 모여 커단 함성 될 때' 구체적 현실이 됩니다. 저는 그 희망을 믿습니다.

마약, 알코올, 게임 중독 같은 건 주위에서 적극적으로 말리지만, 일중독은 온 사회가 칭찬해줍니다. 주변에서 칭찬까지 해주면서 '코끼리도 춤추게' 할 정도로 온 사회가 부채질하니, 일중독은 사회가 인정하는 바람직한 '삶의 도덕'이 됩니다. 일중독은 우리가 자발적으로 빠져들게 만든 '죽음에 이르는 중독'이지요.

바로 사회가 간접 살인자입니다.

2
무엇에, 우리는 중독되어 있는가?

칭찬받는 중독

일중독자가 일중독을 비판하다

안녕하세요? 여러분들 뵙게 되어 정말 반갑습니다. 오늘 처음 뵙는데, 누구나 동의하시리라 생각하는 질문으로부터 오늘의 제 이야기를 시작하겠습니다. 혹시 지금 이 자리에 계신 분 중에 "건강하고 행복하게 살고 싶지 않다"고 생각하시는 분 계시면 손 한 번 들어주시겠어요? 한 분도 안 계시는군요. 그래요. 모두 건강하고 행복하게 살자, 이 점에 대해서 동의하지 않을 분은 아무도 없을 거예요.

그런데 어떻게 살아야 건강하게 잘사는 것인지, 어떤 사회가 건강한 사회인지에 대해선 좀 더 공부하고 토론도 더 많이 해야 할 필요가 있다고 생각합니다. 어떤 분들은 자기 건강을 위해 동남아까지 여행 가서 곰의 배를 가르고 간을 꺼내 먹기도 합니다. 또 돈벌이를 한답시고 지하수나 공기를 오염시키고 산을 마구잡이로 허물고 아무렇게나 개발하고 혼자만 돈 많이 벌어 잘살겠다고 부동산 투기나 하면서 자신의 초고층 아파트, 해외 명품, 등을 자랑하고 과시하면 남들이 부러워하니까 이것을 바람직하다고 주장할지도 몰라요. 한 술 더 떠 '돈 싫어'하는 건 '위선'이라고 하면서요. 하지만 분명히 이런 분 정상은 아니겠지요?

우리가 알든 모르든 사실 이 지구가 근근이 버티고 있는데 조금이나마 시간이 남아 있어 다행입니다. 당장 내일 지구의 종말이 오지는 않겠지요. 최소한 저나 여러분이 살아 있는 동안에는 지구가 멸망진 않을 것 같습니다. 참 다행이죠. 그런데 이걸로 끝인가요? 우리 다음 세대는요? 또 지구가 망하진 않더라도 우리 모두가 제대로 사는 게 아니라면요?

지금 우리가 비싸게 돈 주고 사 먹는 생선 배 속에는 미세플라스틱이 많습니다. 이게 다 우리 몸으로 들어옵니다. 청소년이나 청년들이 한 30년 동안 그렇게 꾸준히 미세플라스틱을 먹고 나면 이유도 모르게 암 같은 큰 병이 나지 않을까요? 의학과 의료기술의 놀라운 발전에도 과거에 없던 숱한 불치병이 발생하는 것은 이런 미세플라스틱, 방사능, (초)미세먼지, 환경호르몬, 유전자조작식품GMO 등에 우리가 매일 노출되어 있기 때문입니다.

이런 상황을 제대로 알고 우리가 살아 있는 동안 좀 더 노력해서 후손에게 건강한 지구를 물려주는 것이 올바른 삶입니다. 자기 자식에게만 많은 부를 물려주고 세상을 다

망쳐놓는다면, 그건 '나쁜 삶'입니다. 문제는 특정 개인이 아니라 나라 전체가 그런 패러다임에 빠져 헤어나지 못하고 있다는 거죠.

오늘의 주제는 일중독입니다. 일중독과 지금 사회가 건강하지 못하다는 것이 무슨 관련이 있나요? 이 사실에 대한 문제제기와 그 해결책의 모색이 이 시간 제가 여러분과 나눌 이야기입니다.

저는 이미 『일중독에서 벗어나기』, 『여유롭게 살 권리』 같은 책을 썼는데, 여태 몇 권을 썼는지 모를 정도입니다. 어떤 의미에선 저 자신이 일중독자라 그렇습니다. 저도 모르게 그렇게 되어버렸더라고요. 그래서 많은 분들이 제게 묻습니다. "당신은 일중독에서 벗어나자고 주장하면서, 왜 그리 책은 많이 쓰느냐? 당신 스스로 일중독자 아니냐? 집에 가면 너무 일만 한다고 아내한테 혼나지 않느냐?" 맞습니다. 제 자신이 모순입니다. 아내에게 혼날 정도는 아니지만, 지적을 받곤 하지요. 연구 좀 그만하고, 책 좀 그만 써라고. 가정에 충실하지 않은 건 아니지만 전국으로 강연 다니고 책이나 칼럼도 쓰고 매일매일 바쁘게 사는 것은 인정할 수밖에 없지요. 고백하자면 저는 집에서 요리를 안합니다. 요리를 못한다는 핑계로 요리조리 잘 피합니다. 대신에 설거지는 확실히 합니다. 제 입장에선 아이들 셋 키우면서 분담한답시고 아내가 인정해줄 만큼은 했다고 스스로에게 변명하긴 합니다. 저는 집에서 땀 뻘뻘 흘리며 텃밭 농사도 짓습니다. 신나는 가족농 농부이기도 하죠. 어쨌든 부족하지만 나름대로는 가정에 충실하려고 합니다. 문제는 저 자신 스스로 일중독 증세에서 빠져나오지 못하고 있다는 사실이지요. 그래요. 그러니까 바로 저 자신을 위해서도 그리고 우리 사회와 우리 시대 모두의 건강한 삶을 위해서 오늘 '일중독'의 문제를 이 자리에서 조금 더 비판적으로 성찰해보고자 합니다.

일을 최고로 여기는 심리적 구조

도대체 일중독이 무엇인가요? 일중독에 빠진 사람들은 어떤 모습을 보이던가요? 그분들은 다른 무엇보다 일을 더 사랑하죠. 일을 최고로 여깁니다.

가족 생일도 모릅니다. 집안에 무슨 일이 있다고 하면, "나 일하러 가야 해"라고 하죠. 일중독자는 휴가도 잘 내지 못해요. 가족들이 하도 뭐라 하니까 어쩌다가 한번 휴가를 갑니다. 며칠 되지도 않지만요. 그렇게 오랜만에 큰마음 먹고 가족과 휴가를 떠납니다. 굉장히 경치 좋은 곳으로 갑니다. 거기까지는 참 좋습니다. 그런데 뭘 갖고 가나요? 노트북이 있고, 스마트폰이 있습니다. 식사를 하면서도 끊임없이 직장 일 이야기를 하는 거예요. 휴가를 떠나서는 다시 일을 생각합니다. 편히 쉬거나 놀지 못합니다. 놀 줄도 모릅니다. 그런 사람은 평소에 식사 시간이 되어도, "쪼끔만 더! 쪼끔만 더!" 하면서 식사시간을 자꾸 지연합니다. 그래서 자기 할 일 끝났다 싶어서 돌아가면 가족들 식사가 다 끝나고 아무도 없습니다. 불쌍한 우리의 위대한 일중독자!

일중독자들은 일하지 않는 일요일이나 공휴일, 가령 뭐 3박 4일 쉬는 날이 와도 편히 쉬지 못합니다. 아무 일 않고 있으면 기분이 어떨까요? 뭔가 허전하고 또 불안합니다. 사실 우리는 이런 경험을 중·고교 시절부터 했습니다. 월요일부터 금요일까지, 온종일 공부하고 그것도 모자라 저녁 도시락 까먹고 또 밤 10시까지 공부했죠? 야간자율학습! 자율적으로 하지도 않는데, 억지로 아이들을 잡아놓고 '자율학습'이라 하니, 좀 웃기는 얘기죠. 어떤 학생이 선생님 몰래 집에 간다고 하면, 땡땡이친다고 했죠. 그런 아이가 건강한 학생들입니다. 저 같은 범생이들은 밤 10시까지 야간자율학습을 하고 또 집에 와서 12시까지 더 하다가 잡니다. 그런 패턴이 반복되다 보니까 토요일이나 일요일에 집에서 쉬는 게 불안해집니다. 그래서 어떻게 했죠? 일단 가방이라도 들고 집을 나가서 도서관이나 독서실에 가방을 갖다 놓고서야 마음이 편안해집니다. 설령 놀더라도 말이죠. 제가 일중독을 연구하면서 가만히 생각해보니 우리가 어릴 때부터 일중독을 연습하고 세뇌당하면서 자라왔더라고요. 그래서 일중독의 뿌리는 깊습니다. 조선시대 용비어천가에 나오듯, 뿌리 깊은 나무는 바람에도 흔들리지 않습니다. 이 말이 일중독에도 해당된다고 생각하니 쓸쓸해지기도 합니다. 일중독 역시 술, 담배, 마약중독처럼 금단현상이 있습니다. 술이나 담배, 마약중독자가 그걸 끊으면 덜덜덜 떨리거나 마음이 불안해 어쩔 줄 모르죠. 일중독자가 한시도 쉬지 못하는 것도 바로 이 금단증상과 연관이 있습니다. 뭔가 일을 하고 있어야 마음이 편안해집니다. 그래서 더욱 일에 매달리는 거죠.

일중독자가 일에 반응하는 두 가지 패턴
'일은 흥분제다' '일은 진정제다'

같은 일중독자라도 여러 패턴이 있습니다. 일어나자마자 오늘 할 일을 생각하면 막 흥분되는 사람이 있는가 하면, 일에 몰두하면 불안했던 마음이 고요하게 진정되는 사람도 있습니다. 그러니까 일이 흥분제나 진정제로 작용하는 겁니다. 일이 흥분제 역할을 하는 경우는 주로 정치가, 경제인, 경영자, 행정가, 교수, 의사, 법률가, 컨설턴트, 상담가, 설계사, 영화감독 같은 사람들이 많습니다. 이들은 대체로 사회적 성취가 많은 이들이죠.

반면 일이 진정제로 작용하는 경우는 보통의 직장인들에게 많이 보입니다. 아주 뛰어난 것도 없이 그렇다고 뒤떨어지는 것도 없이, 그야말로 근면과 성실 그 자체만으로 버티는 분들이지요. 우리 삶에는 걱정이나 불안 요인들이 많은데, 근면, 성실이 몸에 밴 사람들은 '일을 하면 이상하게 온갖 걱정이 사라지고 심신이 편안하다'고 말하죠. 일본 영화 〈철도원〉의 주인공 오토마츠가 떠오릅니다. 홋가이도 섬의 옛 탄광촌 때부터 대를 이어 철도원을 해온 오토마츠는 교대자도 없이 '홀로' 시골역(호로마이)을 지키죠. 아내가 아이를 낳을 때도, 아이가 죽어갈 때도, 심지어 아내가 죽어도 호로마이 역에서 일을 해야 했습니다. 있을 수 없는 일이죠. 더 이상 수지타산이 안 맞아 호모마이 선이 마침내 폐선되기에 이릅니다. 오토마츠는 호모마이 선이 없어지고 역이 폐쇄될 때까지 오로지 근면, 성실로 근무를 합니다. 가족에게 생긴 불행마저 일하는 가운데 다 잊고 날려버리면서 삽니다. 어느 폭설이 내린 겨울날, 그는 제설차를 기다리다 그만 플랫폼에 쓰러져 삶을 마감하죠. 그에게는 철도원이란 정체성 외에 아무것도 없었던 셈입니다. 그런데 죽기 바로 전날 그는 이미 17년 전에 죽은 아이 유키코의 유령과 만나 얘기를 나누죠. 제게는 유키코의 말이 귀에 쟁쟁합니다. "아버지가 정말 자랑스럽다." 자기가 태어날 때도 죽어갈 때도 일중독에 빠졌던 성실한 철도원, 그런 아빠와 그 정신을 얼마나 소중히 여겼으면 17년 뒤에 유령이 되어 나타나 죽기 전에 '아버지가 정말 자랑스럽다'고 했을까요? 부녀의 상봉은 정말 기쁜 일이지만, 어쩌면 일중독 사회의 전형이 이런 게 아닐까요? 우리는 우리가 모르는 사이에 온 가족이나 동료들이 '참 성실하고 근면하다' 또는 '참 자랑스럽다'고 부추기며 서로가 서로에게 일중독을 권장하고 있는 건 아닐까요? 이런 관점에서 〈철도원〉이란 영화도 다시 한 번 보시면 좋겠습니다. 바로 우리들 삶을 되돌아볼 수 있거든요. 근면, 성실이 우리들 대부분의 삶을 지배하고, 그 강요를 저항 없이 받아들일 때 우리에게 일은 최면제와 같은 진정제 역할을 하게 됩니다.

그리하여 어떤 경우엔 일이 아무것도 느끼지 못하게 하

는 마비제나 마취제 같은 효과를 주기도 합니다. 일 자체에도 돈이 벌린다는 것 외에는 아무 느낌이 없지요. 무색무취, 기계처럼 묵묵히 일에 빠져 사는 삶. 가끔 사람들은 일과 관련해 자신이 이 사회에서 무능하고 쓸모없다는 생각을 하기도 합니다. 산더미 같은 일 앞에 서서 뭔가 스스로 많이 부족하다고 자책하는 일이 잦아지면서 더욱 그런 생각이 강화되지요. 그런데 이 대목에서 우리가 꼭 알아야 할 사항은 이건 개인의 책임이 아니라 사회의 책임이라는 사실입니다. 사람은 자신이 쪼그라드는 느낌이 스스로를 괴롭히면 괴롭힐수록 뭔가 그럴듯한 타이틀을 둘러쓰고 싶어 합니다. 이런 사람일수록 명함에 목숨 걸죠. 무슨 사회 봉사단체 회장 같은 명함이라도 내밀며, "나 이런 사람이에요. 나를 알아봐주세요." 이런 식이죠. 무슨 박사, 무슨 회장, 무슨 원장 등 숱한 직함으로 앞뒤면 모두를 꽉꽉 채운 명함을 자랑하는 사람일수록 한 10분만 이야기를 나누다 보면, 그 바닥이 금세 드러납니다. 남자건 여자건 성형을 하거나 외모를 심할 정도로 꾸미거나 온갖 돈을 써서 명품 같은 것으로 치장을 해대는 사람들도 바로 이런 유형입니다. 일은 많이 맡는데, 그래서 여기저기 타이틀은 많은데, 끝까지 깔끔하게 마무리하는 건 없죠. 여러 가지 벌이는 일은 많고, 마무리 되는 건 없고, 그런데도 또 어디에 새로운 일거리가 있다 하면 한사코 얼른 자기 이름을 걸죠. 그래야 좀 있어 보이니까요. 이런 경우, 일이 자기 스스로를 제대로 보지 못하게 하는 흥분제 겸 마취제 역할을 합니다.

아무튼 문제는 일이 흥분제이건, 진정제나 마취제이건, 우리가 일에 중독될 때, 자신의 삶과 현실에 대해 정직하게 인지하지 못하고, 왜곡해서 느끼게 된다는 점입니다. 일중독에 빠진 우리는 일이 마약 역할을 하고 있다는 사실을 인식하지 못하면서 갈수록 일의 강도만 높이다가 결국엔 과로사나 암과 같은 치명적 질병에 걸려 죽음에 이르고 말지요. 살기 위해 일을 하는 건데, 그 반대로 일중독에 빠져 스스로 서서히 죽어가는 길을 간다면 한시바삐 그 길에서 벗어나야겠지요. 일중독에서 벗어나야만, 그 길에서 빠져나와야만 죽음이 아닌 삶을, 절망이 아닌 행복을 맞이할 수 있습니다. 우리가 열심히 일하는 것은 '죽자고' 하는 게 아니라 '살자고' 하는 것이니까요.

칭찬받는 중독

우리는 일중독자에 대해 "당신, 일중독이란 병에 걸린 것 같아"라고 하기보다 "참 성실한 사람이야" 또는 "정말 모범적인 근로자야"라고 박수를 치죠. 이상하게도 일중독은 분명한 중독인데도 모든 중독 중에 칭찬받고 있는 중독입니다. 다른 중독들은 법적 제재 대상이거나 윤리적 비난의 대상이지요. 누군가 마약이나 알코올에 중독되면, 사람들은 "어우, 저러다가 큰일 나겠어. 그럼 안 되는데" 하면서 타이르고 막으려 하고 법으로 단속하기도 합니다. 그런데 일중독은 "일중독자로 사세요!" 하는 식으로 권장됩니다. 본인의 강박적 집착도 문제지만 주변의 은근한 칭찬과 지지도 문제이지요. "그 사람, 참 성실한 사람"이라든지 "1년 내내 쉴 줄도 모르고, 정말 부지런한 사람"이라며 다들 칭찬하죠. 그런데 2, 3년 뒤에 "그분, 어떻게 지내시냐?"고 여쭤보면 꽤 많은 분이 불치병에 걸리거나 뜻밖의 과로사로 "돌아가셨다"고 합니다. 안타까운 일이죠. 우리나라에선 정년 퇴직하신 분들이 우울증에 걸리거나 3년 이내에 돌아가실 확률이 너무 높습니다. 지금까지 일과 자신을 너무나 동일시한 나머지 일이 곧 자신이고 자신이 곧 일인 모습으로 살다가 이제 일이 사라지니 자기 존재가치가 상실된 것으로 느껴지기 때문이지요. 직위, 소속 회사 등이 자신의 정체성이 되어버리는 것은 위험한 일입니다. 일은 책임감 있게 하되, 지나치게 일과 일체감을 느낄 필요는 없습니다. 일은 일일 뿐, 삶은 아니지요.

'나'를 버리고 '돈과 일'에 목숨을 걸다

일중독과 정체성

각자의 정체성은 따로 있습니다. 우리 모두는 자기 자신이라는 자아가 있습니다. 우리에게는 부모님이 계시고, 고향 마을에서 같이 자란 친구가 있고, 성장에 도움을 준 선생님이 있고, 우리를 둘러싼 이런저런 관계망이 있습니다. 정체성은 부모에게 물려받은 유전자의 역할도 있겠지만, 무엇보다 사회적으로 구성되는 것이죠. 여기서 중요한 사실은 인간성과 생명성의 관점에서 여러 사회적 관계망을 맺으며 만들어지는 정체성과 돈벌이의 관점에서 만들어지는 정체성은 분명 다르다는 점입니다. 하나의 인격체로서 사회적 관계를 맺으며 그 속에서 "나는 어떻게 살아야 행복할까?" "나는 친구들과 어떤 관계를 맺는 게 좋을까?" 그런 질문과 마주 서서 스스로를 성찰하면서, '살며 사랑하며 일하면서' 나름대로 자아가 만들어지는 것이죠. 하지만 일중독에 빠지면, 이처럼 소중한 나의 관계망을 포함한 자신의 모든 것을 잃어버립니다. '내'가 아니라 일의 성취와 업적, 외부의 평가, 타인의 시선 그리고 무엇보다 '돈'에 삶을 모두 걸게 되기 때문이죠.

짧은 인생, 살아봐야 얼마나 살겠습니까? 오로지 일밖에 모르던 인생을 다 인정하더라도 정년퇴직이나 명예퇴직 이후에는 여행도 하고 사회봉사도 하면서 즐겁게 인생을 마무리하면 좋을 겁니다. 나만이 즐겁고 행복한 것을 넘어 때때로 이 사회에 어떻게 빛과 소금이 될지를 자문하며, 좀 여유롭고 균형 잡힌 생활을 한다면 정말 더할 나위 없겠지요. 명예퇴직하신 선생님들이 기간제라도 좋으니 굳이 교사로 일을 더 하려는 경우도 있다고 합니다. 좋은 뜻에서 나온 말이겠지만 거기엔 어느 정도 금단증상이라 할 수 있는 '일중독'이 숨어 있지요. 일종의 금단증상이죠. 일을 안 하면 불안하고 허전한 공허감 같은 것 말이죠. 참된 자아를 찾고 자기 스스로를 아낀다면 기왕에 했던 일

뿐만 아니라 새로운 창작이나 봉사, 운동이나 취미 생활, 텃밭 가꾸기, 공부모임 같은 걸 얼마든지 할 수 있을 텐데도 말이죠. 꽤 많은 사람이 지금까지 뭔가 세상에서 인정도 받고 그랬는데, 아무 일도 안 하면 '아무 쓸모없다'는 느낌이 몰려와 허전하고 불안해진다는 거죠. 이걸 도무지 견딜 수 없어 다시 일하러 나가려 합니다. 차라리 먹을 게 없어 돈 벌러 간다면 오히려 일중독은 아니죠. 그러나 돈도 쌀도 어느 정도 충분히 있는데 일하러 간다는 건 이미 일이 마약이란 이야기죠.

이런 우스갯소리도 있습니다. 정년퇴직을 하신 분들 중에 경로당에 갔을 때 제일 대접을 못 받는 분들이 어떤 사람들일까요? 높은 자리에 계셨던 분들입니다. 왜요? 직장에서는 임금님이나 마찬가지였는데, 경로당에 가면 아무도 특별 대접을 안 해주니 힘들 수밖에요. 거기에 가면 모두 자기가 알아서 움직여야 하는데, 그분들은 맨날 무언가 시키기만 했잖아요. 관리자로서의 일중독자, 이런 유형이 가끔 있죠. 그런데 무언가 계속 남에게 시키려 들거나 타인을 내려다보며 훈수만 두려는 사람을 누가 좋아하겠습니까? 그러니까 주변에서 "오지 마세요!" 한다는 겁니다. 물론 모든 높은 직위에 있었던 모든 분들이 다 그런 건, 분명, 아니지요 훌륭한 분도 계시죠. 그런데 그런 분들도 계시다는 거죠. 비교적 직장에서 높은 자리에 있었던 사람일수록 평범한 다른 사람들과 잘 어울리지 못한다는 겁니다.

조직 내에서 일중독적으로 관리 업무를 수행했던 것의 부작용이 다시 사회 안으로 들어와 나타나는 경우이지요.

다시 한 번 강조해서 말씀드리자면, 마약, 알코올, 게임 중독 같은 건 주위에서 적극적으로 말리지만, 일중독은 온 사회가 칭찬해줍니다. 은퇴 전 높은 자리에 계셨던 분들도, 은퇴 후 겸손하고 친절하게 예를 들면 경로당 같은 곳에서, 좀체로 안 하던 일이었지만 몸을 움직여 손발을 부지런히 놀리면서 청소도 솔선수범 놀이도 솔선수범하신다면 다들 좋아해주시고 큰 박수를 칠 겁니다. 어쨌거나 일중독은 사회적 관계에서 더 확대됩니다. 일중독은 주변에서 칭찬까지 해주면서 '코끼리도 춤추게' 할 정도로 온 사회가 부채질하니, 일중독은 사회가 인정하는 바람직한 '삶의 도덕'이 됩니다. 일중독은 우리가 자발적으로 빠져들게 만든 '죽음에 이르는 중독'이지요. 바로 사회가 간접 살인자입니다.

제가 1961년생입니다. 1940, 50년에 나셨던 분들은 한국전쟁 직후에 고생을 많이 하셨을 것입니다. 저도 힘들게 살았습니다. 부모님께서는 마산에서 부산으로 피란을 가시기도 했는데요. 그런데 1960년대, 제가 어릴 적엔 주변에 일중독자가 많았을까요? 거의 없었습니다. 아직 공장도, 서비스 직종도 오늘날처럼 그렇게 많지 않았습니다. 제가 한참 어렸던 1960년대엔 그랬습니다.

그런 모습이 10, 20년 거치며 상당히 많이 변해 갔지만, 1980년대까지만 해도 도시 주변엔 농촌이 많았습니다. 서울은 예외적이지만, 지방도시는 거의 농촌과 비슷했죠. 도시나 읍내라고 하지만 조금만 들어가면 농촌이었습니다. 하지만 이제는 모든 곳이 변했습니다. 중소도시조차 너무나 휘황찬란하고, 끊임없이 도시 영역이 확장되고 있습니다. 제가 이 '사회가 살인자'라고 했을 때, 이 사회란 바로 산업화 사회, 도시화 사회를 말하는 것입니다. 이걸 다른 말로 하면 자본주의 사회죠. 한마디로 자본이, 돈벌이가 최고인 사회입니다. 이 자본이 지배하는 돈벌이 사회가 모두를 일중독으로 몰아가고 일중독 속에 자신도 모르는 채 스스로 몸과 마음을 죽여가고 있다는 의미에서 '사회는 살인자'가 되는 거죠.

오늘 강의엔 어머니들이 많이 오신 것 같은데, 사실 어머니보다 아버지들이 더 많이 와야 한다고 생각합니다. 왜요? 저를 포함해서 우리 사회의 아버지들은 거의 예외 없이 일중독자가 되기가 쉬워요. 어머니들은 일도 중요시하지만, 가족과 이웃도 중요하게 여기고 챙기면서 삶을 좀 더 넓게 봅니다. 일과 가정의 균형이라든지, 사람과 사람 사이의 관계라든지, 부모-자녀 관계라든지, 자기 집과 이웃 간 친분이라든지, 이런 차원에서 어머니들은 항상 균형과 조화를 많이 생각하죠. 그것은 여성들이 일중독의 위험에 덜 노출되어 있기 때문입니다. 그래서 우리 가정들이 건강한 어머니를 기준으로 다시 정신을 차리고 마음을 모으면 적어도 지금보다는 훨씬 좋은 사회가 되리라 봅니다.

강자 동일시

'돈 나고 사람 난' 세상에서 '사람 나고 돈 나는' 세상으로

사람들은 왜 돈을 벌려고 하죠? 먹고 살려고. 네, 잘살기 위해 돈을 버는 것이죠. 그런데 삶이 돈벌이를 위해 존재합니까, 아니면 돈벌이가 삶을 위해 존재합니까? 옛날 어르신들은 "돈 나고 사람 났나? 사람 나고 돈 났지"라고 했죠. 이 간단한 지혜가 오늘, 뭐가 옳고 그른지 허둥대는 이 혼돈의 상태에서 등대 역할을 합니다. 이런 오래된 지혜를 잊어버리고 사니 참으로 안타까울 밖에요.

앞서 말씀 드렸지만, 자신의 삶을 무시하고 돈, 명예, 지위를 위해 목숨을 걸때 그중에서도 특히 돈에 중독되어 일만 할 때, 그게 곧 일중독입니다. 아무리 일이 중해도, 몸과 마음이 피곤하면 쉬어야 합니다. 그런데 "아이고, 하루 놀면 돈이 얼만데……" 하면서 무리하다가 쓰러져 다음 날 못 일어나 '과로사'가 되는 거예요. 일중독의 종점은 과로사입니다. 그 중간 정류장은 산업재해가 있죠.

우리가 열심히 공부하고 어렵게 직장을 구해 일하러 가는 이유는 행복하게 살기 위해서지, 한사코 죽으러 가는 것은 아닙니다. 일터가 전쟁터처럼 움직인다면 그 사회는 정상적인 사회가 아닙니다. 그런데 이런 이야기를 하면 이 사람은 무얼까 하고 의심스러운 눈초리로 흘겨보면서 오히려 정상이 아니라고 우리 사회는 보고 있지요. 묵묵하게 일만 하는 사람을 훌륭한 사람 아주 정상적인 사람이라고 생각하지요. 정말 정상과 비정상이 완전히 뒤바뀐 것이지요.

일터가 행복을 키워주고 삶을 풍요롭게 해야 하는데,

(조금 강하게 말한다면) 일터는 삶을 죽이고 돈벌이만 살립니다. 이윤(돈벌이)을 살리려는 지표가 곧 생산성입니다. '생산성'이라는 말은 말 그대로 생산적이어야 합니다. 그런데 자본주의의 생산성이란 결국 파괴성으로 나타납니다. 왜 그런가요? 생산성을 높이려면 비용을 줄여야 합니다. 인건비를 줄여야 하고 재료비, 에너지 비용을 줄여야 합니다. 오폐수 정화 비용도 줄여야 하고요. 그러려면 인원을 줄이거나 비정규직을 쓰죠. 원료비를 아끼려니 자연을 훼손하게 되고요. 산업안전 장치 비용을 줄이니 산업재해도 더 많이 발생하고요. 오폐수를 무단 방류하면 강물과 바다가 썩어가죠. 모두 비용을 줄이려니 불가피한 현실이 되고 말았어요.

생산성 향상의 둘째 방법은 산출량이나 매출액을 늘리는 겁니다. 같은 비용으로 산출량을 늘리려면 어떻게 하나요? 일을 좀 더 시키면 됩니다. 잔업수당을 주더라도 일을 더 많이 시키면 사업주가 이익이죠. 또, 같은 노동시간을 해도 일의 강도를 더 높이면 산출이 올라갑니다. 노동강도 강화라고 하죠. 숨 쉴 틈도 없이 일하면 심신이 소진되는데도 채찍질하고 닦달을 하는 거죠. 생산성 향상의 세 번째 방법은 앞의 두 가지 방법을 결합하는 겁니다. 비용은 줄이고 산출은 늘리는 것. 가장 확실한 방법이죠. 이게 우리 기업들의 현실입니다. 기업은 생산성을 위해 모든 것을 한다고 하지만, 사실은 사람과 자연을 망치는 '파괴성'이 올라간다는 이야깁니다. '생산성이 파괴성'이라는 이 모순과 역설, 바로 이게 우리가 사는 이 사회의 정직한 현실입니다.

이윤을 위한 생산성과 인간을 위한 생산성

인간을 위한 생산성

그런데 정말, 이러한 이윤과 생산성보다 훨씬 더 중요한 생산성은 없는 걸까요? 그것은 바로 출산입니다. 자녀에게 새 생명을 주는 것이지요. 여러분 가정에서 새 아기의 탄생에 슬퍼서 울거나 화를 내셨던 분 있나요? 물론 산후 우울증도 있는데 그건 좀 다른 차원이고요. 아가의 탄생에 "우리 아이가 태어났어요! 축하해주세요! 정말 기뻐요! 너무 신기해요!" 우리 모두는 이런 감정을 깊은 행복 속에 느끼고 있지요. 아시죠? 그게 정상이죠. 인간사회라면……. 세상의 모든 일 중에서도 새로운 아이의 탄생만큼 경이롭고 생산적인 일은 없습니다.

저도 아이가 세 명 있습니다. 좁은 의미의 제 아이가 그렇고, 넓은 의미의 아이는 학교에 가면 수백 명이 있습니다. 학생들을 가르칠 때도 우리 아이처럼 교육하려고 나름 애씁니다. 집에서 아이들이 건강하고 행복하게 살아가기를 바라며 가정교육을 해왔는데, 바로 그런 마음을 일터인 학교에도 적용하려고 노력합니다. 학생들이 각자 자신의 잠재력을 발견하고 그걸 잘 갈고 다듬어 실력으로 쌓도록 도우려 하는 거죠. 더 중요한 건 그런 잠재력과 실력을 자기만을 위해 쓰기보다 이웃과 사회를 더 건강하고 생산적으로 만들도록 쓰는 일이죠. 그렇게 해야 그게 참된 생산성이 되겠죠.

저는 일터 근처에 단독 주택을 짓고 사는데, 약 10년 전부터 우리 집 수세식 화장실을 없애버렸습니다. 그리고 오줌과 똥을 따로 받는 통을 고안해 생산적으로 만들었습니다. 오줌은 오줌대로 받아내고, 똥은 똥대로 받아내서 퇴비를 만들어서 텃밭에 뿌립니다. '밥이 똥이 되고 똥이 밥이 된다'라는 말처럼, 이렇게 순환되는 거예요. 그래서 제 아이 세 명을 제 똥으로 키웠습니다! 그래요. 유기농으로 키운 거예요. 목욕물, 세탁기에서 나오는 물, 설거지한 물은 작은 연못으로 흘러 보내 정화를 시킵니다. 연못에는 고마리나 부레옥잠을 키우는 데, 정화능력이 뛰어납니다. 그렇게 정화되어 내려가니까 우리 집에서 흘러 나가는 물도 깨끗하죠. 그렇게 하니까 제 마음이 너무나 편안해졌습니다. 그리고 여기저기 큰 물통에 빗물을 받아 재활용합니다. 이런 식으로 저는 제 나름으로 실천을 하면서 아이들을 교육해왔습니다. 학생들에게 이런 얘기를 하면 깔깔대고 웃다가 한번쯤 생각하겠죠. '아, 저 교수는 아는 만큼 실천하려고 하는구나. 나도 그렇게 살아야지.' 이렇게 생각하는 것 같아요. 살짝 제 자랑같아 민망하면서도 고마운 일이지요. 아마도 그렇게 배워나가는 게 참공부라 봅니다.

GDP의 속살

그런데 요즘, 코로나가 정말 큰 문제지만 그렇기에 더욱더 환경이 걱정스럽지요. 만약 바이러스들이 자꾸 변종 변이들로 끊임없이 바뀌어 발생하고 그것이 침이나 대면 접촉뿐만 아니라, 우리가 숨 쉬는 대기를 통해 전염된다면 정말 어떡하나 하고요. 실제로 미세먼지, 초미세먼지 같은 것들은 참 잘 걸러지지 않습니다. 이런 게 허파로 바로 들어가 조금씩 쌓여 10, 20년이 지나 큰 병이 됩니다. 미래 공상과학 영화의 현실처럼 아마 그때가 되면 이 세상에 돈벌이가 되는 곳은 병원밖에 없을지 몰라요. 모두 아프고 병든 세상이 될 테니까요. 겁나고 서글프죠. 물론 그래서는 안 되지요. 지금 이런 강의도 그런 비극적인 미래를 예방하자고 하는 이야깁니다.

병원이 돈을 많이 벌어 통계적으로 국내총생산GDP이 올라가고 나라 경제가 일부 발전한 것처럼 보이더라도, 병원이 돈을 많이 버는 것을 경제발전이라고 한다면, 그건 비극이지요. (조금 지나친 역설이지만) 사실은 병원이 잘 안 되고, 판사나 검사, 변호사가 망할 정도가 되어야 사회가 건강한 것입니다.

왜 그럴까요? 우리가 변호사한테 사건을 의뢰할 때, 돈을 많이 쓰는 사람은 이기기 쉬운 반면 돈을 적게 써서 선임한 변호사가 별 힘이 없으면, 그 재판은 지기 쉽죠? 모든 재판이 다 그렇지는 않겠지만 적어도 우리들 평범한 사람들의 경험으로는 그런 점이 많지요. '유전무죄, 무전유죄'

그게 우리들 삶의 현실이지요. 법과 양심에 따라 억울한 일을 바로잡아야 하는데, 일부 법률가들처럼 돈이나 권력에 중독되어 있으면 이런 일이 일어나는 겁니다. 억울함이 넘치는 사회가 건강한 사회는 아니겠죠?

지금 우리 사회의 생산과 소비에 병든 요소가 숨어 있다면, 법과 제도를 개선하고 우리 자신의 삶의 방식을 하나하나 바꿔나가야 합니다. 예컨대 저 혼자 수세식 화장실을 뜯어내고 생태 화장실을 만드는 차원이 아니라, 많은 연구자들이 수많은 아파트에서 쏟아져 나오는 똥오줌을 어떻게 하면 퇴비로 만들지를 연구한다면 어떨까요? 하지만 현실에서는 우리가 자고 있는 동안에도 똥오줌부터 온갖 폐기물에 이르기까지 큰 배에 한가득 실어 먼 바다에 버린다는 뉴스가 나옵니다. 정말이지 알면 알수록 이 세상이 무서워집니다.

모를 때는 '내 집만 깨끗하면 되지' 하면서 살았습니다. 요즘에는 정보의 접근성이 높아져 가려졌던 진실이 드러나서 세상엔 너무나 끔찍한 일들이 많다는 사실을 저절로 알게 돼요. 사람이 바다에 버린 온갖 폐기물을 물고기가 먹습니다. 그다음은요? 일중독자, 돈중독자들인 우리들이 오랜만에 휴가를 얻어 바다에 갔다고 하죠. 부모님은 아이들에게 "엄마 아빠가 한턱 쏜다! 너희들, 이제 대학도 입학했으니까 많이들 먹어라!"라며 맛있는 회를 사줍니다. 오랜만에 바닷가에 함께 모인 가족들은 그 회를 바닷가라 '신선하다'며 맛있게 먹습니다. 그런데 그 물고기 안에 중

강자 동일시

금속과 미세플라스틱이 가득 들어 있다면 어떻게 되겠어요? 이게 특별히 예외적인 이야기에 불과할까요? 아니면 흔하디흔한, 우리 일상의 모습인가요?

솔직히 말씀드리면 제가 소속된 경영학과나 경제학과 같은 데서 가르치는 내용에는 이런 비판적 성찰이 별로 없습니다. '기업의 생산성을 올리면 경쟁력이 올라가고, 경쟁력이 올라가면 모두 돈을 많이 벌고, 돈을 많이 벌면 저절로 행복해진다.' 이런 논리로 온 세상이 돌아갑니다. 여기에 무슨 비판이나 성찰이 있나요? 맹목적인 성장중독이고 돈중독이며 일중독이죠.

우리 농촌을 볼까요? 공무원들이 "농업 생산성을 올리려면, 비닐하우스를 지어야 합니다!" "이런 종자를 심어야 합니다!" "이런 농약을 쳐야 합니다!" "이런 비료를 줘야 합니다!"라고 지도한다고 외칩니다. 하지만 그대로 했다가 나중에 빚만 잔뜩 질 뿐, 남는 건 병든 몸과 병든 땅이죠. 여기도 저기도 생산성을 강조하지만, 모두가 돈중독, 일중독에 빠져 제대로 쉬지도 못하고 온종일 기계처럼 일만 하니, 우리의 사람다운 삶은 온데간데없고 남은 것은 빚과 병든 몸뿐 아니던가요. 사람도 자연도 온통 망가지는 거지요. 생산성은커녕 파괴성만 증가하죠. 그러니 지금과 같이 기후위기나 생태위기 그리고 오늘의 코로나 위기까지 온 것입니다.

지금 당장 우리가 바꿔야 하는 것들

노동과 교육을 획기적으로 바꿔야 한다

그러면 어떻게 해야 할까요? 우선은 우리 사회의 상식
이 바뀌면 좋겠습니다. 첫째, 일자리의 개념이 획기적으로
바뀌어야 합니다. 한쪽에서는 일자리를 원하는 사람이 많
지만, 다른 한쪽에서는 일중독에 빠져 과로하는 사람들이
또 너무 많습니다. 웃기는 일입니다. 한쪽은 일이 너무 없
어 고통이고, 다른 한쪽은 일이 너무 많아 고통이라니……
이런 사태를 해결하려면, 어떻게 해야 할까요? 상식적으
로 접근해봅시다. 일자리를 나누면 되죠! 저는 이 '일자리
나누기' 주장을 20년 전부터 한목소리로 해왔습니다. 예컨
대, 우리 부모님 세대가 하루에 12시간씩 일했다면, 우리
세대는 8시간씩 하고, 우리 자식 세대는 6시간씩 일함으로
써 일자리를 다른 사람들과 나누자는 겁니다. 미래의 손자
손녀 세대는 하루에 4시간씩, 그렇게 노동시간을 줄여가
면 좋겠습니다. 사람들의 기술이나 지혜가 쌓여 생산성이
오르면 그 결실이 노동시간 단축과 일자리 나누기로 되돌
아와야 합니다. 이 당연한 일이 왜 안 되는 걸까요? 그것은
바로 한편으로는 돈중독, 다른 편으로는 일중독 때문입니
다. 이걸 반드시 바꾸어야 합니다.

물론 제가 정답이란 말씀은 아닙니다. 저는 생각하고
토론하자는 것입니다. 다른 대안은 없나 우리 모두 지혜를
모아보자는 것입니다. 한 사람 두 사람이 모이고, 열 사람

백 사람 모이기 시작하면 여론도 바뀌고 사회 분위기도 바뀔 것입니다. 여론이 바뀌면 언론이 주목합니다. "도대체 어떻게 해서 이 사람들 마음이 바뀌었지?" "아, 듣고 보니 맞는 이야기네!" 그러면서 언론도 동참할 것입니다. 그런 분위기가 좀 더 확산되면, 국회의원들이 새로운 법이나 정책을 모색할 수밖에 없습니다. 그런 식으로 사회가 바뀌는 것입니다. 그 변화의 출발점은 당연히 '나부터'입니다. 어떤 사람들은 눈만 뜨면 남 탓, 남 욕만 합니다. 그런 분들은 상처가 많은 분인 것 같습니다. 그래요. 화가 나면 욕도 하셔야죠. 그게 자연스럽지요. 그렇더라도 사회변화를 위한 제안이나 비판은 왕성하게 하되, 다른 사람이나 사회 탓만 하지 말고 우선 '나부터' 앞서 실천할 수 있는 걸 해나가면 좋겠습니다. 그게 시작입니다.

다음으로 교육의 문제입니다. 우리는 모두 보석 같은 존재로 이 세상에 태어났습니다. 여러분 중에 보석으로 태어나지 않은 존재가 있나요? 적어도 부모에게는 자식이 보물이죠. 세상의 모든 소중한 존재 가운데서도 정말 보석 같은 존재가 아이들이지요. 스티븐 스필버그 감독이 오래전 만든 영화 〈에이아이〉를 보면 '사람 아이'와 '로봇 아이'가 나오는데, 사람 아이가 얼마나 소중하고 특별하며 고유한 존재인지 실감나게 묘사되지요. 그렇게 엄마를 간절히 사랑하며 또 엄마로부터 사랑을 갈구하는 소중한 아이들이 곧 부모의 보물이죠. 하지만 이 아이들이 학교 시스템에 들어가는 순간 아이들은 A, B, C, D 등급의 자원으로 구분되기 시작합니다. 좋은 대학에 진학하면 A, B급 인적자원이요, 그렇지 않으면 C, D급 인적자원 취급을 받는 거죠. 그런데 흥미로운 점은 A, B급이건 C, D급이건 자원이 되는 순간 그 모두는 인간성을 상실한다는 사실이죠.

한 인격체가 제대로 성장하려면 시험 점수가 아니라 자신이 좋아하는 분야를 찾아 꾸준히 실력을 키우면서 그 과정을 즐기는 게 필요합니다. 또 그렇게 해서 사회에 나오면 누구든 당당하고 소중하게 대접을 받는 사회가 되어야 합니다. 성적순, 대학순이 아니지요. 20대 중반, 오직 유명한 대학 나왔다고 100세 시대 남은 인생 내내 평생을 편하게 잘 먹고 잘산다면 그런 사회는 정말 잘못된 사회이지요.

우리 사회는 늘 "자네, 어느 대학 나왔어?" "내 손자가 어디 나왔고, 내 사위가 지금 무슨 회사 간부야." 이런 식이죠. 정말이지 제정신이 아니죠. 그런 이름이나 지위 뒤에 숨어 자기 인격의 얄팍함이나 무능함을 감추는 거예요. 10분만 얘기를 나눠보면 금세 들통납니다. 출신 대학 이름 하나로 평생을 우려먹으려는 사람들은 가혹하게 말하면, '사회의 기생충' 같은 존재이지요.

적어도 교육의 문제에 있어서는 이런 정직한 개념을 가져야 합니다. 모든 아이는 다 나름의 잠재력이 있는 뛰어난 보석이다, 그 보석은 다 같지 않다, 각자 아름답고 뛰어난 면이 다 다르다, 우리 얼굴이 서로 다르듯 각자 가지고 있는 잠재력과 꿈과 취향은 다를 수밖에 없다, 스스로가 원하는 것을 최선을 다해 노력한다면 모두는 다 성공한 존재다. 이것을 인정하는 교육을 해야 합니다. 전국에 대학이 한 200개가 넘습니다. 그것을 한 100개 정도로 줄이고, 프랑스에서 소르본대를 파리 1, 2대학으로 하듯 서울대, 연고대 하지 않고 K-1 대학부터 K-100 대학으로 재편해야 합니다. 과격하게 들리겠지만 우리나라 중간쯤이 대전이니까, 대전에 총장들이 모여서 주사위를 던지든 제비뽑기를 해서든 1부터 100까지 대학 이름을 다시 정해야 합니다. 그래서 서울대, 연세대, 고려대 이런 이름을 다 없애자는 것입니다. 대학의 이름이 갖는 나쁜 특권을 사라지게 해야 합니다.

수학능력 시험에서 꼭 1등급 2등급이 중요하지 않으니, 절대평가로 해서 100점 만점에 70점만 넘으면 모두 '합격' 시키고 대학 입학 자격을 줍니다. 그렇게 해서 경쟁을 완화하는 것입니다. 또 대학에 가서도 살벌한 상대평가보다 절대평가를 해야 합니다. 학생들이 '정글의 살벌한 경쟁'을 넘어 동아리도 하고 그룹스터디로 공부한다면 교우관계도 좋아지고 사회성도 발달할 것입니다. 지금은 옆 친구한테 노트 좀 빌려달라는 말도 잘하지 못할 지경입니다.

대학교에서도 무슨 일이 생기면 부모가 교수에게 전화를 합니다. 대학생이 초등학생처럼 되어버린 것 같은 경우죠. 또 직장에서도 상사한테 꾸지람을 한번 들었다고 어머니가 전화를 합니다. "부장님, 언제 식사나 한번 하시죠." 그러면서 자기 자식을 잘 봐달라는 것이죠. 이렇게 아이의 주체성을 다 죽입니다. 어릴 때부터 돈 들여가며 과외니

학원이니 온갖 사교육은 다 시키고, 그 많은 시간과 노력을 투여해 아이를 길렀지만, 결과는 '몸 큰 나이든 어린애'만 만들었습니다. 성장한 아이들이 너무나 나약해져버렸습니다. 부모가 아이를 대신해서 너무 많이 해주는 바람에 아이의 자율성, 창의성, 주체성이 죽은 겁니다. 부모의 열등감과 두려움의 결과이지요.

'팔꿈치 사회'와 '갈비의 법칙' 넘어서기

사실 따지고 보면 부모들도 경쟁사회의 부산물입니다. 혹독한 경쟁에서 탈락하면 죽는다, 이게 부모들의 정서를 짓누르고 있거든요. 이 점에서 우리나라 미래가 정말 걱정됩니다. 아이들은 좀 야생적으로 키워야 좋습니다. 야영을 할 때도, 잘 갖추어진 곳보다 산이나 들, 강가로 가서 텐트 치고 자면서 좀 불편하게 생활을 하는 것입니다. 무슨 일이 닥쳤을 때 이런저런 아이디어를 내 효과적으로 대처하고, 또 어떻게 하면 밥도 잘해볼까 등 이런 경험을 통해 야생적으로 자라난 아이들이 생명력을 갖고 어디에 가든 잘 살아냅니다.

그런데 부모들이 왜 아이들의 자율성과 창의성을 꺾는 것일까요? 부모 자신이 고생했기 때문에, 아이만은 고생시키고 싶지 않을 수 있습니다. 하지만 부모의 의도와는 반대로, 지나친 간섭과 넘치는 지원은 아이들 성장을 가로막는 장애물입니다. 아이들을 나약하게 키우면 안 됩니다. 때때로 저는 가난하게 살았던 부모님이 정말 고맙게 느껴집니다. 부모님의 온실 안에서 자라났더라면, 아마 공부도 제대로 하지 못했을 것입니다. 그냥 편하게 살며 출세를 꿈꾸거나 했겠지요. 그러나 제가 힘겹게 공부하면 할수록 더 깊은 고민을 하게 되었고, 그런 성찰의 시간들이 오늘의 저를 만들었다고 봅니다. 물론 지금의 제가 무슨 대단한 인물이라 생각진 않습니다. 그저 가능하면 선하고 성실하게 욕심 부리지 않고 살면서, '어떻게 하면 사람들이 즐겁게 일하고 행복하게 살 수 있을까?'를 연구하는 학자일 뿐이지요. 그러나 적어도 돈이나 권력 앞에 비굴하게 살지 않았고 앞으로도 그렇게 살지 않겠다는 생각만큼은 확고합니다.

혹시 '갈비의 법칙'이라고 들어보셨나요? 닭갈비나 돼지갈비가 아닙니다. 갈군다 할 때 '갈'자와 비빈다 할 때 '비'자의 결합입니다. '아래로 갈구고 위로 비벼야' 살아남는다는 법칙입니다. 어떤 의미로는 우리 사회의 가장 중요한 처세의 법칙이지요. 그러니 바꾸어야 하지요. 이렇게 '갈비의 법칙'이나 외고 살면 정말이지 우리 인생은 뭐가 되겠어요?

당장 우리가 교육의 개념을 바꾸어 실천해야 할 일은 요약하면, 모든 아이는 나름 특별한 잠재력이 있기 때문에 그 아이들의 끼를 키워줘야 한다는 것입니다. 대학 입시는 70점 정도만 넘기면 합격시키고, K-1대학에서 K-100대학까지 모든 대학을 평등화하고 추첨으로 뽑는 거죠. 대학 및 전공 선택도 5~7지망까지 자유롭게 할 수 있게 하고,

전자추첨으로 뽑으면 공평하겠죠. 고졸 4년차 직장인의 보수나 대졸 초임 보수를 비슷하게 하면 좋고요. 어느 분야건 사회적 대우가 비슷해지는 것입니다. 사회적 조건이 그렇게 되면 학생들이 다른 무엇보다 자신이 하고 싶은 공부를 하게 되겠죠. 그래야 개성이 살아 숨 쉬고 분야마다 천재성·창의성·자율성이 살아나겠죠. 그런 게 그 사회의 실력이 되는 것입니다.

저는 1997년 초에 서울을 탈출하면서 너무나 행복하고 좋았습니다. 제 원래 고향은 마산의 변두리 지역 산동네였습니다. 산에서 동네 친구들과 뒹굴고 자연과 함께 자랐던 추억이 얼마나 소중한 것인지 알고 있었습니다. 자연스레 제 아이들도 자연 속에서 키우고 싶었습니다. 닭도 키우고, 강아지도 키우고, 그렇게 큰 아이들이 인성도 좋습니다. 도시에서 전자오락만 하고 버스나 지하철을 타도 팔꿈치로 옆 사람을 밀치며 살아야 하는 생활보다는 자연의 품속에서 살 때 행복하게 자랄 수 있습니다.

제가 쓴 책 중에 『팔꿈치 사회』가 있습니다. 팔꿈치로 옆 사람을 밀치면서 '갈비의 법칙'에 따라 성공하고 출세하기 위해 치열하게 경쟁하는 사회죠. 그런 사회는 모두를 불행하게 하는 비정상적인 사회, 혼이 나간 사회입니다.

우리의 자녀들에게 '팔꿈치 사회'를 또다시 대물림해선 결코 안 됩니다. 나 홀로 꿈꾸면 꿈으로 남지만, 모두 같이 함께 꿈꾸면 현실이 되지요. 너무나 많은 사람이 돈중독, 일중독에 빠져 있다 보니까 이 사회가 건강하지 못하고 우울증에 빠지고 불행하게 되었습니다. 잘 웃고 건강했던 우리 아이들이 어떤 회사나 공기업 등에서 한 20년 일하고 나면 거의 초죽음이 됩니다. '갈비의 법칙'에 짓눌려 생기, 활기, 생명력을 다 잃어버리죠. 누구나 사람은 자기 마음속 느낌, 감정, 의견을 억압당하지 않아야 제대로 살아 있는 거예요. 그런데 계속 참기만 하고, 억압당하고, 두려움에 쩔어 '어떻게 하면 처벌받지 않고 살아남을까' 이렇게 잔뜩 겁먹고 지낸다면 누군들 행복할 수 있겠어요. 이대로 간다면 우리 사회는 정말 희망이 없습니다.

아이들이 틀리건 맞건 간에 일단 의견을 받아주고 서로 존중하는 가운데 대화와 토론을 하는 것은 중요한 일입니다. 아이들이 "제 주장은 이런데요, 어떻게 생각하세요?"라며 자기 의사를 분명히 표현하면, "그것은 이런 부분에서 문제가 있고, 이런 건 참 좋은 것 같애" 하면서 자유롭게 의견을 나누고 또 서로 의견을 발전적으로 수정할 수도 있는 그런 분위기, 그런 사회가 성숙한 사회입니다. "내가 틀리고 네가 맞을 수 있다. 또 내가 맞고 네가 틀릴 수 있다. 서로서로 서로의 입장을 존중하며 함께 토론하고 대화하면 우리는 지금보다 더 나은 결론에 이를 수 있다"고 믿는 사회가 민주주의 사회, 열린 사회입니다. 어른들로부터 자유롭고 존중받는 아이들은 겉모습도 활기차지만, 그 속은 더욱 팔팔 살아 있어요. 어릴 때부터 교육 과정에서 그렇게 키워져야 합니다. 점수 따기가 아니라 생각하는 과정을 배워야 합니다.

이런 에피소드가 있어요. 독일로 간 한국 부모와 아이가 있어요. 아이가 시험마다 100점을 맞았는데, 학기말 성적표가 별로 좋지 않았어요. 그 부모님이 놀래서 학교에 가서 따졌더니 담임 선생님이 이렇게 대답하더란 것입니다. "어머니, 아버지, 우리 교육은요, 정답이 중요한 게 아니라 그 정답을 만들어내는 과정에서 같이 생각하고 토론하고 참여하는 게 중요합니다. 근데 댁의 아이는 학교에 몸만 출석하고 시험 준비만 했지, 토론에도 참여하지 않고, 다른 친구들과 잘 어울리지도 않고, 그저 정답만 찾았을 뿐입니다." 소름끼치는 실화입니다. 우리 교육, 정말 반성해야 합니다.

우리는 '정답 찾기' 또는 '정답 독점하기' 방식의 교육을 50년 동안 해오면서, 무슨 퀴즈 대회라든지, MBC 장학퀴즈, 도전 골든벨 등에서 정답을 맞히고 정답을 독점하는 데만 익숙해졌죠. 경쟁에서 이길려면 정답을 맞출 뿐만 아니라 그 정답을 혼자 독점해야 하니까요. 요즘 아이들은 아주 우수하고 똑똑하죠. 그런데 그런 우수한 학생일수록 친구들과 어울린다든지, 좀 어려운 친구를 배려한다든지, 도와준다든지 하는 부분은 약한 것 같습니다. 옛날에는 가난했을지 몰라도, 이웃사촌과 친구 등을 비롯해 마음 터놓고 이야기할 수 있는 사람이 많았을 때는 자살률이 안 높았습니다. 마음이 외롭지 않았다는 이야기이기도 해요.

다음은 보건·복지에 대한 이야기입니다. 앞에서 제가 '일자리를 나누자'는 이야기를 했습니다. 그 이야기를 들으

강자 동일시

면서, 혹시 약간 걱정하지 않으셨나요? 일자리를 나눈다는 것은 내가 일을 좀 적게 하고, 내가 일을 줄인 만큼 실업자 신세의 친구가 일을 하는 것입니다. 그러니까 노동시간을 단축하면서, 일자리를 서로 나누는 거죠. 그러면 자기 소득이 줄어드는 것에 대해 걱정할 수도 있습니다. 저 역시 오래전부터 이걸 걱정했더랬습니다. 결론은 그래서 사회적 복지가 중요하다는 것, 바로 그것이었습니다.

공공의 영역을 확장해야 한다

여러분은 월급을 타면, 어느 부분에 목돈이 들어가나요? 먼저 주거비가 들어갑니다. 주인이 내년에 전세를 2,000~3,000만 원쯤 올려 달라 할 수도 있습니다. 비싼 집은 더 상승폭이 클 수도 있죠. 요즘은 예사로 1억을 올려달라 한다는군요. 그러니 허리띠 꽉 졸라매고 저축해야 합니다. 그런데 먹고살려면 식비, 교육비, 의료비 등이 들어갑니다. 유독 자식 교육비는 천정부지 하늘 높은 줄 모르고 꼬박꼬박 오릅니다. 그런 가운데서도 잊지 않고, 노후 준비도 해야죠. 예전처럼 자식이 부양을 못해주니 알아서 저축해야 합니다. 이런 일로 앉으나 서나 그저 돈 걱정뿐입니다.

우리나라 사회보장 가운데 가장 훌륭한 부분을 뽑으라면 건강보험을 들 수 있습니다. 혹시 보험료를 낸 것보다 더 많이 받는 분 계시나요? 아마 여러분 계실 겁니다. 건강보험은 국민의 기본권입니다. 헌법 35조에 따르면, "모든 국민은 건강하고 쾌적한 환경에서 생활할 권리를 가지며,

국가와 국민은 환경보전을 위하여 노력하여야 한다"라고 명시되어 있어 건강하게 살 권리를 보장합니다. 또 헌법 10조는 행복추구권을 보장합니다. 모든 인간은 존엄한데, 그 존엄성에서 가장 기본적인 것이 바로 건강입니다. 일단 몸과 마음이 건강해야 내가 인간으로서 존엄하게 살 수 있습니다.

만약 공적 보험제도가 없어 "네 건강은 네가 알아서 챙겨라"고 한다면 어떻게 될까요? 건강보험이 없으면 병원비가 너무 비싸 겁이 나서 병원에 갈 생각도 못합니다. 옛날 어르신들은 돈 때문에 겁이 나고, 가족에게 부담이 될까 봐 아파도 병원에 가지 않으려고 했습니다. 산이 제아무리 높아도 병원 문턱만큼은 못하다 하셨지요. 산은 돈 없이도 오를 수 있지만 병원은 돈 없으면 도저히 진료받을 수 없으니까요. 그 높은 병원 문턱을 누가 낮추었나요. 바로 건강보험제도입니다. 건강보험은 자신의 월급에 비례해 꽤 많이 낸다 해도 좋은 일입니다. 내가 많이 내는 만큼 가난하고 아픈 사람이 적은 비용으로 치료를 받을 수 있으니까요. 적어도 건강보험제도에 있어서는 미국보다는 우리가 선진국입니다. 이에 대해서는 자부심을 가질 만합니다. 그래서 미국이 우리를 본받아 하려고 했던 것이 '오바마케어'입니다. 트럼프는 오히려 오바마가 하려고 했던 것을 거의 없애버리다시피 해서 욕을 많이 먹었죠. 병원이나 민간 보험회사의 돈벌이를 보장하려는 의도라 그렇죠.

보다 좋은 사회가 되려면, 건강보험제도를 비롯해 의

료비, 주거비, 교육비 같은 부분을 사회 전체가 조금씩 분담해야 합니다. 수입이 적은 사람은 보험료나 세금을 적게 내거나 경우에 따라서는 면제해주고, 많이 버는 사람은 많이 내게 합니다. 정직하게 투명한 과정을 거쳐 걷으면 됩니다. 제가 공부했던 독일에서는 박사 과정까지 공짜로 공부합니다. 등록금도 없었습니다. 요즘은 일부 등록금을 내기도 하는데, 그래 봐야 몇십만 원입니다. 우리나라는 몇백만 원이잖아요.

주거비, 교육비, 양육비, 의료비, 노인수당 등을 온 사회가 공적으로 부담하면, 개인은 윗사람 눈치 보고 불안에 떨면서 회사에서 10시간, 12시간 일할 필요가 없습니다. 4시간만 일해도 인간답게 살 수 있다면, 좋은 책도 두루 읽고 친구들과 토론도 운동도 하고 제주 올레길도 같이 걷고, 이렇게 삶의 여유를 가질 수 있습니다. 그렇게 살면 훨씬 더 건강해집니다.

마지막으로 농업에 대한 새로운 접근, 새로운 생각이 필요합니다. 이 땅과 농사짓는 분들에 대해 진정으로 감사하는 마음이 있어야 합니다. 오늘 아침에 뭐 드시고 오셨나요? 밥 드셨죠? 여러분이 직접 농사지은 것을 드시나요? 아니죠? 농민이 농사를 지어주니까 우리가 쌀을 사 먹을 수 있습니다. 사실 빵이나 고기, 과자류에 비해 쌀은 싼 편이죠. 농민들이 땡볕에 고생해가면서 풀 베고, 벌레도 잡기 때문에 가능한 일입니다. 그런데 농약 뿌리는 것은 정말 고쳐야 합니다. 제가 농민을 옹호한다고 해서 농약까지 옹호하지는 않습니다. 저는 유기농 농민을 존중하고, 이분들에게 별도로 월급을 드려야 한다고 생각합니다. 성심성의껏 농사지어 곡식과 과일과 채소를 공급하는 농민에게 매월 교사 수준의 월급을 드리면, 이분들이 안전하고 건강한 먹을거리를 열심히 생산할 것입니다. 청년들도 집이나 토지 같은 거 조금만 지원해주면, 꼭 자기 땅으로 등기 안 해도 됩니다. 지금 노는 땅이 많습니다. 농협이나 지방 관공서가 노력하면, 청년들이 살 집과 땅을 마련할 수 있을 거예요. 그렇게 한 대여섯 명이 같이 동네를 이루면서 살면서 농사짓는 농민이 되면 얼마나 재미있을까요? 여름밤엔 모닥불 피워놓고 통기타도 치고 놀면서, 자연과 반딧불이 보면서 살게 하면 농어촌이 다시 살아날 것입니다.

우리 모두의 밥상을 차리는 농민과 농촌을 살려야 합니다. 농사와 농업을 살려내야 우리도 미국이나 중국에 대해서 당당해질 수 있습니다. 나라의 곳간이 든든하고 자립 능력이 있어야 자주의 목소리도 떳떳하게 낼 수 있습니다. 오늘 여성의 권리가 크게 신장된 이유는 여성이 경제적으로 자립하면서부터입니다. 농어촌 노인들도 경제적으로 어려움 없게 해주면 당당하고 재미있게 사실 수 있을 것입니다. 젊은이들은 어르신들로부터 삶의 지혜를 배워야 합니다. 물론 갈수록 연세만 많았지 배울 게 별로 없는 노인들도 많이 늘고 있습니다. 정말 슬픈 이야기입니다. 가방끈이나 지식의 많고 적음과 관계없습니다. 살면서 부대끼며 만난 숱한 삶의 체험과 그 과정 가운데 깊이 깨닫고 또다시 생각하는 성찰이 자연스레 녹아 있는 분들이 어른이고 노인입니다. 전통적인 농경사회의 노인들은 그 깊게 파인 주름살 속에 삶의 지혜가 다 녹아 있었습니다. 그분들 삶의 지혜가 후손에게 전해지면서, 인류가 앞으로 살아갈 정신적 문화적 유산이 되었습니다. 그런데 요즘엔 유산 하면 돈밖에 생각하지 않는 시대가 되어버렸습니다.

앞에서도 말했지만 초등학생에게 꿈이 뭐냐고 물어보면, 공무원이라고 한답니다. 왜 공무원이냐 그랬더니, "연금이 나오잖아요"라고 했답니다. 또 건물주가 꿈이라고도 합니다. 가만히 있어도 월세가 나오기 때문이죠. 그저 편하게 놀고 먹는 것, 아이들이 이런 걸 꿈이라 말하는 사회, 참으로 기가 막히고 가슴이 메어집니다.

정말로 이제 우리 사회를 가장 깊은 곳에서 움직이는 우리의 생각, 우리의 마음, 우리의 철학이 변해야 합니다.

중독은 사회가 함께해야 고칠 수 있다

중독의 치료, 자기 인정에서 시작한다

우리를 망치는 중독, 마약중독처럼, 아니 그보다 더 심하고 더 끈질긴 중독, 돈중독이란 중독, 일중독이란 중독, 이 지독한 질병을 어떻게 치유할 수 있을까요? 우리 사회엔 수많은 중독들이 있죠. 스마트폰중독, 마약중독, 설탕중독, 소금중독, 커피중독, 알코올중독, 니코틴중독, 심지어

섹스중독도 있지요. 그런데 그 어떤 중독이건 한 개인이 중독을 벗어나는 데는 '12단계 요법'이란 게 있습니다. 원래 '익명의 알코올중독자 모임'에 나오는 치유법이죠.

수많은 중독 연구자나 전문가들은 이 12단계 요법이 중독 치유에 있어 대단히 중요한 원리를 제시한다고 말합니다. 그중 1번 원리가 무엇일까요? 그것은 스스로 통제할 수가 없다는 사실을 인정acknowledge하는 것입니다. 자신에게 문제가 있다는 사실을 인정하면서, 그 문제를 스스로 해결할 수 없으니 누군가의 도움이 필요하다, 나아가 비슷한 문제를 안고 있는 사람들이 둘러앉아 함께 풀어가야 한다는 사실을 받아들이고 고백하는 것, 바로 이것이 모든 중독 치유의 출발점입니다.

그런데 제가 노동조합이나 기업 경영자들이 모인 자리에서 이런 이야기를 하면, "살아남으려면 더 열심히 해야 하는데, 뭔 쓸데없는 소리를 하고 있어?" "그건 온실 속 학자의 이야기이지, 세상 현실은 너무나 달라." 이런 식의 반응이 많습니다. 앞의 '12단계 요법' 관점에서 보면 이것은 문제의 인정이 아니라 문제의 부정denial입니다. 중독자들에게 전형적으로 나타나는 현상이기도 하죠. 자신의 질병을 인정해야 비로소 치유가 시작되는데, 아예 질병을 부정하면 처음부터 시작도 못 하는 셈이죠. 그러니 갈 길이 멉니다. 나 좋으라고 나만 살려는 게 아니라, 모두 함께 같이 살자고 하는 이야기입니다. 특히 중독에 빠져 자기도 모르게 죽어가는 사람들, 아직 살아 있더라도 마음이 매말라

강자 동일시

감정과 느낌이 죽은 사람들, 이런 분들을 제대로 살리자는 얘깁니다. 아마도 과로사로 세상을 떠난 유족들, 아니면 아직 젊은데도 너무 빨리 죽은 노동자의 장례식장에 모인 분들이라면 이런 얘기에 깊이 공감하실 거예요. 아직 살아 있을 적에는 전혀 공감을 못하더라도 막상 사람이 쓰러지고 돌아가시고 나면, '아, 그 강 교수 그 사람 이야기가 바로 이런 걸 두고 말했구나'라고 뒤늦게 공감하시기도 하겠지요. 더 안타까운 건, 그렇게 공감을 해놓고도 막상 장례식이 끝나면 모든 걸 다 잊어먹고 또다시 일중독의 현장에 가서 열심히 동참한다는 겁니다. 울산 현대자동차, 또 신탄진 한국타이어에서 과로사나 돌연사로 줄초상이 난 일이 있는데, 그게 바로 이런 문제를 잘 보여주었죠. 정말 안타깝고도 서글픈 일입니다.

우리 개인이 좀 건강해지고 행복하면 그래서 사회 전체도 행복해진다면, 우리가 인생을 마감할 때 아이들에게 이렇게 말할 수 있겠죠. "얘들아, 엄마 아빠는 너희랑 참 행복하게 살았어. 너희들도 나처럼 행복하거라. 아니, 나보다 더 행복하게 살아라." 이렇게 말하고 맘 편히 갈 수 있는데, 대부분 지금까지 우리 부모님들은 유언 한마디 남길 시간도 갖지 못한 채 바쁘게 가셨습니다. 혹 말할 시간이 있다면, 어떤 분들은 유서에 이렇게들 쓰시지요. "얘들아, 절대로 엄마 아빠처럼 살지 마라." 아니, 그럼 도대체 어떻게 살란 겁니까? 부모가 살면서 자식에게 한평생 보여준 것이 곧 길잡이가 돼야죠. 전혀 보여주지도 않고 '나처럼 살지 마라'고 하고 떠나면 어떡하란 말입니까. 그런 안타까운 유언 말고, "엄마 아빠가 살아온 것처럼 너희도 잘살아라" 이렇게 말할 수 있으면 훨씬 행복하고 좋겠죠? 잘사는 것이 잘 죽는 것입니다. 잘 죽는다는 게 결국은 잘 산다는 것이죠. 그러려면 어떻게 살아야 할까요? 먼저 '나부터' 재미있고 의미 있게 살아야 합니다. 재미와 의미, 이 두 가지가 중요하죠. 이건 '나만' 잘살자는 얘기랑 다릅니다. 언제나 '나부터'입니다. '나부터' 잘살면서 어떻게 하면 이웃과 더불어 같이 잘살 것인가? 이게 중요하죠.

개인과 공동체가 함께 성장해야 한다

제가 자본주의 노동사회에서는 일중독이 만연하고 과로사로 죽기 쉽다는 얘기를 하다 보니, 많은 분들이 이렇게 묻습니다. "자본주의가 문제라고 하니 그럼 사회주의가 대안이란 건가요?"

아닙니다. 그렇게 단순한 해답이라면, 이런 긴 강의는 필요치 않겠지요. 우선 저는 자본주의가 역사적으로 봉건주의를 이기고 등장한 점에서 커다란 의미가 있다고 봅니다. 봉건귀족이나 왕족들, 지주들의 특권과 신분체제를 타파한 것은 자본주의의 귀한 업적으로 인정해야 합니다. 게다가 자본주의의 높은 생산성은 귀족들만 쓰던 물건을 일반 대중도 쓰게 했죠. 오늘날 자동차나 휴대폰이 가장 대표적입니다. 그러나 그렇다고 해서 자본주의가 문제가 없다곤 할 수 없습니다. 제가 오늘 내내 말씀드린 대로, 자본주의 생산성이 생산적인 면도 있지만 파괴적인 면도 강하다, 사람과 자연을 희생시키면서 돈벌이만 추구하다 보니, 이제는 미세먼지나 환경호르몬, 최근엔 코로나19 바이러스까지 닥쳐와 인류 전체를 위협하게 되었다, 이런 이야기입니다. 성과도 인정하되, 한계도 인정하자는 것이죠.

그렇다면 대안이 있는가? 대안은 무엇인가? 쉬운 문제는 아닙니다. 사회주의 국가는 망했습니다. 1917년에 러시아에서 처음으로 사회주의 혁명이 일어났죠. 소련과 동유럽이 모두 사회주의를 추구했습니다. 그게 약 70년 정도 지속되었다가 1990년경에 망하기 시작했죠. 제가 1989년 독일에서 공부할 때 베를린 장벽 문이 열리고, 동독이 무너지고, 그 이후로 1990년 이후에 소련까지 죄다 무너져버렸습니다. 그런데 현실로 존재하던 사회주의가 무너졌다고 해서 자본주의가 승리했다, 자본주의는 영원하다, 자본주의는 아무 문제없다, 이런 얘기는 아닐 겁니다.

이념적으로 자본주의는 개인의 행복을, 사회주의는 공동체의 행복을 지향합니다. 저는 자본주의든 사회주의든 이런 이데올로기를 떠나, 개인도 공동체도 모두 행복해야 한다고 봅니다. 개인을 무시하는 공동체도, 공동체를 부정하는 개인도 살 만한 사회가 못 됩니다. 체제나 시스템이 그 어떤 것이 되든, 사람이 가장 중요합니다. 박노해 시인의 말처럼 '사람만이 희망'입니다. 그런 의미에서 누구도 결코 완벽한 사람이 될 순 없지만, 사람이 양심과 안목과 철학을 갖춘 인격체로 성장하는 건 대단히 중요합니다. 이런 사람들이 많아져야 개인도 공동체도 같이 발전하고 같이 행복해질 수 있거든요. 물론 제가 조직이나 제도는 무시하고 사람만 중요하다고 말하는 건 아닙니다. 둘 다 중요하죠. 특히 조직이나 시스템을 투명하고 민주적으로 통제하는 장치는 아주 중요합니다. 그러나 이걸 위해서도 '성숙한' 사람들이 필요합니다.

제가 아까 우리 청년들이 농촌에 가서 재미나게 살면서도 생계가 보장되는 사회였으면 좋겠다고 했습니다. 그런데 나 혼자만 약삭빠르게 공짜로, 무임승차로 살려고 하면 될까요? 안 됩니다. 가능하지도 않습니다. 같이 열심히 힘을 모아도 모자랄 판이니까요. 제 초등학교 시절, 교실과 화장실 청소할 때는 실컷 놀다가 선생님이 청소당번을 위해 준비하신 옥수수 빵을 나눠줄 때만 잽싸게 달려들어 그것도 제일 많이 일한 것처럼 나대는 아이들이 정말 미웠던 기억이 있습니다. 나름 상처의 흔적이죠. 그래서 저는 선생님이 보든 안 보든 화장실 청소까지 열심히 했죠. 종교는 없지만, '하늘이 다 보고 계신다'는 마음으로 했습니다. 나중에 선생님께서 "수돌이는 선생님이 보나 안 보나 책임감이 참 강해"하시며 알아주시더라고요. 그 선생님의 칭찬에 힘입어 신나게 공부한 결과 크게 신통치는 않지만 제 나름으로 정직한 학자는 된 것 같아요. 자상한 선생님의 칭찬 한마디가 수십 년 뒤에 학자 하나를 만든 셈입니다.

어쨌든 어느 집단이건 뺀질거리는 친구들이 있을 때, 벌을 주거나 제재하는 것도 어느 정도는 필요하겠지만, 더 바람직한 것은 협동하는 조직의 분위기 즉 함께 더불어 열심히 맡은 바 일을 잘하는 분위기를 빨리 만들고 그 안에서 자율적으로 고쳐나가는 것입니다. 이런 게 분권화요, 민주화요, 자율화 조직 원리라 하겠습니다. 쉽진 않지만, 이런 게 바람직하죠. 게다가 개중엔 몸이 좀 불편하고 힘들면 일을 제대로 못하는 사람도 있습니다. 그런 경우에는 오히려 배려를 더 해줘야 합니다. 이런 따뜻한 마음들과 관계들이 쌓여 조직이나 사회를 좀 더 활기차게 만듭니다. 사람과 사람 간 관계 형성에는 크고 작은 '감동'들이 중요하지요. 그렇게 감동을 받아야 "나도 뭔가 부족하지만, 그래도 내 나름 힘을 보태야지" 하는 마음이 생깁니다. 한 조직이나 나라의 운영 역시 이런 감동의 경영이어야지, 처벌과 공포의 경영은 바람직하지 않다는 얘기죠.

사실 상과 벌에서 벌만 나쁜 게 아니라, 상을 주는 것도 별로 좋은 것이 아닙니다. 아이들한테 어릴 때부터 상으로 스티커를 주면서, 10개 채우면 뭐 해주고, 100점 맞아오면, 1등 하면 휴대폰 사주고, 이런 식으로는 하지 마세요. 그러다보면 아이들이 내면에서 우러나는 자발적 동기가 아니라, 외적 자극이나 외재적 동기로 움직이는, 타율적 인간이됩니다. 많은 교육학자나 심리학자들의 연구 결과이기도합니다.

오직 자기 스스로의 내면에서 재미, 의미, 가치, 사명 같은 걸 깨달아 움직이는 사람이라야 바람이 거세게 불어도흔들리지 않고 꿋꿋이 살아갑니다. 그래서 조금 전 제가

'야생적으로' 아이들을 키워야 한다고 이야기를 드렸던 것입니다.

자본주의, 사회주의, 공산주의

다시 '사회주의' '공산주의' 하면 공포감이 느껴지고 무섭지요? 그러나 이 모두가 봉건주의나 자본주의처럼 하나의 신념체계일 뿐입니다. 우리는 나쁜 것은 버리고 좋은 것을 선택하면 됩니다. 특정 정치가나 권력자가 강요할 일이 아니지요. 사람 나고 정치 났지, 정치 나고 사람 난 건 아닙니다.

조금 개념적으로 정리해보겠습니다. 오래전에 칼 마르크스가 이렇게 이야기했습니다. "원시적인 공산사회가 있었고, 그다음 노예사회가 있었고, 그다음에 봉건사회가 있었고, 그 뒤에 자본주의 사회가 왔다. 자본주의 이후엔 공산주의가 온다." 원시공산 사회라는 씨족·부족사회로, 어머니가 가장인 모계사회였습니다. 노예제 사회가 되면서 부계사회로 바뀝니다. 그런데 인간의 역사로 보면, 씨족·부족사회가 수천 년이었고, 지금 같은 '자본주의'는 초기 자본주의까지 다 합쳐 기껏해야 500년밖에 안 됩니다. 우리나라 자본주의도 길게 봐야 100년이고, 짧게는 60년밖에 안 됩니다. 인간의 역사는 길게는 수백만 년에서 수십만 년, 지금처럼 농사짓기 시작한 신석기 시대부터 치면 약 1만 년입니다. 신석기 시대도 씨족·부족사회였습니다. 그러다가 전쟁 후엔 노예도 생기고 수천 년이 흐릅니다. 지주와 영주, 귀족을 중심으로 하던 봉건제사회도 1,000년 가까이 지속되다가 대략 16세기부터 유럽에서 자본주의가 생깁니다. 마르크스는 자본주의는 이런저런 문제가 있으니, 이후에는 사회주의 내지 공산사회가 바람직하다고 생각했습니다. 그러나 1917년 러시아 혁명 이후 70년 동안 막상 해보니까 안 맞았습니다. 사회주의 혁명의 역사는 왜 망했을까요?

첫째, 일당독재는 바람직하지 않습니다. 우리가 아는 민주주의 원칙에 비추어 그렇습니다. 지금의 정당정치도 더 많이 민주화해야 합니다. 일반 당원들이 진정으로 의사결정의 주체가 되어야 합니다. 거대 양당이 돌아가며 정권을 잡는 것도 바람직하지 않습니다. 소수 정당의 목소리도 의회에서 잘 반영되려면 정당명부 비례대표제 같은 걸 도입해야 합니다. 국회의원을 뽑더라도 개인만 뽑는 게 아니라 정당까지 뽑아, 그 비율로 자리를 골고루 나누는 것입니다. 독일이나 스웨덴, 덴마크, 뉴질랜드 같은 나라들이 우리보다 살기 좋은 나라가 된 것도 그런 제도 덕분이지요. 현재 우리나라 비례대표제는 말만 비례대표이지 실제론 '위성정당' 등 여러 문제가 많아요.[*]

둘째, 시장에 맡기지 않고 모든 걸 국가가 계획해 배급한다는 것도 문제가 많습니다. 물론 우리가 공적으로 소유하는 부분이 많습니다. 가령 하늘이나 공원, 이게 개인의

---

[*] 하승수, 『개방명부 비례대표제를 제안한다』(한티재, 2020).

것입니까? '공원'이잖아요. 사회에서는 분명 공적 영역이 필요합니다. 제가 주거, 교육, 의료, 노후 문제를 공공성으로 풀자는 얘기도 같은 맥락입니다. 그런데 여기 있는 노트나 각자 입고 있는 옷 같은 것은 개인의 것이죠. 분명 개인의 영역이 있고 그것을 존중해주어야 합니다. 모든 것을 국가가 계획하면 바람직하지 않습니다. 특히 저는 자원 절약과 쓰레기 감축을 위해 중고시장 활성화를 적극 주창합니다. 요즘 '당근마켓'이란 앱이 유명하죠. '당근마켓'이란 먹는 당근이 아니라 '당신 근처의 시장'이라 해요. 여러분들 스마트폰에 당근마켓 앱을 깔면 동네 이웃끼리 중고 물품을 저렴하게 거래하거나 선물할 수 있습니다. 또 잘 아시는 '아나바다' 장터 같은 것도 참 좋은 시장입니다. 아껴 쓰고 나눠 쓰고 바꿔 쓰고 다시 쓰기. 이런 걸 활성화해야 합니다.

셋째, 프롤레타리아 독재라는 부분입니다. 훌륭한 지도자를 뽑았는데, 이 지도자가 민중을 대변하니까 독재를 실시한다? 이것도 안 맞아요. 민주주의에서 모든 권력은 국민에게서 나오죠. 이 국민의 건강하고 건전한 생각이 모든 사회적 제도를 이끄는 힘의 원천입니다. 그래서 국민 자체가 성숙해야 합니다. 권력자에 아부하거나 부정부패에 쩔어 있으면 곤란하겠죠. '갈비의 법칙'에서 자유로운 사람들이 많아야죠. 만약 국민이 원치 않는 잘못된 정치가가 생기면 당장 끌어내릴 수도 있어야 합니다. 그런데 기존 공산주의·사회주의 사회에선 끌어내릴 수 없었습니다. 같은 민족인 북한도 그렇지요. 미국과 대적해서 당당한 건 본받을 점이지만 권력 세습 같은 건 결코 동의하기 어렵죠. 물론 내부 사정이 있겠습니다만, 진짜 민주사회라면 제 자식이 아무리 훌륭하더라도 다른 사람을 제친 채 부모의 자리를 자식에게 물려주는 건 오히려 피하는 게 좋습니다.

그런데 자본주의 사회는 어떤가요? 여기는 일단 공동체보다 개인주의를 기본으로 합니다. 개인마다 하나씩 갖고 있는 휴대폰이 지금의 자본주의를 상징하죠. 예전에는 부잣집에 전화기 하나 두고 온 동네 사람들이 빌려 쓰던 시절이 있었습니다. 50년 전에 그랬어요. 제가 어릴 때, 〈여로〉라는 인기 드라마가 있었는데, 온 동네 사람들이 텔레비전이 있는 집에 가서 함께 보곤 했습니다. 그렇게 함께하는 부분이 많았습니다. 그때만 해도 온전한 자본주의가 아니었죠. 제대로 된 자본주의는 지금처럼, 집집마다 개인마다 자가용, 휴대폰 등이 따로 있는 자본주의입니다. 그래야 상품을 많이 팔아 이윤을 많이 남기죠.

한편 사회주의를 말할 때, '사회'라는 말은 이 '개인'과 상반되는 말입니다. 사회주의는 결국 공동체주의입니다. 그런데 흥미롭게도 우리는 오래전부터 마을 공동체나 가족 공동체로 살아왔습니다. 그래서 개인이냐 공동체냐 하는 것은 결국, 철학의 문제입니다.

가정부터 생각해볼까요. 집집마다 아이들에게 "네 밥은 네가 벌어서 와"라고 하지 않고, 부모가 힘들게 벌어 공짜로 아이들을 먹이고 키웁니다. 어떻게 보면, 이게 공산주의 원리입니다. 철학적으로 같이 살아가자는 개념이죠. 자본주의의 개인주의가 내 삶은 내가 벌어서 내가 온전히 해결하자는 개념이라면, 사회주의는 더불어 같이 살자는 개념입니다. 이론적으로, 철학적으로 정리하면 그렇게 됩니다. 그러니까 저는 개인과 공동체가 같이 행복해야 한다는 차원에서 이 두 가지 철학이 모두 다 필요하다고 봅니다. 마을도 그렇고 공원도 그렇습니다. 동네 산도 그렇고 강물이나 바다, 해수욕장도 모두 공동체의 것입니다. 이걸 사유화하고 민영화해서 공동체가 소외되게 해서는 안 되는 것이지요. 마치 각 가정에서 아이들 신발이나 옷, 방은 따로 주더라도 거실이나 부엌, 화장실을 같이 쓰는 이치와 비슷하죠. 개인과 공동체의 문제는 너무나 중요해서 조금 더 생각해보겠습니다.

개인의 독자성, 이걸 인정하는 것은 개인이나 사회를 위해 아주 중요합니다. '네 인생은 네 것이고, 내 인생은 내 것이다.' 이런 철학을 모든 부모가 가져야 합니다. 반대로 부모가 못다 이룬 꿈과 한을 자식을 통해 실현하려고 강요하면 안 됩니다. "네가 우리 가정에 태어나준 것만 해도 정말 고맙다. 내가 살아 있는 동안 네가 가려는 길에 내가 옆에서 힘이 되어 줄게." 이렇게 해야지, "야 이 놈아, 어릴 때부터 먹이고 재우고 키웠으니, 딴소리 말고 내가 시키는 대로만 해. 그래야 잘 먹고 잘살 수 있어…!" 이런 식이면 곤란합니다. 부모의 역할은 아이들이 '자기 삶'을 제대로 살도록 무한 응원하는 것입니다. 개성과 자유, 이걸 무시하는 사회는 한마디로 절망입니다.

이제 공동체를 생각해보죠. 제가 조치원에서 기차를 타고 여기까지 왔습니다. 그런데 목적지에 도착해 내릴 때, 승객들이 각자 앉았던 자리를 망치나 드라이버로 빼 가지고 내립니까? 안 되지요. 그럴 필요도 없고요. 집도 마찬가지입니다. 살아 있는 동안 고맙게 쓰고, 후손들에게 물려주고 가는 겁니다. 이걸 부동산으로 상품화하고, 값어치를 올리고, 내 재산으로 증식하는 데 쓰는 것은 개인주의가 극단화되어 공동체 몫의 공간을 사적으로 독점해버리는 것입니다. 그래서 한강변이고, 설악산이고, 제주도의 아름다운 바닷가고, 모두모두 사유화해서 독점하려 하면 어떻게 되겠어요. 단군 할아버지가 물려준 산과 들판 그리고 그 땅 위에 사람들이 만든 철도와 도로, 공원 같은 건 다 공유재산입니다. 공원이나 옛날 궁터 같은 공유재산을 이용할 때, 약간의 청소비·입장료를 내기도 합니다. 청소나 관리하시는 분을 위해 월급도 줘야 하니까 함께 힘을 모아 십시일반 조금씩 내는 것입니다. 우리의 공유재산을 관리하는 방식입니다. 그런 것이 '사회주의'에서의 사회와 통하지요. 이렇게 개인과 사회가 함께 가야 합니다.

제 의견을 요약하면 이렇습니다. 정치체제로서는 민주주의를 하고 우리 개인의 개성과 자유도 존중하면서, 주거, 교육, 의료, 노후 같은 공동체 복지와 관련한 건 모두 함께 힘을 모아 해결하는 것이 좋습니다. 월급 같은 것도 차이를 줄여 나가야 합니다. "이 사람은 노력을 더 했고, 이 사람은 형편이 좀 더 어려우니 조금만 더 주자." 이런 건 좋아요. 그런데 지위나 성과만 보고 10배나 100배 차이, 이렇게 엄청 차이가 크게 나면 자존심도 상하고 상대적 박탈감과 사회 양극화가 심해집니다. 그러니까 격차를 줄여갈수록 좋습니다. 서로 고만고만하게, 비슷비슷하게 살아가는 사회, 그러면서 개인도 존중하고 사회도 존중하는 민주주의, 이런 게 우리가 만들어가야 할 체제라 생각합니다. 유럽 사회나 일부 남미 나라들이 비교적 그런 방향으로 가고 있죠.

제가 2019년에 6개월간 스웨덴을 다녀왔는데, 다른 유럽 나라들과 마찬가지로 교육비가 무상입니다. 고등학교는 물론 대학에 가도 등록금이 없습니다. 독일도 그런데 유럽사회에서 많은 곳이 그렇습니다. 그런 관점에서 보면, 분명 같은 지구별 안에서도 훨씬 더 인간답게 사는 나라가 있으니 우리가 보고 배워야 합니다. 이와 관련된 책도 여러 권 나와 있습니다. 인터넷으로 검색해서, 독일이나 스웨덴 같은 나라의 교육은 어떻게 하고, 의료비는 어떻게 하고, 노인들은 어떻게 살아가는지 이런 걸 찾아보면 개인의 자유를 억압하는 공산주의가 아니면서도 공동체 정신을 발휘하고 제도적으로 성숙시켜 우리보다 훨씬 편안하고 인간답게 살고 있다는 것을 잘 알 수 있습니다.

중독은 개인보다 사회가 함께 고쳐야 한다

이제 이 긴 이야기를 마칠 때가 되었네요. 정리해보겠습니다. 개인적 차원에서 일중독자, 특히 의학적으로나 심리학적으로 보면 일중독자는 이렇습니다. "일을 일주일에 50시간 이상 하시네요." "너무 여가시간이 없으시네요." "운동할 시간도 못 내시네요." 이런 식이죠.

그래서 해결책도 "일주일에 50시간 이상 일하지 마세요." "일주일에 3일 이상은 꼭 산책이나 운동을 하세요." 이런 식이죠. 그렇게 해서 일과 삶 사이에 약간의 균형을 잡을 순 있겠죠. 하지만 한 개인을 둘러싼 사회가 여전히 일중독을 권하는 사회인 경우, 일도 직장도 끝없이 일중독을 강요하고 또 장려하는 사회적 분위기가 전혀 안 바뀐다면 어떻게 되겠어요?

일중독인 내가 의사나 심리학자의 진단을 받아 조금은 나아질지 모르지만, 나 아닌 다른 사람들은 얼마든지 일중독에 빠져 과로사로 쓰러질 가능성이 큽니다. 사실 나 하나는 상담을 받고 나면 좀 줄일 수 있지만, 다시 회사에 가면 '도로 나무아미타불' 예전 상태 그대로 일중독에 빠져들게 되지요. 그래서 제가 사회구조의 변화를 강조하는 것입니다.

사회가 바뀌지 않는 한, 설사 돈중독이나 일중독을 개인적으론 극복할 수 있다고 생각할지 모르지만 내 가족이나 이웃이 언제든 걸릴 수 있고 우리 스스로도 언제든 다시 빠져들 수 있습니다. 마약이든, 술이든 그리고 돈중독이든 일중독이든 모든 중독의 끝은 죽음입니다. 그래서 스스로 치유의 노력하면서 주변과도 함께 힘을 합쳐야 합니다. 나의 힘 그리고 주변의 힘을 합쳐, 그 힘을 바탕으로 사회 구조까지 꾸준히 지속적으로 바꾸어 나가야 합니다.

제가 미국과 캐나다에 연구차 갔을 때 '익명의 일중독자 모임A.A.'에도 참여한 적이 있습니다. 대개 1~2주일에 한번씩 모임들을 가지죠. 숫자는 5~6명에서 10명 내외까지 다양합니다. 거기서 '12단계 요법' 같은 것도 읽어보고 정리도 해봤습니다. 그런데 중독에 빠진 분들은 대부분 사회적 차원보다는 개인적 차원에서 어떻게 벗어날지만 고민합니다. 물론 '나부터' 고쳐야죠. 그러나 사회가 온전하지 않은데, 나만 고치면 무슨 소용입니까? 사회적 차원에서 구조가 바뀌지 않으면 언제든 다시 중독에 빠져들기 때문이죠. 그래서 일단 마음을 느긋하게 하고, 이렇게 자주 되뇌어 말해야 합니다. "돈이 다가 아니다. 또 일이 다가 아니다." "나는 우리 부모님이 낳아주신 소중한 존재야." "내 소질과 재능을 지금이라도 찾아 잘 가꾸고 키워서, 이걸 사회적으로 실현하는 데 이웃에 도움이 되는 방향으로, 건강한 방향으로 자아를 실현하겠어." "동시에 잘못된 사회 구조를 이웃과 연대해서 고쳐야지." 이런 식으로 스스로에게나 남에게 당당히 말하며 꿋꿋이 살아가시면 초조해질 이유도 '친구 따라 장에 갈' 필요도 없어질 것입니다. 더더욱 자신을 학대하면서 과로로 쓰러질 일은 저절로 사라질 것입니다.

그런데도, 현실은 일을 하지 않으면 생계조차 곤란한 경우가 있지요. 그래서 생계 해결을 위해 일을 많이 해야 하는 경우가 언제나 있는 거지요. 분명 당장의 살림살이를 위해선 돈이 필요하죠. 그런데 만일 복지가 잘 갖춰진 사회구조가 있어 기본적인 생계 걱정을 안 하게 된다면 일중독에 빠질 가능성도 줄겠죠. 또 만약 누가 아프게 되더라도 공공의료 등이 잘 갖춰져 있다면 별 걱정을 않아도 되겠죠. 그래서 사회구조가 중요합니다.

한국전쟁 이전 또는 일제 강점기에 태어나 살아오신 분들에 비해 지금 세대와 자녀 세대는 많이 풍족해진 세대이지요. 그런데도 우리의 행복 수준이 그만큼 올라왔냐 하면 그렇지 않습니다. 불평등과 격차, 그리고 스트레스가 늘었을 뿐 아니라 물과 흙, 공기가 많이 오염되었습니다. 예전에 좀 가난하다고 해도 반드시 불행하지만은 않았습니다. 형제자매 간에 우애가 있고, 이웃사촌의 배려와 공감이 있을 때는 가난해도 함께 견디며 행복했죠. 흘러간 시간은 다 아름답다고 하지만, 뜬금없는 '과거예찬'은 결코 아닙니다. 하루 평균 40명 안팎으로 자살하고 인구 10만 명 중 27명 자살이라는, 세계 최고의 자살률에서 보듯 한국의 사회적 부가 엄청 늘었음에도 우리가 느끼는 행복감은 오히려 정체하거나 줄어들고 불행감과 우울증은 급격히 증가하고 있습니다. 이런 문제를 제대로 해결하기 위해 우선적으로 ①노동의 개념을 바꾸고, ②교육제도를 개혁하며 ③사회적 복지를 적극적으로 재구성해 ④땅과 농민에 대한 배려와 가치의 인정을 말씀드렸던 것입니다.

삶과 일의 균형

다시 한 번, 삶과 일의 균형을 잡는 게 중요합니다. 아무리 사회구조가 좋아져도 개인 스스로 일중독에 취해 있으면 문제는 해결 안 됩니다. 일할 땐 일하고, 쉴 땐 쉬어야죠. 저부터 일중독에서 벗어나, 쉴 때는 좀 쉬어야 합니다. '좀 더 참자'며 일을 멈추지 못하면 안 됩니다. 그것이 기본입니다.

제가 아는 어떤 분은 일요일만 되면 휴대폰을 꺼버립니다. 그리고 무조건 산에 갑니다. 정말 그런 단호한 자세가 필요합니다. 스스로 일중독 증세가 심하다 싶은 분은 저녁이나 휴일엔 아예 휴대폰을 꺼버리세요.

일이건 돈이건 중독이 되면 분명히 몸에 느낌이 옵니다. '이랬다가는 죽을 수도 있어.' 이런 느낌에 정직하게 반응해야지, 그런 느낌을 무시하고 피하기 시작하면 병의 시초가 되거나 갑작스레 예기치 않은 죽음을 맞게 됩니다. 그래서 나의 상태도 돌보면서, 주변에 일중독에 빠진 분이 있으면 "그러지 말고 좀 천천히 가자"며 다독거릴 필요가 있습니다. 같이 살아야 하니까요.

제가 일중독에 빠지지 말자고 하면서도, 실은 저 역시 제 앞가림도 잘 못하고 있을 때가 많습니다. 오늘도 이 강의 때문에 아침부터 바쁘게 움직였거든요. 이제 집에 돌아가면 제가 가장 좋아하는 산책, 가능하면 제 아내랑 한 걸음 한 걸음 천천히 걸으면서 강과 들로 산책을 가려 합니다. 그때마다 느끼는 것은 살아 있음이 고맙고 기쁘다는 감정입니다. 봄은 봄대로 가을은 가을대로 나뭇잎 색깔의 변화에 감동을 받으면서 삶의 작은 호사를 누리는 것이죠. 자연은 하루하루가 다르게 변합니다. 그렇게 달라지는 자연의 모습 속에 "아, 내가 진짜 살아 있구나" 이런 생각을 합니다. 그런 시간이 너무나 소중하지요. 그런데 이런 삶의 여유를 즐기는 데 무슨 큰 돈이 필요한 게 아닙니다. 그저 일손을 놓고 밖으로 나가면 됩니다. 자연의 품은 어머니의 품처럼 아늑합니다.

그럴 때면 저절로 '우리가 더 좋은 사회를 만들어 아이들에게 물려줘야지' 이런 생각이 떠오릅니다. 오늘 여러분들도 저랑 같이 이런 마음을 꼭꼭 다짐하면서, 좀 더 느긋하게 살아가보시면 어떨까 합니다. 욕심을 꼭 반만, 삶의 속도도 꼭 반만 줄인다면, 그리고 생각을 새롭게 마음도 새롭게 먹는다면, 우리는 얼마든 다르게 살 수 있습니다. 물론 제가 가진 모순은 이런 말씀을 하러 다니러 아직은 빨리 달려야 한다는 겁니다. 아, 벌써 또 제 기차 시간이 다가오네요! 여러분들 모두 건강하시고, 다음 만날 때까지 즐겁고 행복하시기 바랍니다.

스스로의 내면적 성숙을 통해 자연스레 형성된 자기 절제,
직장과 가정, 일과 놀이의 균형으로 얻어진 자기 만족,
나의 이기주의와 공동체적 윤리와의 아름다운 조화,
그리고 무엇보다 자연과 생명에 대한 깊은 존중,
이 네 가지가 함께 어우러진 '충분함의 미학'이 필요합니다.

더욱 중요한 것은 이 '충분함의 미학'에 더하여 잘못된 가치관, 잘못된 문화, 잘못된 사회구조에 대한 비판과 저항, 즉 '저항의 미학'입니다. '충분함의 미학'과 '저항의 미학'을 우리는 함께 갖추어야 합니다.

그 시작은 물론 '나부터'입니다.

3

나부터, '돈중독' '일중독' 벗어나기

중독은 개인 탓이 아니다

늘어나는 자살률이 말해주는 것

먼저 우리나라 통계청에서 나온 통계 하나 말씀드리고 시작할까 합니다. 2016년 대한민국 사망 원인을 제시한 통계입니다. 사망 원인 1위가 암, 그다음에 심장, 그다음에 뇌혈관계 질환, 그다음에 자살입니다. 암이 최고로 심각한 문제라는 것은 다들 느끼고 있습니다. 인구 10만 명당 550명이 사망하는 꼴입니다. 그런데 10대 청소년, 20, 30대 청년의 사망 원인 1위는 뭘까요? 정말 슬프게도 자살입니다. 40대 이상은 사망 1위가 암이고요. 최근 10년 사이에 고학력 전문직·관리직, 고급 공무원, 기업 간부, 이런 사람들의 자살이 5배나 증가했다는 통계도 있습니다. 그리고 투잡, 즉 일을 두 가지 이상 하려는 사람들의 절반이 50대 이상입니다.

몇 가지 통계를 말씀드렸는데요. 저는 이 몇 가지 통계만 보더라도 우리 한국사회가 얼마나 일중독 때문에 고통받는지 알 수 있다고 봅니다. 사람들이 일중독으로 과로사하건, 암과 같은 큰 병을 얻어 사망하건, 때로는 우울증에 걸려 자살하건, 크게 보면 돈이나 사회적 지위, 권력, 명예 같은 '외적 변수'를 추구하는 과정에서 생겨났다고 봅니다. 또 가장 팔팔하게 살아야 할 10, 20, 30대 청년층도 성공주의와 성과주의가 지배적 가치인, 그래서 필연적으로 일중독주의적일 수밖에 없는 사회환경 속에서 자살을 은근히 강요받으며 살고 있습니다. 어쩌면 이 사회의 젊은이나 어른들 모두 일종의 '자살공동체'를 형성하며 살고 있는 건 아닌지 되돌아보아야 할 시간입니다.

흔히 '과로사'라 부르는 문제가 있지요? 일을 너무 많이 해서 죽는다는 이야기입니다. 아니, 잘살아보려고 일을 하는 건데, 일하다가 죽어가다니, 이 무슨 어이없는 일입니까? 그런데 저는 과로사 문제를 노동시간을 철저히 규제하고, 잔업을 줄이거나 잔업수당을 올리는 방식, 또는 휴가나 휴식을 좀 더 철저히 챙기는 방식만으로는 이 문제가 해결될 수 있을 거라고는 생각지 않습니다. 개인이나 기업, 사회 전체가 일중독에 빠져 있으면서도 일중독이 문제라는 인식조차 하지 못하고 있는 게 사실상 가장 큰 문제이거든요.

지금까지 나온 온갖 해결책들을 보면 자본주의 사회가 자나 깨나 일중독을 조장하면서 우리 모두를 성과주의라는 더욱 커다란 압박 속에 몰아넣는 구조를 근본적으로 성찰하고 있지를 않아요. 대부분 아이디어들은 그런 일중독 구조를 당연시하는 바탕 위에서 사람들이 겨우 견딜 만한 수준으로 조금은 부드럽게 약간은 인간적인 듯한 모습으로 유지·개선하자는 제안들입니다. 하지만 그 결과 그것들은 보다 세련된 외양으로 바뀐 보다 견고한 큰 틀로 우리 모두를 가두어놓는, 새로운 덫일 뿐입니다. 이런 차원에서 오늘은 여러분들과 함께 조금 깊이 있는 문제제기를 공유하고 싶습니다.

개인 탓으로 돌려서는 안 된다

우리가 이런 문제를 논의할 때 늘상 세 가지의 오류를 범하기 쉽습니다.

첫 번째는 많은 자기 계발서들이 이야기하듯, 개인의 노력에 호소하는 것입니다. 예를 들면 '과로하는 사람들의 7가지 습관', 자나 깨나 일을 생각하고, 잔업을 하고, 상사가 퇴근하지 않으면 눈치 보여 퇴근하지 못한다는 식으로 사태의 책임을 개인적 습관 탓으로 돌리곤 합니다. 달리 말해, 사회구조와 사회적 공동 책임, 사회의 집단심성, 또, 사회적 DNA가 바뀌어버린 우리 삶의 패턴 등, 이런 차원에 대한 근본적 문제제기를 않은 채, 단지 개인의 습관만 잘 고치라는 식은 아무런 해결책도 피질 않습니다.

두 번째는 '노동자는 늘 피해자'라는 관점입니다. 물론 틀린 말은 아닙니다. 노동자는 자본주의 노동세계에서 분명히 '피해자'이죠. 그런데 피해자라고 해서 늘 같은 자리에서 피해자로만 머물러 있을 수는 없지 않을까요? 하다 못해 도망이라도 가야죠. 아니면 적극 싸우든가요. 일례로 수 개월 내지 수 년 동안 회사가 장시간 노동 내지 과로를 지속적으로 (사실상) 강요할 때 이에 대해 '도무지 이렇게는 못하겠다'며 문제제기를 하거나 박차고 나오질 않고 크게 보면 대체로 순응하고 적응해왔습니다. 물론 저항하는 사람들도 있었지만 노동하는 사람 전체를 보면 지극히 일부에 불과하죠. 게다가 저항하는 사람들에 대해 보통 어떤 눈으로 바라보았죠? "기업을 망치는 자" 아니면 "국가경제에 해로운 일을 하는 자" 정도로 여기지 않았던가요? 남편이 노동자라면 부인은 '고생하는' 남편과 함께 가정을 위해 얼마나 헌신적으로 일했겠습니까? 개인적 차원에서는 성실이고 헌신이지만, 크게 보면 일중독을 강제하는 시스템에 모두 동참했다는 이야기죠. 그리고 이런 말도 하죠. '모든 사람이 하는데 나만 괜히 튈 필요가 있느냐'며, '남들도 그렇게 하고 있으니 나도 어쩔 수 없다'는 식의 태도. 이게 보통사람들의 모습이었죠. 이런 말을 하면 또 이렇게 말하기 쉽죠. '아니, 그렇게 살지 않으면 어떻게 살아? 이 냉혹한 세상에서.' 맞습니다. 바로 그게 문제라는 겁니다. 우리는 다른 방식으로 살아가는 대안을 생각지도 꿈꾸지도 않고 시도조차 못한 채 그저 근면, 성실, 헌신으로 사는 게 어쩔 수 없는 우리의 운명으로 받아들이고 있다는 이야기입니다. 바로 이런 자포자기의 태도야말로 피해자 의식 이상의 새롭고 건강한 사회의식의 형성을 가로막는 걸림돌이

강자 동일시

라는 사실을 우리는 알아야 합니다.

이런 면에서 노동자를 비롯한 사회적 약자들이 그냥 늘 '피해의식'에 젖어 '과잉노동의 일중독'에 빠져 살면 안 됩니다. 죽으나 사나 사회적 강자들이 시키는 대로 뼈빠지게 일만 한다면 이런 경쟁만능의 '팔꿈치 사회'에서는 돈중독·일중독의 덫 속에 갇혀 결국 스스로 스스로의 죽음을 앞당길 수밖에 없게 되기 때문입니다. 우리는 이런 삶의 현실을 직시해야 합니다. 우리 모두는 우리가 살아가고 있는 이 사회구조에 대한 우리 자신의 대응방식 자체를 냉정하게 성찰해야 합니다. 우리 대다수가 피해자이면서도 동시에 자신도 모르게 이 잘못된 체제를 유지하는 소극적 공범자이거나 적극적 공범자 그리고 때때로 공범자를 넘은 가해자가 되고 있다는 사실까지 같이 봐야 합니다. 잘못된 사회 시스템에게 모든 핑계를 대고 도저히 바꿀 수 없으니 그럴 바엔 차라리 더욱더 일하고 돈 벌어 모두가 부러워하는 '강자'가 되고자 하는 '강자 동일시' 심리가 '혹시 내겐 없나'를 스스로 반성하고 질문해보아야 합니다. 그래야 비로소 새로운 사회, 새로운 삶의 탈출구가 열립니다.

사회구조의 패러다임을 바꾸어야 한다

많은 사람들이 곧잘 이렇게 말합니다. 이 정도만 벌어서는 생활이 안 되기 때문에 어쩔 수 없다는 것입니다. 결국 모든 것은 돈에 달려 있다며 자꾸 돈 문제로 환원해서 생각합니다. 많은 노동자들이 이렇게 말하죠. "주말에 특근한 번 뛰면 아이들 학원비가 나온다." 실은 아이들과 얼굴 맞대고 알콩달콩 시간을 같이 보내는 게 더 소중한 행복인데, 학원비를 더 벌기 위해 시간을 노동에 더 쓰면서 심신이 서서히 망가지는 줄도 모르고 있는 거죠. 아니, 어쩌면 알면서도 "나 하나 희생하면 되지"라고 자포자기하면서, 가족을 위해 돈을 위해 휴일을 반납하고 일하는 것이죠. 그러나 막상 그렇게 학원을 더 보내서 소위 'SKY' 대학에 아이를 보내면 문제가 해결될까요? 자신은 힘겹게 일하며 사는 블루칼라 노동자이지만, 자식만큼은 화이트칼라로 계급 상승하기를 바라는 것, 바로 이게 우리 삶의 진정한 목적이라고 할 수 있을까요? 그건 아니겠지요. 서양의 아리스토텔레스를 빌리지 않더라도 누구에게나 삶의 목적은 돈이나 지위가 아니라 행복하게 사는 것입니다. 잘 아시다시피 인생살이, 지나고 보면 잠시죠. 금세 50대가 되고 금방 60, 70대가 됩니다. '노후'에 행복하게 산답시고 평생 심신이 탈탈 지치도록 노동에 끌려 다니다 보면 이미 젊어서 '노인'이 돼버리고 말죠. 아니면 겨우 노후를 좀 즐길까 하고 여유를 부릴라치면 기다렸다는 듯 꼭 그때 몸이 망가져 병원 신세 지기도 바쁩니다. 팔다리도 쑤시고 허리도 아프고 눈도 침침하고 말이죠. 가족을 위한 자기 희생이 자신의 건강마저 해치면서 결국은 가족의 행복을 가로막는 짐이 되는 것이지요. 그러니 젊을 때부터 평소에 아이들과 오붓하고 친밀한 시간을 더 나누며 삶의 재미를 느끼는 게 중요합니다. 이게 가능하려면 사회구조가 좀 덜 벌어도 많이 행복하게 살 수 있는 패러다임이 돼야 하죠. 그래서 이 새로운 패러다임을 함께 고민하지 않으면 밑도 끝도 없는 '시시포스의 노동'만 하다가 인생 다 끝납니다(시시포스는 그리스 신화에 나오는 인간으로, 신을 속인 죄로 무거운 바위를 언덕까지 밀어 올리는 일을 해야 했는데, 바위가 정상에 오르자마자 곧장 아래로 굴러 떨어지기에 그 힘겨운 노동을 부단히 반복해야 했다). 달리 말해, 계속 돈만 벌어 상위 기득권처럼 사는 걸 자기 삶의 목표로 삼는다면 우리네 삶에는 결코 답이 없습니다. 시중에 떠도는 비유를 하나 더 붙인다면 "MB를 부러워하면 MB처럼 사는 게 아니라, MB의 노예가 될 뿐이다"는 것입니다. 실패하면 비참하게 살 것이기에 그게 두렵고, 설사 성공하더라도 삶의 깊은 의미를 몰라 공허감만 가득해 결국은 불행해집니다. 그러니 돈이나 지위가 아니라 삶의 의미를 찾으며 순간순간을 소중히 행복하게 사는 게 정답입니다. 다만 그렇게 개인들이 살아가도 낙오하지 않고 불편하지 않도록 사회구조를 잘 디자인하는 게 우리 모두의 과제라는 것을 잊지 않으면 좋겠습니다.

삶을 망가뜨리는 '강자 동일시'의 심리

제가 일중독 문제를 해결하기 위해 중요하다고 생각하는 10가지 포인트는 다음과 같습니다.

우리에게는 자신은 승자가 아니면서도 꼭 승자 편에 서서 마치 승자가 된 것처럼 행동하고, 또 반드시 승자가 되어야 한다고 믿는 경향이 있습니다. 이런 태도는 성공에 대한 집착과 함께 '강자 동일시'로 발전합니다. 약자가 노력 끝에 승자 집단에 들기만 하면 보상이나 받으려는 듯 '악랄한 강자'가 되어 이제는 반대로 약자를 아주 무시하고 억압합니다. 사실, 우리 사회에서 부자 숭배 심리나 권력자 숭배 심리가 강한 것도 이 '강자 동일시' 심리에서 나온 겁니다. 이 '강자 동일시' 안에는 개인적 차원과 사회적 차원이 모두 들어 있습니다. 개인적으로는 강자를 숭배하고 복종하며 추구하는 심리가 있고, 사회적으로는 체제 경쟁에서 승리한 것처럼 보이는 자본주의 시스템을 당연시하며 자본주의가 영원할 거라고 믿는 심리가 있지요.

잘 들여다보면 모든 '강자 동일시'의 밑바탕엔 두려움fear이 있어요. 죽음의 두려움, 배제의 두려움, 탈락의 두려움 등이죠. 왜 그럴까요? 삶에서 맞닥뜨린 온갖 종류의 거대 폭력 때문이죠. 예를 들어 6·25 한국전쟁, 제주 4·3, 광주 5·18 민주화운동, IMF 외환위기, 세월호 참사 같은 한 개인을 넘어선 역사와 사회체제의 구조적 폭력들이지요. 개인으로서는 도무지 감당할 수 없는 폭력이죠. 그런 폭력의 경험과 그로 인한 마음의 상처는 트라우마trauma로 고정됩니다. 이 트라우마가 고정되면 언제 어디선지 꼭꼭 숨어 있다 갑자기 나를 덮쳐 내 삶을 파괴하고야 말 '두려움의 괴물'이 늘 우리를 괴롭힙니다. 죽음, 탈락, 배제, 루저 등에 대한 공포, 이걸 회피하려는 심리적 전략이 '강자 동일시'로 나타나는 것이죠. 1등 강자를 따르면, 1등 강자가 되면, 그 역사의 폭력을 피해 살아남을 수 있거든요. 아니 있을 것 같거든요. 그래서 우리는 늘 '1등 강박증'인 '강자 동일시'에 빠져 살게 됩니다.

첫째, 한국 사람들은 일중독에 빠져 있다,

과로하는 경향이 있고, 과로사의 위험이 매우 높는 것을 인정하자.

한국인은 OECD 회원국 평균보다 1년에 약 300시간 이상 더 일하고 있고, 일하는 시간이 가장 적은 네덜란드나 독일보다는 무려 600시간 이상 더 일합니다. 심지어 '과로사'라는 국제 공인 용어까지 만들어낸 일본조차 지금은 한국보다 연간 200시간 적게 일합니다. 물론 이건 통계상으로 말하는 건데, 실제 현실엔 차이도 있고 당연히 업종별, 개인별 차이도 있긴 합니다. 그럼에도 과로사의 원조 나라보다 더 심하게 일하는 나라가 바로 대한민국이라는 것, 이건 정말 심각하게 생각하고 진지하게 인정해야 합니다.

둘째, 과로의 원인은 무엇인가?

그것은 개인적 차원과 조직적 차원, 기업적 차원, 그리고 사회적 차원으로 나누어볼 수 있습니다. 어느 한 가지 차원만으로는 설명이 충분히 안 된다는 이야기죠. 달리 말해, 너 나 할 것 없이 온 사회가 공동의 문제의식을 갖고 공동의 책임감을 공유해야 비로소 해결의 실마리라도 잡을 수 있다는 이야깁니다.

승자에 대한 부러움과 탈락에 대한 두려움,
또는 인정욕구

셋째, 과로의 개인적 원인은 무엇일까?

우선 생활비가 부족하고, 상사나 주변으로부터 인정받고 싶은 마음과 연관이 되죠. 또, 이미 우리가 태어났을 때는 '경쟁사회' 속이었고, 갈수록 이 경쟁이 치열해지니 그에 대해 우리는 별다른 대응도 못한 채 비판 없이 사회적 경쟁을 스스로 내면화한 것도 문제죠. 그래서 그 경쟁이란 게임 자체를 문제 삼기보다는 경쟁에서 우위를 차지하고자 하는 목표를 우리 모두가 당연히 가져야 하는 신념으로 받아들이고 있지요. 또한 우리는 승자에 대한 부러움과 더불어 탈락에 대한 두려움도 함께 갖고 있습니다. 과로 문제엔 분명 개인적 차원과 사회적 차원이 뒤섞여 있지만, 일단 개인적 차원을 보면 방금 말한 이유들로 과로하게 된다는 겁니다. 그래서 심리학자 알프레드 아들러가 말한 '미움 받을 용기', 이게 필요합니다. 생각해보면 우리는 남에게 미움 받을까 봐 상당한 두려움에 시달리고 있죠. 그러다 보니 내 마음과 달리 움직이게 되죠. 직장에서 과로하는 이유도 동료나 상사에게 '미운털 박힌' 꼴이 되지 않으려는 몸부림인 경우가 많죠. 그렇게 한 10년 살다 보면 심신이 다 탈진되고 말죠. 이 용기 없는 상태가 곧 우리로 하여금 과로를 하게 만드는데, 그 밑바탕엔 타인으로부터 인정받고 싶고 칭찬받고 싶고, 그래서 '모범근로자상'을 받고 싶은 욕구가 깔려 있지요. 운이 좋아 '모범근로자상'을 받고 승진하는 순간 우리는, 자기처럼 '모범적으로' 죽어라 일만 하라고 타인에게 강요하고 명령하고 평가합니다. '미움받을 용기'가 1도 없는 우리 자신 스스로가 '강자 동일시'

에 빠져 자기도 모르는 사이 타인에게 '미움받을 용기'를 가진 상사가 되어버리는 거지요. 불행히도 그렇게 모범적인 사람일수록 자기 수명에 비해 더 빨리 돌아가실 가능성이 높아집니다. 안 죽으려 해도 때가 되면 다 가실 텐데, 굳이 서둘러 가실 필요는 없지 않을까요?

상류사회를 향한 내 등급 올리기 경쟁

넷째, 과로의 조직적 원인은 무엇인가?

우리 모두가 기본으로 당연시하는 기업들의 인사관리, 인적자원 관리의 결과죠. 사람을 인격체가 아니라 노동력으로 보는 '인적자원'이라는 개념 자체가 이미 과로의 싹을 안고 있다고 봐야죠. 마치 물적 자원인 기계가 쉬지 않고 일을 하듯, 인적자원 역시 끊임없이 일해야 하는 자원과 수단으로 보기 때문이죠. 부끄럽게도 대부분의 대학 경영학과에서 이런 걸 가르치고 온 사회가 내면화하도록 앞장서고 있지요. 그래서 조직의 경쟁력과 생존력을 높이려면 가능한 한 인건비는 줄이고 성과주의 인사제도를 도입해 빠릿빠릿 일 잘하고 말 잘 듣는 자들만 살아남아야 한다고 가르치죠. 그 와중에 상사가 퇴근하지 않으면 부하도 일을 하는 척하는 눈치보기 문화나 각종 차별의 구조와 상대적 박탈감 같은 게 조장되다 보니, 사람들이 자기도 모르는 사이 과로에 내몰리는 현실이 되고 말았습니다. 회사를 떠나 집에 가도 TV 같은 데서, 아니면 길거리나 지하철에서조차, 가령 '이런 집에 살아야, 이런 자동차를 타야 당

강자 동일시

신의 품격이 올라간다'는 식의 광고나 선전, 마케팅 전략들이 홍수처럼 쏟아지죠. 이런 걸 우리가 무비판적으로 받아들이다 보면, 끊임없이 상류사회나 상류계급으로 나의 등급을 올리기 위한 경쟁에 빠지게 되죠. 기업들은 이런 걸 전략적으로 조장합니다. 그리고 나라와 나라 사이는 물론이고 한 사회 안에서도 각종 격차의 사다리가 많아질수록 사람들은 끊임없이 상대적 박탈감에 젖게 되지요. 사람들은 '내면의 만족'을 모르고 언제나 상대방과 비교·경쟁하면서 오로지 위로만 올라가려는 게임을 그것도 죽도록 합니다. 죽도록 하니, 이게 과로사로 치닫게 되는 거죠. 모든 생존경쟁 게임의 끝은 죽음입니다. 이 빤한 사실을 우리는 늘 '현실'이라는 이름 아래 한사코 회피하면서 살죠. 사실, 현실도 두 가지가 있어요. 하나는 적응해야 하는 현실이고, 다른 하나는 변화해야 하는 현실이죠. 그러니까 우리가 여기서 머리를 맞대고 모인 것도 아직 살아 있을 때 오늘 우리도 모르는 사이 우리를 죽음으로 내모는 이 현실, 바로 '죽음의 게임이란 이 현실'을 종식시키자고, 그래서 죽기 전에 좀 '제대로 사는 새로운 현실'을 만들어보자는 이야기를 하기 위해서가 아닌가요?

다섯째, 과로의 사회적 원인은 무엇일까?

근면·성실이라는 이데올로기에 있다고 봅니다. 물론 근면·성실이란 말은 아주 좋은 말이죠. 부지런함과 착실함, 꾸준함, 책임성 등과 같은 태도는 우리가 살아가는 데 꼭 필요한 자질임이 분명합니다. 그러나 이것이 일상적인 삶의 태도가 아니라 지배 이데올로기가 되어 삶의 다른 측면과 균형을 이루지 못하면, 그게 곧 자본의 논리로 둔갑합니다. 돈벌이를 위한 근면, 성실일 뿐, 행복한 삶을 위한 근면, 성실이 아니란 말입니다. 오히려 돈벌이를 위한 근면, 성실로만 치닫다 보면, 삶 자체가 망가지는 게 정직한 현실이거든요. 갈수록 우리 삶의 경제 의존도가 심화하고, 빈부격차가 벌어지면서 우리 모두는 자신도 모르게 점점 더 돈을 중심으로 일중독과 소비중독이란 이름의 두 수레바퀴에 끌려가게 됩니다.

약자를 무시하는 '겨우 끄트머리 강자가 된 약자'

이 과정에서 '강자 동일시' 심리가 전체적으로 확산합니다. 경쟁구조에서 이긴 승자 혹은 강자와 자신을 동일시하는 거죠. 자신은 승자가 아니면서도 꼭 승자 편에 서서 마치 승자가 된 것처럼 행동하고, 또 반드시 승자가 되어야 한다고 믿는 겁니다. 이런 태도는 성공에 대한 집착과 함께 '강자 동일시'로 발전합니다. 약자가 노력 끝에 승자 집단에 들기만 하면 보상이나 받으려는 듯 '악랄한 강자'가 되어 이제는 반대로 약자를 아주 무시합니다. 사실, 우리 사회에서 부자 숭배 심리나 권력자 숭배 심리가 강한 것도 이 '강자 동일시' 심리에서 나온 겁니다. 이 '강자 동일시' 개념 안에는 개인적 차원과 사회적 차원이 모두 들어 있습니다. 개인적으로는 강자(부자나 권력자)를 숭배하고 복종하며 추구하는 심리가 있고, 사회적으로는 체제 경쟁에서 승리한 것처럼 보이는 자본주의 시스템을 당연시하며 자본주의가 영원할 거라고 믿는 심리가 있지요. 제 스승인 홀거 하이데Holger Hide 교수와 제가 함께 쓴 『중독의 시대』란 책에 좀 더 이론적인 설명이 나옵니다. 이 '강자 동일시'의 밑바탕엔 두려움fear이 있어요. 죽음의 두려움, 배제의 두려움, 탈락의 두려움 등이죠. 왜 그럴까요? 온갖 종류의 폭력 때문이죠. 예를 들어 6·25 한국전쟁, 제주 4·3, 광주 5·18 민주화운동, IMF 외환위기, 세월호 참사 같은 한 개인을 넘어선 역사와 사회체제의 구조적 폭력들이지요. 개인으로서는 도무지 감당할 수 없는 폭력이죠. 그런 폭력의 경험과 그로 인한 마음의 상처는 트라우마trauma로 고정됩니다. 이 트라우마가 고정되면 언제 어디선지 꼭꼭 숨어있다 갑자기 나를 덮쳐 내 삶을 파괴하고야 말 '두려움의 괴물'이 늘 우리를 괴롭힙니다. 죽음, 탈락, 배제, 루저 등에 대한 공포, 이걸 회피하려는 심리적 전략이 '강자 동일시'로 나타나는 것이죠. 1등 강자를 따르면, 1등 강자가 되면, 그 역사의 폭력을 피해 살아남을 수 있거든요. 아니 있을 것 같거든요. 그래서 우리는 늘 '1등 강박증'인 '강자 동일시'에 빠져 살게 됩니다.

지난 60년 이상 경제개발 과정에서 온 나라가 강대국, 선진국, 1등 국가 같은 개념에 매달렸지요. 안 되면 하다못해 축구라도 1등 하자면서 월드컵 같은 것에 열광적으로 환호했죠. 원래 스포츠는 재미와 친선이 핵심인데, 이게 자본과 권력의 패러다임에서는 강자 동일시 심리를 강화하는 도구로 변질됩니다. 그래서 무슨 일에서든지 '대한민국 최고!'라는 식의 정서적 집단주의 강박이 우리를 뒤덮고 있지요. 스포츠까지도 포함하여, 1등 강자가 되어야만 살아 남는다는 '공포에 근거한 강자 동일시'는 지금 우리 사회를 이끄는 동력이면서 동시에 커다란 재앙이 되고 있습니다. 왜냐하면 이 '강자 동일시'가 개인적, 조직적, 국가적 차원 에서 우리의 삶을 전 방위적 과로와 일중독으로 몰고 가는 사회적 조건이 되기 때문입니다.

결국 오늘날 우리 사회는 '일중독을 권하는 사회'가 됐 죠. 이 '권한다'는 측면에서 보면 국가사회가 일차적 책임 이 있어요. 그다음은 내가 이것을 받아들일 것인가, 말 것 인가? 하는 측면에서 개인에게도 이차적 책임이 있어요. 그 이차적 책임 그리고 어떤 의미론 최종적인 책임 즉 '일 중독을 받아들일 것인가, 거부할 것인가'에 대한 선택의 자 유와 책임은 바로 나 자신에게 있습니다. '일중독을 권하는 사회'가 문제라 하면서, 스스로는 일중독 사회를 고칠 의지 도 내비치지 않은 채, 그 책임을 무작정 사회에게만 미룬 다면 늘 현상 유지일 뿐 갈수록 상황은 더 나빠지죠. 바로 우리가 경험해온 지난 시간들이 그걸 증명합니다.

'나 홀로인 나부터'가 아니라, '더불어, 함께인 나부터' 잘못된 사회 현실을 고치는 출발점이 되어야 합니다. 늘 '나부터' 시작해야 한다는 책임의식을 예리하게 하는 일이 죠. 더하여 '나 홀로'가 아니라 나와 '더불어' 동지나 동료, 다수의 시민들이 '함께' 나서지 않으면 안 된다는 점도 강조하고 싶습니다.

무사유는 스스로를 죽인다

여섯째, 그토록 수많은 문제제기가 있지만 그럼에도 과로사회가 쉽게 고쳐지지 않는 것은 왜 그럴까요?

그것은 전 사회가 '강자 동일시'에 빠져 '성공을 향한 일중독'에 대하여 '집단적 불감증'을 겪고 있기 때문입니다. 한나 아렌트가 말한 '악의 평범성'을 기억하실 겁니다. 나치 하에서 수백만 명의 유대인을 죽이는 데 앞장섰던 아이히만이 숨어 살다가 붙잡혀 전범 재판을 받았습니다. 그런데 아렌트가 그 재판 과정을 자세히 들여다봤더니, 아이히만이란 자가 특별한 괴물이나 기괴한 야수가 아니었죠. 그는 지배자(나치)가 시키는 일을 맹목적으로 수행하는 '강자 동일시'에 빠진 일벌레였습니다. 그저 '강자'가 되고 싶어 주어진 일을 죽어라 열심히 일하는 조금 뛰어난 평범한 사람에 불과했습니다. 아이히만 그는 근면·성실하게 그저 상사의 명령에 복종하다 보니 그렇게 됐다는 거죠. 어디서 많이 듣던 얘기 아닙니까? 우리 사회에서 공무원은 물론 민간 기업 노동자조차 근면, 성실로 과업 지시에 따랐을 뿐, 내가 일부로 나쁘게 하려고 한 건 없다, 우리가 흔히 듣는 이런 논리 말이죠. 물론 아이히만의 범죄적 사건과는 다른 차원의 문제이지만요. 하지만 일중독이나 과로사 문제는 우리가 이 문제에 대한 비판적 시각을 갖고 행동하지 않는다면, 결국 우리 자신이 자신을 죽이는, 우리 스스로가 일중독과 과로사의 집행위원이 되고 마는 꼴입니다. '악의 평범성' 문제를 이렇게 일중독, 돈중독이나 과로사 문제와 관련해 생각해보면, 문제의 장본인은 자본이고 그 심리적 배경은 '강자 동일시'이지만 문제 해결의 출발점은 바로 우리 자신이라는 깨달음에 이르게 됩니다.

무사유無思惟, 생각 없는는 스스로를 죽인다

흔히 "별 생각 없이 열심히 일만 하다 보니 갑자기 쓰러져 죽었다"고 합니다. 과로사의 경우 많은 경우 유족이 그렇게 말하고는 하지요. 바로 그러니까 우리가 평소 '별 생각'도 하면서 살자는 이야깁니다. '사고의 부재不在가 사고 뭉치를 부른다.' 저는 이렇게 표현하고 싶네요.

먼저 우리는 우리 사회가 얼마나 일중독에 빠져 있는지를 공론화하는 작업을 해야 합니다. 눈만 뜨면, 좋은 데 취직해야지, 돈 많이 벌어야지, 이렇게 생각하고 말하고 행동하는 것 자체가 이미 우리 사회가 일중독 사회라는 점을 반영하면서 동시에 일중독을 부채질하는 것입니다. 인사말도 '부자 되세요'가 됩니다. 오로지 살아남기 위해 '강자 동일시'에 빠진 채로 생각 없이 살면 살수록 '위로 위로' '돈'만 생각하게 됩니다. '돈'만 생각할수록 경쟁은 더욱 치열해지고 살인적이 되어 자기 자신도 모르는 사이에 '일중독'에 빠져 급기야는 스스로를 죽이는 데에 이릅니다. 정말이지 '살자고' 하는 일이 '죽자고' 하는 일이 되는 겁니다. '사고의 부재가 사고뭉치를 부르고' 말았죠. 박근혜, 이명박이란 두 전직 대통령이 (정치적 이념이나 철학이 달라서가 아니라) 돈중독에 물든 국정문란으로 감옥에 있다는 사실, 그것은 바로 우리들 자신의 슬픈 모습 그리고 우리 사회의 부끄러운 반영인 것입니다. 두 분 대통령만이 아니라 우리들 모두 역시 '강자 동일시'에 빠져 있지요. 그저 상류층의 되고 싶어, '남 보기 좋은' 남이 부러워하는 강자가 되고 싶어 돈 앞에 비굴해지고 돈이면 '사족을 못' 쓰지요. 모두가 돈중독으로 그리고 그 '돈'을 위한 일중독으로 스스로를 망치죠. 횡단보도를 건너갈 때 여유롭게 걷다간 딱 사고나기 십상입니다. 오죽하면 외국인들이 한국인을 보고 '빨리빨리'라고 인사를 하겠어요? 모든 것을 빨리빨리 처리해야 한다고 믿는 조급증도, 경쟁을 하면 무조건 1등해야 한다는 강박증도, 우리가 옳다고 믿는 근면과 성실의 이데올로기도, 그 밑바탕에 깔려 있는 우리 안의 '강자 동일시'를 비판적으로 성찰해야 합니다. '강자 동일시'는 가정과 학교, 일터 그리고 온 사회에 마약같이 퍼져서, '우리 모두를 죽음으로 몰아가는' 돈중독, 일중독의 뿌리가 되고 있는 것입니다. 그래서 맹목적인 '강자 동일시'의 집단불감증을 반드시 깨야 합니다. 그래야 비로소 제대로 살 수 있습니다.

진실을 직시하지 못하게 하는 '불행한 역사'의 트라우마
일곱째, '강자 동일시'와 돈중독, 일중독, 이 모든 중독

이 당연시되는 우리 사회의 심층적 뿌리는 무엇인가?

그것은 근대화 과정에서 역사적으로 경험한 집단 트라우마와 두려움에 있습니다. 역사적으로 보면, 1890년대 동학혁명의 실패와 좌절이 결정적으로 우리의 근현대사를 '비틀린 역사' '불행한 역사'로 만들었다고 저는 생각합니다. 그 기저엔 봉건적 지배구조의 타락과 대안적 세력형성의 부재가 있죠. 자신들의 계급적 이익을 지키는 데 급급했던 양반계급은 현대식으로 무장한 일본군 200여 명을 끌어들여 우금치에서 동학군을 궤멸시키지요. 결과적으로 동학운동이 실패하고, 우리나라는 외세에 침탈을 당했습니다. 40년간 일제 강점기를 거쳤고, 또 해방 후에도 미군이 들어와 3년간 군정을 실시했습니다. 분단과 6·25 이후 2021년 지금까지도 여전히 미군(약 2만 8,500여 명)이 한국에 있고, 미군이 철수하면 우리가 죽는 줄 아는 사람들이 정말 대부분이죠. 1950년대 한국전쟁과 그 이후 좌우대립, 그리고 1960년대 이후 경제개발 과정에서 박정희, 전두환, 노태우 (군사)독재의 억압을 당하면서 말 한마디 잘못했다가 숱한 사람이 죽어가는 모습을 지켜봤습니다. 아직도 해명되지 못한 그 많은 의문사들을 보세요. 이 모두가 '현재도 진행되고 있는 오래된 사회적 폭력'이죠. 이런 사회적 집단 폭력의 경험 때문에 우리들은 항상 어떤 두려움에 빠져 살아가죠. 그래서 역사적 진실 또는 사회적 진실에 대해 솔직하게 말하고 토론하는 걸 트라우마처럼 늘 두려워합니다. 그래도 1987년 민주화 이후 많이 변해, 청와대 같

강자 동일시

은 정치권력에 대해서는 사뭇 누구나 자유롭게 비판하고 있습니다. 광화문 네거리 한복판에서 국민이 선출한 대통령에게 '빨갱이'라고 수천 군중을 모아놓고 '쌍욕'을 해대도 아무렇지도 않은 세상이 되었지요. 하지만 보다 센 일상의 살아 있는 권력, 즉 자본권력, 사회권력, 문화권력은, 이상하게도 우리들 스스로 비판하고 건드리는 것 자체를 두려워하고 회피하는 것 같아요. 정치권력에 저항하는 것은 1980년 광주항쟁부터 치더라도 이제 그 역사가 40년이나 되었으니 그렇게 두렵진 않아요. 온 지구인이 놀란 민주적이고 평화적인 '촛불혁명'을 보면 정말이지 뿌듯하고 놀라운 세계사적 민주화의 성과이지요. 하지만 정치권력이 민주화되고 합리화될수록 그 정치권력은 약해지고 작아지는 데 반해 자본권력과 사회권력, 그리고 문화권력 같은 일상의 생활권력은 소리소문 없이 더욱더 강해지고 커져 '권력 전체'에 대한 근원적 문제제기가 복잡하고 어렵게 되어갑니다. '강자 동일시' 심리에 빠진 우리는 민주화로 약해진 정치권력 대신 등장한, 정치권력보다 훨씬 강한 '자본경제권력과 지식문화권력의 동맹'에 당황하면서 침묵하게 되지요. '독재와 가난'으로 얼룩진 북한에 대한 공포와 혐오, 그리고 '팍스 아메리카'의 세계질서를 배경으로 한 우리의 보수적 이데올로기는 '돈과 가방끈'의 결합으로 오히려 '민주화 이후 민주주의' 시대에서 더욱 새롭게 강화되고 성장했지요. 그리하여 나이와 성별에 관계없이 '성공하고 배운 사람들'일수록 자본경제권력과 지식문화권력 동맹인 지배구조에 대한 비판적 접근은 하질 않지요. 자신들이 속한 계층의 '계급이익'에 도움이 되지 않아서도이지만 신자유주의와 자본주의는 질문할 필요없는 우리 삶의 당연한 전제와 기초라고 생각하고 받아들이고 있기 때문이죠. 그리하여 이제 '강자 동일시'와 돈중독, 일중독은 오늘 우리의 운명이 되어버렸습니다.

'돈중독' '일중독'을 말하는 것은 여유 있는 사람의 헛소리인가?

사람들은 제가 '일중독'에 대해 문제제기를 하면, 이렇게 말해요. "일중독? 어디 나도 중독될 정도로 일을 실컷 하고 싶다." "일중독을 벗어나자고? 일거리도 없는데, 무슨 중독이고 무슨 해방 같은 헛소리냐?" 이런 식이죠. 그러니까 우리 사회엔 '나는 일을 많이 하고 싶다.' '일을 해야 마음이 편하다.' '일을 해야 사람 사는 것 같다.' '일하지 않으면 먹지도 마라.' 같은 정서가 전반적으로 깔려 있는 셈이죠. 이런 풍토를 낯설게 보려는 시도 자체가 낯설지요. 그래서 비판적으로 성찰하고자 하는 태도 자체를 비판하지요. "나도 일을 적게 하고 휴식을 많이 취하고 인생을 좀 여유롭게 살고 싶다. 하지만, 현실은 아니지 않느냐? 당신이 더 잘 알면서 왜 그러느냐?"

한편 노동자 운동은 어떤가요? 실은 노동조합 역시도 일중독, 돈중독에서 그리 자유롭진 않습니다. 1990년 전노협에서 시작해서 1995년 민주노총이 처음 설 땐 '노동해방'이란 구호가 많았죠. 약 30년 지난 지금은 오히려 '노동 중독'이 우리의 현실입니다. 왜 그럴까요? 아까 말씀드린 권력과 자본의 폭력과 트라우마, 두려움과 동일시 메커니즘 때문입니다. 그동안 인간답게 살자고 '인간다운 사회'를 위해 저항한 분들이 꽤 많아요. 정말 독재정권과 목숨 걸고 싸웠죠. 굶주리고 쫓기면서도 힘겹게 말이죠. 그러나 저항에 저항을 거듭해도 현실은 절벽이고, 그렇게 저항을 하다가 극한 탄압을 받으면서 좌절하고 절망하고 때로는 자살하기도 하고 암으로 죽기도 하고요. 그런 일들이 허다하니까 같이 투쟁하는 사람들, 또 옆에서 지켜보던 사람들, 심지어 그런 투쟁에 반대하던 사람들에게조차 알게 모르게 공포와 절망의 트라우마가 깊게 새겨졌어요.

너무나 강력한 '강자 동일시' 심리

그래서 어떻게 되나요? 초지일관 저항하는 분들은 완전 주변부로 내몰리고, 대다수의 저항자들 역시 '강자 동일시' 심리에 포섭되고 맙니다. "저항해도 별로 바뀌지 않아. 결국은 나만 손해야. 그러니 입 다물고 작은 개선이라도 있으면 만족하고 그냥 소시민으로 사는 게 나아. 만일 온 사회가 촛불광장에서의 촛불들처럼 나서면 나도 기꺼이 동참하겠어. 하지만 내가 굳이 먼저 나서진 않을래." 이런 심리가 확산되죠. 그리고 '급격한 변화보다는 점진적인 개혁을 통해 조금씩 나아지는 게 더 낫겠어. 사실, 지금 시스템에선 일을 안 하면 돈이 없어 온 가족이 굶어 죽어야 하잖아. 그러니 별 수 없지 뭐.' 이런 생각과 태도들이 조건반사하듯 즉각적으로 튀어나오는 것은 바로 트라우마와 두려움 때문이죠. 결국 그 결과는 '강자 동일시'로 나타나고요. 2016~2017년의 촛불혁명조차 이 '강자 동일시'의 패러다임을 전혀 넘어서진 못했다고 봅니다. 청와대로 상징되는 정치권력에 대해서만 어느 정도 비판적 성찰이 이루어졌지만, 자본경제권력과 지식문화권력의 동맹에 대해선 그 어떤 비판도 제대로 시도조차 되질 않았지요. 여전히 갈 길은 멀고 멀어요.

잘 가요, 트라우마!

'트라우마'와의 과감한 결별

저는 돈중독과 일중독, 이 모든 문제의 출발점을, 나도 모르는 사이에 내 뼛속 깊이 각인된 트라우마와 두려움, 그리하여 모두가 빠진 '강자 동일시'에 있다고 봅니다. 따라서 이 문제를 제대로 해결하려면 단지 민주적인 제도 몇 가지를 구축하는 정도를 넘어서야 합니다. 우리 자신의 집단 트라우마를 솔직하게 들여다보면서, 내가 빠져 있는 '강자 동일시'를 넘어 무엇이 바람직한 인생이고, 무엇이 진정한 행복이고, 무엇이 내가 정말 하고 싶어하는 일인지를 성찰해야 합니다. 무엇보다 먼저 우리 스스로 우리들 삶의 사회적 경제적 기초인 자본, 화폐, 상품, 노동 등에 대한 정신적 해방부터 이뤄야 합니다. 구체적으로, 내가 이 일을 통해 진정으로 사회에 기여하는지, 아니면 돈벌이 때문에 누가 죽던지 말던지 사회가 망가지고 자연이 파괴되는지와 관계없이 일단 돈부터 벌고 보자는 식으로 돈벌이 게임에 말려들고 있지나 않은지를, 아니 그보다도 더 먼저 이 모든 돈벌이 게임과 일중독 게임이 내가 젖어 있는 나의 '강자 동일시' 때문이 아닌지를, 그리고 이 '강자 동일시'가 나를, 내가 사랑하는 '나다운 나'가 아닌 남이 부러워하고 '남의 시선에 맞춰진 강자'로, 즉 '껍데기 나'로 만들었는지를 끊임없이 되물어봐야 한다는 겁니다. 내 마음과 정신이 먼저 자본으로부터 해방되어야 온 사회의 해방도 가능하겠죠.

2017년 촛불혁명 과정에서 흥미로운 메모가 발견되었죠. 박정희 독재 시절과 박근혜 정부 시절을 관통하며 무소불위의 권력자 자리를 차지했던 김기춘의 메모장에 이런 기록이 나왔습니다. "야간의 주간화, 휴일의 평일화, 가정의 초토화, 라면의 상식常食화." 제가 문고리 권력이나 적폐 문제를 말하려는 게 아닙니다. 이 모두 '일중독'의 징후란 얘기죠. 그 바로 뒤엔 '돈중독'이 깔려 있고요. 국가를 운영한다는 핵심 지배세력이 이런 메모와 정신을 공유하면서 역으로 온 사회 구성원에게 일중독 시스템에 동조하도록 강요하고 있다는 이야기죠. 그렇게 해서 온 사회의 단물을 위쪽으로 뽑아 올리기 위해 아래쪽에 있는 노동자들에게 끊임없는 과로와 장시간 노동을 강요해왔습니다. 1등이 되어야 한다고, 살아남을 경쟁력이 있어야 한다고, 그럴려면 끊임없이 일하고 또 일해야 한다고, 그렇게 견디고 또 견뎌 '강자'가 되는 것, 그것이 사회도덕이며 정의라고 말했지요. 누가 그랬나요? 권력자들이 숨겨진 완장을 두른 채 앞장을 섰고, 그 뒤엔 재벌과 언론이, 그리고 이 모든 것의 바탕엔 자본이라는 '신'이 있었죠. 말과 글을 사용한 숱한 미디어로 때론 교육과 입시제도로 또 입사시험과 고시제도로 온 국민을 세뇌시키고 마비시키는 것이지요. 아마도 그들은 밤이면 밀실에서 만나 술 잔치, 돈 잔치를 벌렸을지도 모릅니다. 10·26사태의 '궁정동 안가' 같은 군사독재 시절의 그 숱한 '안전가옥' 밀실을 생각해보세요. 그곳에서 밤마다 어떤 일들이 꾸며지고 일어났는지를 짐작해보세요. 어제도 지금도 우리가 살아가는 이 사회의 암울한 모습이죠. 조금 과장되었다고 하더라도 이런 모습이 〈내부자들〉이란 영화에 나옵니다. 정치와 금융, 언론과 재벌, 검찰과 조폭의 연합체제가 사실상 이 나라를 막후에서 좌지우지한다는 이야기죠. 〈내부자들〉, 영화 제목 그대로 '내부자들'의 '이데올로기 춤사위'에 우리 사회 전체가 휘둘리고 있는 것은 아닌지요.

저는 깨어 있는 국민과 민주정부의 지속적인 개혁과 노력으로 상당부분 정치적 민주화가 이루어졌다 해도, 이 '강자 동일시'에 빠진 자본, 상품, 화폐, 노동의 문제, 특히 '제1의 살아 있는 권력'이 되어가고 있는 자본경제권력과 지식문화권력의 동맹을 근원적으로 극복하지 못하면 여전히

강자 동일시

일상생활과 노동의 세계, 즉 우리의 삶의 세계는 죽음과 암투성이가 되지 않을까 하는 우려를 심각하게 갖습니다.

얼마나 벌어야 충분한가

여덟째, 따라서 현재의 일중독 사회를 미래의 행복사회로 근본 혁신하려면, 사회적 '일중독 근절 운동'이 일어나야 합니다. 행복사회는 삶의 양이 아니라 삶의 질을 중시하는 사회입니다. 삶의 질이 뭔가요? 크게 네 가지의 차원이 있습니다. ① 개인 차원: 심신건강을 챙기고, 가정과 직장의 균형을 잡는 것입니다. ② 관계 차원: 서로 존중하고 평등한 관계를 회복해야 합니다. ③ 사회 차원: 경쟁 아닌 연대를 중시하는 공동체를 만들어야 합니다. '근로의 미덕'이 지닌 긍정적 측면을 인정하더라도 그것이 이데올로기화해서 우리를 짓누르는 상태를 지양해야 합니다. 성과 경쟁 지상주의를 극복해야 하고, 그를 위해서라도 주거, 교육, 의료, 노후 문제를 사회 공공성 차원으로 풀어내는 사회구조 변화가 있어야 합니다. ④ 지구 차원: 건강하고 조화로운 생태계를 지켜야 합니다. 잘살기 경쟁 속에 '삼천리 금수강산'을 오염강산으로 만든 잘못을 반복해선 안 된다는 이야깁니다. 이런 네 가지 차원의 삶의 질을 고양해야 비로소 우리는 일중독에서 자유롭게 됩니다. 쉽진 않지만, 이런 방향으로 나아가야 합니다.

행복사회 사람들의 특징은 충분함의 미학'을 아는 것이라고 합니다. "이 정도 일하고 벌면 됐으니까 좀 쉬었다 하자"는 거죠. 그런데 우리 사회엔 이 '충분함'의 개념이 없습니다. 벌어도 벌어도 끝이 없습니다. 늘 불안하니까 언제까지 벌어야 하는지 모릅니다. 그러다 누적된 과로로 병이 생기고 요양병원 같은 데서 홀로 외롭게 죽는 거지요.

온 세계가 어려웠던 1930년대에 J. M. 케인스는 사람들에게 희망을 주기 위해 「손자 세대의 경제적 미래」라는 글을 썼습니다. 그 내용의 핵심 중 하나는 그의 손자손녀 세대, 즉 2000년대 무렵이 되면 사람들이 하루에 서너 시간만 일해도 되는 사회가 될 것이라 내다본 것입니다. 그러나 2021년 오늘의 현실은 케인스의 기대와는 전혀 반대로 나아가고 있습니다. 한편에선 과로와 장시간 노동이, 다른 편에선 실업과 고용불안이 우리를 짓누르고 있습니다. 왜 그럴까요? 스키델스키 부자父子가 쓴 책 『얼마나 벌어야 충분한가?How Much is Enough?』에서는 "사람들이 충분함을 잊어버렸다. 충분함을 모른다"고 지적하죠. 많은 사람들이 성공을 향해 돈을 향해 끊임없는 상승 경쟁을 하고, '강자 동일시'에 빠진 채로 일중독과 돈중독 속에서 나의 가치를 찾으려 하다 보니 충분함의 느낌을 상실하게 되었다는 거지요. 그것은 자본주의가 요구하는 끊임없는 경쟁 속에서 인간적 품격과 향기, 내면의 평안과 행복의 가치를 잃어버렸기 때문이지요. 우리는 이 불편한 진실을 정직하게 인정해야 합니다. 그때 비로소 변화의 시작이 가능해집니다.

'충분함'의 윤리와 '불평등'의 해소

아홉째, 일중독 근절을 위한 필요조건으로는 '충분함'의 윤리와 더불어 사회구조적 '불평등' 해소가 급선무입니다. 여기서 제가 강조하고 싶은 게 있습니다. 적어도 우리 사회의 경제는 1987년부터 1997년 IMF 시기 전까지 한 10년간이 발전의 최고조기pick였습니다. 저는 그 무렵이 '경제성장, 이 정도면 충분하다'고 선언하고 그때부터는 인간의 가치와 행복에 초점을 맞춰야 했던 시기라 보았습니다. 동시에 당시는 노동운동의 에너지가 솟구치던 시기였습니다. 경제발전이 분배의 욕구를 강하게 촉발시켰던 것이지요. 어떤 면에서는 갈등의 시기였기도 했지요. 노동운동을 탄압하기도 했습니다. 그런데 사실은 그 운동 에너지를 억압할 게 아니라, 오히려 그를 기초동력으로 삼아 전 사회적 '삶의 질' 향상을 위한 사회개혁, 사회혁신을 꾸준히 해나가야 했지요. 노동중독 사회를 노동해방 사회로 바꾸고, 그렇기 위해서는 주거·교육·의료·노후 문제를 구조적으로 개선했어야 합니다. 사람이 태어나 이 사회 속에 살아가는 데, 먹고사는 일을 더 이상 개인이 걱정하지 않아도 될 정도로 온 사회가 공동으로 책임지는 그런 사회, 그런 방향으로 사회구조를 바꾸어내는 일, 그런 일을 진행해야 했습니다. 그러나 현실은 어땠습니까? IMF 외환위기가 닥쳤고, IMF 등에서 수백억 달러 돈을 빌리기 위해서라도 자본이 원하는 구조조정을 해야 했죠. 그게 곧 신자유주의 구조조정이고, 오늘날 우리가 잘 아는 자본 개방, 민영화, 탈규제화, 노동 유연화가 바로 그것들입니다. (2017년 이후 문재인 정부는 그런 잘못된 구조조정의 후유증을 치료하느라 애를 먹고 있죠. 적폐 청산 대상에는 박정희·전두환 군사독재 시설의 유산도 들어가지만 신자유주의 구조조정의 잘못된 결과들도 들어 있어요. 물론 현 정부가 자본을 넘어서려는 의지가 있는지, 정말 진정성 있게 지속적으로 실천하고 있는지는 우리 모두 비판적으로 점검하고 주시하고 있어야 합니다.)

지금 굳이 거꾸로 따져보면, 김대중 정부와 노무현 정부에서 그런 부분을 제대로 해야 했습니다. 보수나 극우들에게조차 지지를 받으려고 눈치를 보지 말고 한걸음 한걸음 굳세게 밀고 나가 제대로 구조혁신을 해야 했어요. IMF 사태는 그간의 성장 패러다임이 한계에 다다랐다는 얘긴데, 그걸 국민 대중의 관점에서 바꾸기보다 자본의 관점으로 바꾼 게 잘못되었다는 얘깁니다. 약소국으로, 어쩔 수 없는 부분이 있었다 하더라도 너무 일방적으로 IMF라는 세계자본의 대변인이 시키는대로, 그 명령에 따라 구조조정을 신자유주의적으로 했어요. 마치 우리 모두가 '강자 동일시'에 걸린 것처럼 국가도 '강자 동일시'에 빠져 강대국에 시키는 대로 세계자본의 명령을 따라 우리 사회와 경제를 '혁신이 아닌 파괴'했던 것이지요. 민주정부에 환호하던 국민조차 실망에 실망을 거듭한 결과, 결국에는 이명박·박근혜를 불러들일 수밖에 없었던 거지요. 특히 노동운동 진영에 배신감을 거듭 안겨다주면서 신자유주의를 추종하였지요. 그렇게 진정한 혁신의 시기를 놓쳤다는 사실을 분명히 알고 이제라도 성찰할 수 있어야 합니다. 전 사회적 '일중독 근절 운동'을 지금, 다시, 시작해도 늦지 않습니다.

'나부터' 중독에서 깨어나기

이제 마지막 열째, 일중독과 과로 근절을 하기 위한 조건은 무엇일까요?

그것은 인간 주체의 문제입니다. 우리 개인부터 가정과 학교, 기업과 일터, 온 사회에 존재하는 이런 문제의 근본 원인을 직시하고 그것을 극복해 나가야 합니다. 사회가 문제인 건 맞지만, 그 사회구조는 사람이 고치는 겁니다. 관료들이 문제라고 하기도 합니다. 맞습니다. 대통령이나 장관도 계약직입니다. 그러나 고급 공무원, 관료들은 '철밥통' 정규직입니다. 그러나 이들이 자기 집단의 이해타산이 아니라 전 국민의 행복을 위해 일하도록 바꾸려면 '나부터' 운동에 동참해야 합니다. 사회가 어떻게 잘못되고 뒤틀렸는지 공부도 하고 토론도 하고 광장에 나가기도 해야죠. 그래야 우리가 무한경쟁 속 끊임없는 일중독에 시달리지 않고 호혜와 우애의 공동체를 만들 수 있습니다. 그렇게 되면 교육과 주거와 의료와 노후 문제를 개인적으로 해결하기 위해 과로하지 않아도 되는 사회가 되겠죠. 그리고 그런 사회가 되어야 비로소 우리가 과로나 일중독에서 해방될 수 있습니다. 이것을 위해서라도 '나부터' 시작해야 합니다. 내가 가진 잘못된 가치관에 스스로 저항하고, 사회적으로 잘못된 문화, 풍토, 정책, 구조에 저항해야 합니다.

스스로의 내면적 성숙을 통해 자연스레 형성된 자기 절제, 직장과 가정, 일과 놀이의 균형으로 얻어진 자기 만족, 나의 이기주의와 공동체적 윤리와의 아름다운 조화, 그리고 무엇보다 자연과 생명에 대한 깊은 존중, 이 네 가지가 함께 어우러진 '충분함의 미학'이 필요합니다.

더욱 중요한 것은 이 '충분함의 미학'에 더하여 잘못된 가치관, 잘못된 문화, 잘못된 사회구조에 대한 비판과 저항, 무엇보다 우리 안의 '강자 동일시'에 대한 '저항의 미학'입니다. '충분함의 미학'과 '저항의 미학'을 우리는 함께 갖추어야 합니다. 그 시작은 물론 '나부터'입니다. '충분함의 미학'과 더불어 '저항의 미학'을 우리가 함께 갖추어야 합니다. '강자 동일시'에서 깨어나야 합니다. 함께 나누고 더불어 연대해야 비로소 새 세상이 열립니다. 우리가 '과로사 예방' 운동을 하더라도 단지 피해자 구제나 보상 같은 일에만 매달릴 게 아니라, 더 근본적으로 '과로 없는 사회'를 만들기 위해 일중독의 근본 원인에 대해 공부하고 토론하고 제안하고 실천하는 사회운동이 필요하다고 생각합니다.

전쟁터를 생각해보면, 그 총알이 빗발치는 와중에 부상자의 생명을 구하겠다고 나선 적십자 요원들은 감동적입니다. 그러다가 크게 다치거나 죽는 분들도 많죠. 그러나 이 세상에 전쟁이 벌어지는 것 자체는 그대로 둔 채 오로지 전쟁 부상자들의 치료에만 매달린다면, 아마도 부상자 치료도 제대로 못한 채 지치고 말 것입니다. 그래서 전쟁반대 운동, 평화운동이 더 근본입니다. 그런데 그 전쟁 역시 알고 보면, 자원전쟁이고 시장전쟁입니다. 자본을 위한 전쟁입니다. 평화운동이 자본을 넘어서려는 운동이 되지 않으면, 피상적인 인권운동에 머물고 맙니다. 전쟁은 내버려두고 전쟁터에서 다친 부상병들만 치료하는 사후적인 적십자 운동에 끝나고 만다는 이야기죠. 언젠가 노르웨이의 요한 갈퉁 선생이 "자본주의에 평화의 능력이 있는가?"라는 문제제기를 한 적이 있는데, 저는 중요한 통찰이라고 봅니다. 자본주의는 세상 만물을 인적, 물적 자원으로 나누고 끊임없이 돈벌이를 하려고 전쟁도 불사하거든요. 그리하여 모두를, 우리뿐만 아니라 인류 전체를 '강자 동일시'에 빠트리지요. '강자'가 되기 위해 전쟁도 감행하지요. 1930년대의 경제공황조차 케인스 식의 평화로운 유효수요 증대(임금이나 노동 복지 증진) 때문이 아니라, 오히려 제2차 세계대전이라는 전쟁 때문에 극복되었다고 하잖아요. 그래서 과로사 예방 운동 역시 사람이 죽은 뒤의 산재 인정과 보상 문제가 아니라, 그것과 함께 더 근본적인 자본주의 극복 운동, '중독 깨어나기' 운동과 더불어 가야 실제로 가능하고, 또 의미가 있다고 생각합니다.

'강자 동일시'와 돈중독, 일중독. 이 모든 중독이 당연시되는 우리 사회의 심층적 뿌리는 무엇인가?

단언컨대, 그것은 근대화 과정에서 역사적으로 경험한 집단 트라우마와 두려움에 있습니다. 역사적으로 보면, 1890년대 동학혁명의 실패와 좌절이 결정적으로 우리의 근현대사를 '비틀린 역사' '불행한 역사'로 만들었다고 저는 생각합니다. 그 기저엔 봉건적 지배구조의 타락과 대안적 세력형성의 부재가 있죠. 자신들의 계급적 이익을 지키는 데 급급했던 양반계급은 현대식으로 무장한 일본군 200여 명을 끌어들여 우금치에서 동학군을 괴멸시키지요. 결과적으로 동학운동이 실패하고, 우리나라는 외세에 침탈을 당했습니다. 40년간 일제 강점기를 거쳤고, 또 해방 후에도 미군이 들어와 3년간 군정을 실시했습니다. 분단과 6·25 이후 2021년 지금까지도 여전히 미군(약 2만 8,500여 명)이 한국에 있고, 미군이 철수하면 우리가 죽는 줄 아는 사람들이 정말 대부분이죠. 1950년대 한국전쟁과 그 이후 좌우 대립, 그리고 1960년대 이후 경제개발 과정에서 박정희, 전두환, 노태우 (군사)독재의 억압을 당하면서 말 한마디 잘못했다가 숱한 사람이 죽어나가는 모습을 지켜봤습니다. 아직도 해명되지 못한 그 많은 의문사들을 보세요. 이 모두가 '현재도 진행되고 있는 오래된 사회적 폭력'이죠. 이런 사회적 집단 폭력의 경험 때문에 우리들은 항상 어떤 두려움에 빠져 살아가죠. 그래서 역사적 진실 또는 사회적 진실에 대해 솔직하게 말하고 토론하는 걸 트라우마처럼 늘 두려워합니다.

그래도 1987년 민주화 이후 많이 변해, 청와대 같은 정치권력에 대해서는 사뭇 누구나 자유롭게 비판하고 있습니다.

광화문 네거리 한복판에서 국민이 선출한 대통령에게 '빨갱이'라고 수천 군중을 모아놓고 '쌍욕'을 해대도 아무렇지도 않은 세상이 되었지요. 하지만 보다 센 일상의 살아 있는 권력, 즉 자본권력, 사회권력, 문화권력은, 여전히 우리들 스스로 비판하고 건드리는 것 자체를 두려워하고 회피하지요. 정치권력에 저항하는 것은 1980년 광주항쟁부터 치더라도 이제 그 역사가 40년이나 되었으니 그렇게 두렵진 않아요. 온 지구인이 놀란 민주적이고 평화적인 '촛불혁명'을 보면 정말이지 뿌듯하고 놀라운 '세계사적' 민주화의 성과이지요.

하지만 정치권력이 민주화되고 합리화될수록 그 정치권력은 약해지고 작아지는 데 반해 자본권력과 사회권력, 그리고 문화권력 같은 일상의 생활권력은 소리소문없이 더욱더 강해지고 커져 '권력 전체'에 대한 근원적 문제제기는 복잡하고 어렵게 되어갑니다.

'강자 동일시'에 빠진 우리는 민주화로 약해진 정치권력 대신 등장한, 정치권력보다 훨씬 강한 '자본경제권력과 지식문화권력의 동맹'

에 당황하면서 침묵하게 되지요. '독재와 가난'으로 얼룩진 북한에 대한 공포와 혐오, 그리고 '팍스 아메리카'의 세계질서를 배경으로 한 우리의 보수적 이데올로기는 '돈과 가방끈'의 결합으로 오히려 '민주화 이후 민주주의' 시대에서 내면적으론 더욱 새롭게 강화되고 성장했지요. 나이와 성별에 관계없이 '성공하고 배운 사람들'일수록 '살아 있는 제1권력'인 자본경제권력과 지식문화권력의 동맹, 그 지배구조에 대한 비판적 접근은 하질 않지요. 그것은 자신들이 속한 계층의 '계급이익'에 도움이 되지 않아서도이지만 신자유주의와 자본주의는 질문할 필요없는 우리 삶의 당연한 전제와 기초라고 생각하고 받아들이고 있기 때문이죠. 그리하여 이제 '강자 동일시'와 돈 중독, 일중독은 오늘 우리의 운명이 되어버렸습니다.

Part 2

**'중독'에서
깨어나
생명의 길로**

사람이 자본의 노예가 아니라 주인이라는 것을, 사람이 정말로 소중하다는 것을, 사람은 불행하기 위해서가 아니라 행복하기 위해서 태어났다는 것을, 우리는 자본을 넘어 보여주어야 합니다. 자본은 인간다운 삶을 위한 수단이지 결코 목적이 아닙니다. 우리 한번, 모두 함께 손잡고, 목이 터질 듯 크게 외쳐봅시다.

"오늘의 행복을 내일로
미루지 말자!
하루를 살아도 최선을 다해
행복하자!"

1

무엇이, 우리의 삶을 왜곡하는가?

자본 앞에선 모든 것이 우왕좌왕하는 세상

인간관계를 망치는 상품관계

올해 뉴스 중에 좀 기억에 남는 것을 고르라면 어떤 것들이 있을까요? 한두 가지 골라볼까요? 아버지와 아들이 배가 고파서 마트에 가서 우유하고 사과를 훔치다 들켜 절도죄로 형벌을 받을 뻔했지만, 그 사실이 SNS 등을 통해 널리 알려지자 온 사회에 연민의 물결이 일어 한꺼번에 1,200만 원의 성금이 밀려왔지요. "요즘 밥 굶는 사람이 어딨느냐?"면서, 심지어 마트에서 도둑 잡겠다고 쫓아갔던 경찰도 정작 보고는 같이 울었다 합니다. 사실은 아직도 밥을 굶는 초등학생이 몇 만 명이나 됩니다. 2016년 기준으로 급식 지원을 받는 아동과 청소년이 약 33만 명쯤이라 하니, 분명히 우리나라엔 이 같은 절대빈곤이 존재합니다. 오늘날 한국이 부자 나라가 되었지만, 빈부격차는 여전히 심각합니다. '상대적 박탈감'까지 생각하면 좀 더 복잡하지요.

　부동산 문제는 또 어떤까요? 우리는 '부동산'이라는 말을 들으면 무슨 생각을 하나요? '집과 땅'이라는 말과 '부동산'이라는 말 사이의 차이는 매우 큽니다. 남미 쪽에는 '자연의 권리', '자연의 생존권'을 헌법에 명시하는 나라가 있습니다. 에콰도르 등이 그렇지요.《녹색평론》에도 소개된 바 있지만, 2008년에 에콰도르는 '수막 카우사이Sumak Kawsay(온전한 삶, 좋은 삶)'를 중심 원리로 삼아 자연의 법적 권리를 보장하는 세계 최초의 헌법을 제정했습니다. 그 지역 말로 수막Sumak은 '충만한, 온전한, 좋은'을, 카우사이 Kawsay는 '삶의 방식'을 뜻한다고 합니다. 지구를 어머니로 보고, 인간은 어머니를 존중하며 어머니 품에 깃들어 살아야 한다고 생각하는 것입니다.

　'집과 땅'은 사람이 살아 있는 동안 조상에게서 잠시 빌려 쓰다, 떠날 때가 되면 두고 가는 것입니다. 그런데 그런 삶과 사람다움의 철학에서 분리되어 그저 물건과 상품으로 떨어져나가 상품가치로 전환된 것이 바로 부동산입니다. 자본주의 체제 아래서는 이렇게 모든 것이 상품화하고 있습니다. 화폐, 돈이라는 것이 굉장히 강한 힘을 발휘합니다. 돈만 있으면 뭐든지 할 수 있고 모든 걸 살 수 있으니까요. 휴대폰, 옷, 가방, 펜 같은 물건은 말할 것도 없고, 사람의 감정이나 분위기, 심지어는 사랑까지도 돈으로 사죠(그런 사랑이 과연 사랑일까 하는 문제는 별도로 생각하고요). 제가

들은 얘기로는 서울 대치동에 가면 연봉 1억짜리 '대리모' 가 있다고 합니다. 다섯 살짜리 애를 아침에 데려가서 온종일 영재교육을 시키고, 저녁에 데려다주는 사교육 대리모이지요. 자녀와 부모의 관계까지도 포함한 수많은 인간관계가 상품으로 바뀌었습니다. 모든 것이 상품화되면서, 화폐의 힘은 더 막강해졌습니다. 돈만 있으면 안 되는 게 없는 듯해 보이는 세상이 된 거죠. 촛불 민주 정부조차도 갈팡질팡 헤매게 되는 것은 결국은 자본의 힘, 자본의 문제 때문이라고 생각합니다. 자본의 본질을 꿰뚫고 그걸 넘어가야 하는데, 자본 앞에서 우왕좌왕하는 것이지요. 지금 우리는 가치가 뒤집혀지고 흔들린 세상에서 살아갑니다.

진정한 자유란 무엇인가?

가치전도의 문제를 자유와 관련해 이야기해볼 수 있겠습니다. 우리에게 자유가 얼마나 소중합니까? 〈쇼생크 탈출〉이란 영화를 봐도, 자유를 향한 인간의 지독한 갈망을 엿볼 수 있죠. 지금 감옥에 있는 사람이라면 그 얼마나 햇빛이 보고 싶고, 길거리도 한번 거닐고 싶겠습니까? 자유의 욕망은, 억누르면 억누를수록 통통 튀어오르는 찰고무공처럼, 어느 누구도 막을 수 없습니다. 자유는 가장 강력한 본능이기 때문입니다. 아파서 죽겠다 하면서도 기를 쓰고 밖으로 나오려 합니다. 모든 사람은 자유롭고 싶어 합니다. 길을 거닐면서 꽃향기도 맡고, 다른 사람과 대화도 하고 싶고, 또 자기 생각이나 마음을 마음껏 표현하고 싶어 합니다. 그래서 헌법도, 우리 모두의 기본 인권으로 자유를 보장하는 것입니다.

아이들의 경우에도 그렇습니다. 아이들이 자기 내면에 호기심이 생겨나고, 재미를 느끼고, 또는 의미를 느끼고, 어떤 사명감을 느끼는 분야를 집중해서 공부하고, 또 그런 분야와 관련된 직업을 선택해 일한다면, 이것은 분명 '자유로운 선택'입니다. 반면 어떤 분야는 남들이 별로 알아주지 않으니까, 그 분야는 별로 돈이 안 되니까, 그 분야는 좀 없어 보이니까 하는 이유 때문에 선택을 꺼린다면, 또 단지 있어 보이고, 남이 인정해주고, 돈을 많이 벌 수 있다고 그 분야를 선택한다면, 두말할 필요없이 그건 온전히 자유로운 선택이 아니지요.

중·고등학교 시절 '야간자율학습'이라는 이름의 강제 학습을 해본 경험이 있을 것입니다. 말은 자율학습인데, 집에 그냥 가고자 하면 뭐라 그러죠. "애, 왜 도망가니?" 아, 자율학습인데도 말이죠! 자신의 필요에 따라, 스스로 선택해서 "아, 집에 가서 쉬겠다." "공부가 별로 재미가 없다." 또는 "집에서 공부하겠다." 이렇게 자율적인 선택이 가능해야, 자율학습이지 않겠습니까? 설사 자율학습을 자율적으로 선택한 학생조차, SKY 대학을 가지 않으면 인정받지 못하는 사회적 분위기에 떠밀려 선택한 것이라면, 겉으로는 자발적인 자기 결정이었다 해도 자유로운 선택이라 보기 어렵습니다.

우리나라에서 '자유'라는 이름을 달고 있는 정당이나

단체 중에 어디가 정말 자유롭습니까? '자유총연맹'은 어떤가요? 이름대로라면 가장 자유의 극치를 보여줘야 할 그런 단체가 실은 자유롭지 않고, 또 우리나라에선 보수적일수록 맨날 자유, 자유 하면서 자유를 오직 겉으로만 강조하고 실제로는 억압하죠. 제가 한 30년 이상 연구자로서 공부하면서 얻은 결론은, 이 땅에서 보수주의자들이 말하는 자유는 반공을 빌미로 한 돈벌이의 자유, 자본의 자유일 뿐입니다. 자유시장 경제란 것도 결국 자본의 자유, 이윤의 자유일 뿐, 사람의 자유는 아닙니다.

2017년 촛불혁명 이후 우리는 민주 대통령을 뽑았다고 기뻐했고, 적폐청산도 척척 잘되리란 희망을 가졌습니다. 하지만 이래저래 안타깝게 너무 더디고, 잘 안 되는 것 같아 지치고 화가 날 때가 많습니다. 반독재란 면에서는 분명 민주주의를 향해 가면서도 오늘 우리들 삶의 현실은 자본에 발목을 잡혔다는 생각이 듭니다. 우리는 우리의 기본권인 자유, 그 민주주의를 위해서라도 이제는 자본을 더 집중해 돌파해야 합니다. 자본은 인간이나 자연 생명의 관점에서 보면 전혀 상생이 불가합니다.

우리 한번 자본의 관점에서 현실을 볼까요? 건설자본은 논밭을 허물고 그 자리에 수십 층 높이 아파트를 지어 수백억, 수천억짜리 상품으로 팝니다. 이는 논밭의 입장에서 보면, 폭력이나 전쟁과 마찬가지의 경험이죠. 제가 2005년에서 2010년까지 마을 이장을 할 때, 한창 아파트 반대 싸움을 하면서 복숭아꽃과 약속했죠. "이 밭과 나무는 비록 내

자기 인생을 살면서 실제로는 남의 인생을 산다면 얼마나 우스운 일이겠어요. 어떤 시인은 "나답게 살지 못할 바에는 차라리 죽는 게 낫다"라고까지 말했지요. 그런데 우리 현실은 어때요? 야, 이렇게 살아라 하며, '한 줄 세우기' 경쟁법칙으로 보석처럼 귀여운 생명들을 획일화의 감옥 속에 가두어버리죠. 초·중·고등학교를 거치면서, 오로지 성적과 점수의 잣대로 차별받기 시작합니다. 초·중·고등학교, 대학교라는 메커니즘 속에 돌과 보석으로 구분되기 시작합니다. 사회적 시선의 차별, 이게 얼마나 매서운가요. 그것 때문에 고통 받는 청년은 얼마나 많은가요. 5퍼센트의 성공한 사람을 제외한 95퍼센트의 사람들은 평생 마음속에 열등감을 안고 살아가야 합니다. 자신도 모르는 사이 빠져든 '강자 동일시' 때문에, 공부 잘하고 돈 잘 버는 사람들에 대한 부러움과 그렇지 못한 자기 자신과 자기 처지에 대한 자기 비하는 평범한 재능의 보통 사람들에게는 너무나 친숙한 일상의 내면이 되었지요.

것은 아니지만, 내가 너를 지켜주마. 네 목이 잘려나간다면, 내가 몸으로 막으마." 그러나 행정과 사법의 그 강철 같은 연대가 자기 집단의 이익을 위해 힘을 합쳐 내린 엉터리 결론 때문에 결국은 막지 못했습니다. 이런 일이 어디 제가 사는 조치원뿐이던가요. 사실 그런 싸움은 어제도, 오늘도, 지금 이 순간에도 전국 도처에서 벌어지죠. 이명박 시절, 22조 원이 들었다는 4대강 사업도 마찬가지이구요. 끄트머리에 가보면, 아파트나 4대강이나 모두 건설자본과의 싸움이죠. 이처럼 언제 어디서나 자본은 생명을 파괴하면서 자기 몸을 불립니다. 이제 법에 쓰여진 형식적인 민주주의를 넘어, 우리들 구체적인 삶에 다가오는 실질적인 민주주의를 구현하려면 반드시 자본을 넘어서야 합니다. 사람이 자본의 노예가 아니라 주인이라는 것을, 사람이 정말로 소중하다는 것을, 사람은 불행하기 위해서가 아니라 행복하기 위해서 태어났다는 것을, 우리는 자본을 넘어 보여주어야 합니다. 자본은 인간다운 삶을 위한 수단이지 결코 목적이 아닙니다.

사람이 자원이라고?

교육은 어떨까요? 고교 서열화, 대학 서열화 같은 차별적 교육이 왜 해소되지 않을까요? 잘 들여다보면, 똑똑하고, 말귀 잘 알아듣고, 명석해서 자본의 돈벌이에 도움이 될 만한 인재人才를 발굴하는 시스템이 지금의 교육 시스템입니다. '인재'는 '인간자원'을 말하는데, 목재木材 할 때 '재' 자와 통합니다. 같은 '재' 자가 아니더라도, 서로 통하죠.

미국 출신의 일본인 평화운동가 더글러스 러미스는 『경제성장이 안 되면 우리는 풍요롭지 못할 것인가』에서 이렇게 말합니다. "'당신의 자녀가 인재'라는 말을 듣는 순간 여러분은 기뻐하기보다 오히려 분노해야 한다"라고요. 왜 우리 자식들이 그냥 써먹기 좋은 재료여야 하는가, 이런 거죠. 저는 진정한 인권의 가치를 이런 각도로 봐야 한다고 봅니다.

누구나 한 생명으로 태어나 자기 나름의 색깔과 자기 나름의 내용으로 살아야죠. 경우에 따라선 고통스러운 일이 있더라도 그걸 극복하면서 자기다운 꽃을 피워내면서 살아가야 멋지죠. 자기 인생을 살면서 실제로는 남의 인생을 산다면 얼마나 우스운 일이겠어요. 어떤 시인은 "나답게 살지 못할 바에는 차라리 죽는 게 낫다"라고까지 말했지요. 그런데 우리 현실은 어때요? 야, 이렇게 살아라, 하며, '한 줄 세우기' 경쟁법칙으로 보석처럼 귀여운 생명들을 획일성의 감옥 속에 가두어버리죠. 초·중·고등학교를 거치면서, 오로지 성적과 점수의 잣대로 차별받기 시작합니다. 초·중·고등학교, 대학교라는 메커니즘 속에 돌과 보석으로 구분되기 시작합니다. 사회적 시선의 차별, 이게 얼마나 매서운가요. 그것 때문에 고통받는 청년은 얼마나 많은가요. 5퍼센트의 성공한 사람을 제외한 95퍼센트의 사람들은 평생 마음속에 열등감을 안고 살아가야 합니다. 자신도 모르는 사이 빠져든 '강자 동일시' 때문에, 공부 잘하고 돈 잘 버는 사람들에 대한 부러움과 그렇지 못한 자기 자신과 자기 처지에 대한 자기 비하는 평범한 재능의 보통 사람들에게는 너무나 친숙한 일상의 내면이 되었지요.

소중한 생명들이 자기를 버리고 딱 자본이 써먹기 좋은 인재, 인적자원 또는 인간자원으로 개조당하고 또 개조하려 애쓰는 게 오늘의 교육이죠.

'진정한 민주주의'는 자본과
'강자 동일시'를 극복해야 한다

이런 관점에서도 '진정한 민주주의'라면 반(反)자본이 될 수밖에 없습니다. 정말 중요한 이야깁니다. 옛날 군사독재 시절 같으면 이런 이야기를 하면 잡혀갔을 겁니다. 그러나 이제는 자유롭게 토론할 수 있어야 합니다. 이 부분을 극복할 수 있느냐 없느냐가 오늘의 민주정부가 촛불혁명을 완수할 수 있는지를 가늠하는 시금석이라 봅니다. 솔직히 말하면 반독재 민주화 투쟁을 했던 사람들도 자본과 '강자 동일시'를 극복하는 데까지는 미치지 못했다고 봅니다.

옛날의 운동권 인사나 스스로 민주의식을 가졌다는 사람들조차 자기 자녀 교육에서 자녀의 자유와 선택을 깊이 있게 존중하는지, 현 입시체제로부터 얼마나 자유로운 길을 가는지를 보면 정말로 아닌 경우가 많아요. 고민은 많이 하겠지만 결국은 자본이 원하는 인재 선발 시스템에 굴복하고 말죠. '강자 동일시'에 빠져 있는 거에요. 누가 뭐래도 '내 아이는 일류대, 인기 학과에 가야 해'라는 강박에 빠지기 쉬워요.

다음으로는 돈과 관련한 태도이죠. 아무리 민주 인사라도 노골적인 불법만 아니라면 돈을 불리는 것 자체를 싫어하진 않아요. 그러나 주식이나 펀드, 심지어 부동산을 통해 돈을 번다는 것은 민주주의를 훼손하는 자본주의에 동조하는 거예요. 민주적 정치권력보다 자본이 강자라는 것을 눈치챈 거지요. '강자 동일시'에서 헤매는 겁니다.

자본을 따라 생명 대신 죽음을 선택하다

자본의 논리로 접근해서는 안 될 농업

교육이나 돈 문제와 함께 농업은 더욱 중요합니다. 농업이나 농사를 생명의 관점으로 보면 모든 경제활동의 기본이 됩니다. 온 사회의 밥상을 차리는 일이니까요.

농업과 농촌의 현실을 보면, 안타까운 마음뿐입니다. 농민이 피땀을 흘려 농사지어 풍년이 들면 즐거운 일이지요. 예전 같으면 온 동네에서 풍악을 울리고 춤을 추면서 한바탕 잔치판을 벌였습니다. 그런데 지금은 풍년이면 어떻게 하나요? 수확물에 불을 지르고, 청와대 앞에 가져와 엎어버리기도 합니다. 농민이 왜 그렇게 과격한 행동을 해야만 할까요? 자신이 땀 흘려 농사지은 수확물을 갈아엎어야 할 정도로 정책이 잘못되었고, 경제구조가 잘못되었기 때문입니다. 이는 농업에도 일반 상품의 논리, 자본의 논리를 적용해 생긴 문제이죠.

원래 농업의 논리는 생명의 논리, 다시 말해 밥상을 차리는 마음입니다. 집에서 어머니와 아버지가 아이들을 위해 밥상을 차릴 때, 공부 잘하는 아이라고 두 그릇 주고, 못하는 아이라고 밥을 굶기던가요? 아이 성적 순으로 밥알을 세어준다든지, 절대 그렇게 하지 않습니다. 인간의 논리나 생명의 논리는 시장의 논리와 근본적으로 다릅니다.

물론 일반적인 소비재의 경우는 어느 정도는 시장경쟁의 논리가 적용될 수 있습니다. 그러나 농업 분야에는 시장경쟁 논리를 적용해 "경쟁력이 없어! 생산성이 없어! 효율성이 없어!" 이런 잣대로 접근해서는 안 됩니다.

풍년이 들면 웃어야 하는데 운다는 사실, 이것이야말로 가치가 전도되었다는 증거입니다. 가령 땅 1평당 10만 원 이상이 되면, 농민은 더 이상 농사지을 필요가 없습니다. 그냥 '부동산'으로 파는 게 낫습니다. 이게 바로 가치의 전도이죠. 생명의 가치가 자본의 가치에 압도당하는 것입니다. 이런 가치의 전도를 바로잡기 위해 우리는 무엇을 해야 할까요?

사회구조나 일상생활 그 모두에서 자본을 넘어 생명의 가치가 삶 속에 깃들어야 합니다. 땅과 대화하면서 씨앗을 뿌리고 올라오는 새싹에 감동을 받고, '이것이 우리 식구와 지역사회를 먹여 살린다'라는 자부심을 갖게 하는 정책이 필요합니다. 경제개발 정책, 재벌 위주의 산업화 정책, 수출 위주의 경제구조로는 이 가치전도 문제를 해결할 수 없

인간의 삶은 자연의 품 없이는 불가능합니다.
사람과 사람, 사람과 자연이 같이 살아야 합니다.
자연이 죽으면 사람도 죽는다는 사실을 깨달아야 합니다.
이것이 바로 영성spirituality의 회복입니다.

"우리 모두는 서로 연결되어 있다"는 것을 아는 것―

이 영성을 회복해야 합니다.

습니다. 가정의 밥상을 차려주는 부모님의 노고가 고마운 것처럼, 온 사회의 밥상을 차리는 농민의 노고를 사회적으로 인정해야 합니다.

제가 1968년도에 초등학교 들어갔는데, 그때부터 선생님들로부터 귀에 못이 박히도록 들었던 이야기가 "얘들아, 땅 파지 않으려거든 공부 열심히 해라!"였습니다. 그러나 정말 열심히 공부하면서 깨달은 것은 역설적으로 땅을 파는 일이야말로 가장 소중하고 가치 있는 일이라는 사실입니다. 논밭이나 자기 텃밭에서 하는 '삽질'이 정말 중요합니다. 농사는 그냥 생명과 같아요. 정말로 산과 강을 마구 파헤치는 그런 삽질, 이제는 그만두어야 합니다. "군인들이 총보다 삽을 더 많이 든다"는 우스갯소리가 있습니다. 앞서 교육과 관련한 이야기를 했습니다. 아이들이 즐거워야 하고 배움이 즐거워야 하는데, 학교는 훈육이라는 이름으로 두려움의 공간이 되어버렸습니다. 이 훈육도 모자라 군대를 거쳐 군기를 잡으면서, 규율과 복종을 가르치죠. 정말 죽는 시늉까지 해야 할 정도 그렇게 길들여집니다. 결국, 자본에 유용한 노동력, 즉 말 잘 듣고, 일 잘하는 사람을 길러내는 과정이죠.

흔히 국·영·수로 상징되는 각종 지식, 기술이나 윤리나 바른생활, 그다음 훈시나 교장 선생님 말씀을 통해서 말 잘 듣고 일 잘하는 인간을 12년에서 16년 동안 그것도 부모님의 돈으로 양성합니다. 부모는 그 돈을 벌기 위해 노동시장에서 매일 8시간 이상 일상 노동에다, 잔업, 철야,

특근, 산재까지 겪어가면서 목숨 걸고 일하고 그 돈은 다시 사교육 시장에 들어가죠. 우리나라 사교육 시장에서 약 300만 명이 먹고산다고 합니다. 지금 우리나라는 이런 구조로 돌아가고 있습니다. 이 구조의 뒤에는 '강자 동일시'의 자본이 있죠.

우리 모두는 연결되어 있다

우리가 해야 할 일의 큰 방향은 어떻게 하면 이렇게 전도된 가치를 바르게 복원하고 제대로 회복할 수 있을까 하는 데 있습니다. 자연과 인간, '생명과 인간성'을 회복해야 하는 거죠. 인간의 삶은 자연의 품 없이는 불가능합니다. 말할 필요조차 없이 인간과 자연의 공존은 절대로 중요합니다. 사람과 사람, 사람과 자연이 같이 살아야죠. 자연이 죽으면 사람이 죽는다는 사실을 깨달아야 합니다. 이걸 영성spirituality의 회복이라 할 수 있습니다.

저는 영성을 "이 세상 만물은 서로 연결된 존재다"라는, 이 한 줄의 깨달음이라고 봅니다. 강물의 흐름과, 물고기와 나의 삶은 떨어져 있지 않죠. 1854년 쓰여진 북미 선주민 시애틀 추장의 편지에서도 잘 나오듯, 우리 모두의 삶은 서로 연결되어 있습니다. 저 나무와 숲과 강물과 공기도 다 연결되어 있습니다. 사람과 마찬가지로 자연도 우리의 형제자매입니다.

우리 밥상에는 무엇이 올라오나요? 물과 흙에서 올라온 음식물이 우리 밥상에 올라와 우리를 먹여 살리고, 내

'정의'도 그렇습니다. 경쟁 자체가 문제인데 마치 '공정 경쟁'이 정의인 것처럼 여기게 되는 거죠. 예를 들면 비정규직 노동자들을 정규직으로 바꿔준다는 데 대해서 정규직이 반대합니다. "정규직이 되기 위해서 내가 얼마나 어려운 시험을 치르고 들어왔는데, 너희들은 공짜로 정규직이 되려고 해! 양심도 없어!" 이런 식이죠. 물론 그들의 심정은 이해가 갑니다만, 그것은 정의가 아닙니다. 정규직 노동자와 비정규직 노동자로 근로 형태를 나눈 것 자체를 문제 삼지 않는 '공정'은 '공정'이 아닙니다. 그때 '공정'은 '불공정을 인정하는 공정'일 뿐이지요. 말하자면 '가짜 공정'입니다. '비례성의 원리', 노력한 만큼 받는다는 것은 언뜻 정의로운 것처럼 보이지만, 이미 유리한 위치를 점유한 사람들의 입장만을 존중하는 '공정'일 뿐입니다. 그것은 '공정'이 아니라 자본의 논리에서 나온 교활한 성과주의입니다.

몸에서 나온 똥오줌이 다시 땅으로 돌아갑니다. 그런 생각에 미치자 저는 우리 집 수세식 화장실이 엄청 거북해졌어요. 그래서 오래전 집을 수리할 때, 목수님의 도움을 받아 수세식 화장실을 다 뜯어내고, 똥과 오줌을 따로 받아 퇴비로 만들 수 있게 구조를 바꾸었습니다. 퇴비는 텃밭으로 가서 상추나 풋고추를 키워내죠. 일단 나부터 그렇게 밥이 똥이 되고, 똥이 밥이 되는 생활 시스템을 만들어본 거죠. 그리고 나니 마음이 아주 편해졌습니다. 최소한 우리 집에서는 오폐수가 배출되지 않습니다. 집에서 나오는 생활하수를 작은 정화연못에 모아 부레옥잠과 고마리 같은 식물을 넣어 잘 걸러낸 뒤 다시 흘러가게 하죠.

이런 경험을 통해 저는 공동주택(아파트 등)을 지을 때도 디자인 단계에서 더 많은 고민을 하면 좋겠다고 생각합니다. 쓰레기를 분리수거, 재활용하는 것도 중요하지만, 똥오줌을 퇴비로 만들어 다시 땅으로 돌리는 방법도 그 못지않게 중요하다고 봅니다. 이공계 분야 분들이 좀 더 생태 분야에 큰 관심을 기울여주시면 정말 감사하겠습니다.

'태양광연구소'라고 지어놓고 원자력을 연구하다니

새 정부가 "원자력 발전소를 줄인다"는 방향으로 가려 하니까 원자력 마피아들이 엄청 설칩니다. 제가 근무하는 학교에서도 어떤 교수는 원자력 발전을 줄인다는 정부의 정책을 비판하는 글을 사방팔방 전체 메일로 전달했습니다. "지난 봄에 미세먼지 사태가 발생한 것은 원자력 발전소를 줄였기 때문이다. 원자력 발전을 하면 미세먼지를 줄일 수 있다." 이런 논리였습니다. 그래서 제가 '그렇지 않다, 원자력은 위험하다'며 반론을 제기했더니, 또 여러 명이 달라붙어 엄청 난리가 났습니다. '아, 우리 학교도 그렇구나' 하고 또 한 번 좌절감을 느꼈지요. 그런데 희한하게도 그 교수가 속한 연구소 이름은 '태양광연구소'라고 하더군요. 태양광연구소라고 차려놓고, 실제로는 원자력을 연구하는 모양이더라고요. 정말 어처구니없는 일이죠.

원자력을 줄인다고 하니까, 원자력·수력 노동조합에서 이에 반대하는 운동을 펼치고 있어요. 일자리 문제죠. 결국 돈이 문제인 겁니다. 돈이 마약 역할을 합니다. 마약에 중독되면 뭐가 뭔지 잘 보이지 않는 거죠. 상품이나 화폐는 일자리를 매개로 해서 탄생하죠. 저는 학생들한테도 이렇게 강조합니다. 취업이 중요하긴 하지만, 잘 선택해야 한다. 어떤 일을 하는지가 자신의 정체성을 규정한다. 그 일을 통해 자아를 실현하고 사회에 이바지할 수도 있고, 반대로 일자리를 통해 자기는 잘 먹고살지만 자기 자신도 모르는 사이에 다른 존재를 괴롭히거나 자연을 훼손할 수도 있다. 그러니 일자리조차 이런 면에서 고민하며 살아야 한다는 거죠.

안 그래도 취업난으로 가뜩이나 괴로운데, 이런 내용으로 학생들을 더 힘들게 하는 것 같지만, 이런 고뇌를 하지 않으며 살았기에 지난 70년 동안 우리 사회가 이렇게 망가져버린 것입니다. 보통 우리나라를 삼천 리 금수강산이라

하는데, 지금 삼천 리 금수강산은 어디 가고 오염강산만 남았죠. 이제는 눈이 부신 쪽빛 푸른 하늘을 언제 보았는지 기억조차 가물거릴 정도로 하늘은 언제나 뿌연 잿빛 미세먼지로 가득 덮혀 있습니다. 결국 인간성 회복이 핵심이죠. 인간성에 반하는 기술적 효율성, 생산성, 수익성 이런 것들이 삶을 주도하다 보니 생명 대신에 죽음을 선택하는 잘못된 가치의 전도가 이 세상을 온통 망가트리고 있는 것입니다.

과잉경쟁은 '강자의 입장에 선' 자본의 논리일 뿐

제가 아까 자유와 민주가 전도되었다고 했습니다. 그런데 '정의'도 그렇습니다. 경쟁 자체가 문제인데 마치 '공정경쟁'이 정의인 것처럼 여기게 되는 거죠. 예를 들면 비정규직 노동자들을 정규직으로 바꿔준다는 데 대해서 정규직이 반대합니다. "정규직이 되기 위해서 내가 얼마나 어려운 시험을 치르고 들어왔는데, 너희들은 공짜로 정규직이 되려고 해! 양심도 없어!" 이런 식이죠. 물론 그들의 심정은 이해가 갑니다만, 그것은 정의가 아닙니다. 정규직 노동자와 비정규직 노동자로 근로 형태를 나눈 것 자체를 문제 삼지 않는 '공정'은 '공정'이 아닙니다. 그때 '공정'은 '불공정을 인정하는 공정'일 뿐이지요. 말하자면 '가짜 공정'입니다. '비례성의 원리', 노력한 만큼 받는다는 것은 언뜻 정의로운 것처럼 보이지만, 이미 유리한 위치를 점유한 사람들의 입장만을 존중하는 '공정'일 뿐입니다. 그것은 '공정'이 아니라 자본의 논리에서 나온 교활한 성과주의입니다. 네가 노력한 것만큼 내가 보상해줄게. 사실 그 노력한 것의 일부를 떼고 나머지를 주는 것이지만, 그것을 두고 치열하게 경쟁시켜 1, 2, 3등만 선착순으로 주는 식입니다. 나머지는 끊임없이 뺑뺑이를 돌아야 하는 게임과도 같습니다. 1, 2, 3등은 빨리 왔으니까 앉아서 쉬고, 나머지는 또 뜁니다. 이런 식으로 해서 한 세 바퀴만 돌리면 100여 명이 뛰었다 해도 전체가 군기 잡혀서 더 열심히 집중하죠. 자신은 왜 뛰는지도 모른 채 열심히 뛰기 마련입니다. 그것이 지금 우리가 살아가는 방식입니다.

왜 경쟁하는가? 경쟁을 통해서 우리는 무엇을 추구하는가? 지금 우리는 1인당 국민소득이 32,000달러를 상회하는 나라가 되었습니다만 잠시 1985년경의 한국을 보시지요. 1인당 국민소득이 한 3,000달러 수준이었던 국민들이 2년 후인 1987년 노동자대투쟁 시기를 거쳐 소득 1만 달러를 넘겼지요. 당연히 1만 달러가 넘으면, 좀 여유가 생겨 치열하게 일 안 해도 편안하게 살 수 있는 사회를 기대했었지요. 저녁 5~6시 되면 다 집에 가서 사랑하는 가정과, 이웃들, 친구들과 같이 모임도 하고, 즐거운 시간을 가질 수 있다는 희망 속에 꿈 같은 미래를 설계하기도 했지요. 그러나 그러한 현실은 좀체로 다가오지 않은 채 1인당 소득이 3만 달러가 넘은 오늘도 맨날 허덕거립니다. 왜 그럴까요? 우리 피땀의 결실이 어디론가 새어나가기 때문이죠. 세계자본과 재벌구조, 이들이 모든 것을 지배하지요.

강자 동일시

아무리 애를 써도 삶의 구조를 자유롭고도 민주적으로 만들 수 없는, 근본 구조가 문제라는 거죠.

생산성이라는 것을 볼까요? 생산성을 P Productivity라 하면, P=output/input입니다. 자, input에 무엇이 들어가나요? 노동비용이 들어갈 수도 있고, 시간이 들어갈 수도 있습니다. 그다음에 원료, 재료, 또는 기계 또는 전기 같은 에너지 등 각종 비용이 다 들어갑니다. 그렇게 들어가는 것이 있으면, 이제 output이 중요하죠. 이건 생산량 또는 매출액으로 표현되죠. 전 세계의 모든 기업과 모든 조직이 이 생산성을 높이는 경쟁에 뛰어듭니다. 세상의 경제를 지배하는 이 생산성 공식으로 인해 우리가 중시하는 인간성, 공익성, 공공성, 그리고 생명이나 영성 등이 얼마나 망가지고 있는지 살펴봐야 합니다.

생산성을 높이는 방법은 세 가지가 있습니다.

첫 번째, 동일한 비용이라면 산출을 늘리면 됩니다. 두 번째, 동일한 생산량이라면 비용을 줄이면 됩니다. 세 번째는 뭐겠습니까? 두 개를 합칩니다. 비용을 줄이고, 생산을 높이면 되겠죠. 그렇죠?

첫 번째 방법 보실까요? 자, 나무로 가구를 만드는 회사가 있습니다. 그런데 노동 인건비나 노동시간은 동일하게 투입하고, 양을 더 많이 만드는 것입니다. 보통 하루에 10개를 만들었다 칩시다. 이걸 13개 생산하려면 어떻게 해야 될까요? IMF 위기 무렵, '30분 일 더하기' 운동이 있었죠? 이렇게 시간을 늘립니다. 아니면 어떻게 하죠? 동일한

8시간을 일하는데, 휴대폰 안 보기 운동, 화장실 안 가기 운동(혹시 가더라도 눈썹이 휘날리게 뛰어갔다 오기), 면회 절대 사절, 동료 간 대화 금지……. 이른바 노동강도를 강화하는 방법입니다. 노동시간 연장 또는 노동강도 강화를 하면 생산성이 올라 경쟁력이 커지죠.

두 번째, 하루에 10개라는 생산량을 그대로 두고 비용을 줄이는 기술! 먼저 인건비를 줄이기 위해, 정규직을 쓰지 않고 비정규직을 씁니다. 일을 못하거나 말을 안 들으면 당연히 정리해고. 재료도 싸게 갖고 오죠. 나무를 구해오는데 저 남미의 열대우림에 가서 원주민과 협상해서 사오겠습니까? 아니면 밤에 전기톱을 메고 그냥 산에 올라가는 게 나을까요? 건설 기업은 강가에서 무단으로 자갈과 모래를 채취하기도 합니다(물론 비유입니다). 미국이 왜 중동에서 전쟁을 일으키겠습니까? 거기에 친미정권을 세워야 석유를 싸게 가져오기 때문입니다. 석유, 가스, 자원을 싸게 가져오려고 중동 지역에서 기를 쓰고 자기들 말을 잘 듣는 정권을 세우는 것입니다. 그러다가 말 안 듣는 놈이 있으면 두들겨 패지요.. 그걸 우리는 분쟁 또는 전쟁이라고 부릅니다.

세 번째 방식은 처음 두 가지를 결합하는 거니까, 군이 설명은 필요 없죠.

이 생산성 공식이 오늘의 세상이 돌아가는 이치입니다. 왜 우리가 노력하는데도 행복한 삶이 오지 않는가? 왜 우리가 애를 쓰면 쓸수록 생명은 시들어가고 인간은 파괴되어가는가? 이 공식 하나만 제대로 읽어도 잘 알 수 있습니다. 자본의 가치가 인간의 가치, 생명의 가치를 압도하다 보니 아무리 노력해도 인간답게 행복하지 않은 것입니다.

자본의 논리를 넘어 인간과 자연의 논리로

자본의 논리에서 인간과 자연의 논리로

예전에는 조간뉴스에 무슨 강에 물고기 수만 마리가 떼죽음을 당했다. 이런 뉴스 많이 났죠? 그런데 요즘은 잘 안 나오죠. 왜요? 이미 다 죽었거든요! 생산성 공식을 우리가 제대로 본다면, 그 결론은 명확하죠. 출발점은 생산성 향상이었는데, 결국엔 인간과 자연이 함께 파괴되는, '생산성 향상은 파괴성 향상'이라는 역설이 발생합니다. '생산성의 역설'이죠. 왜 그럴까요? 그건 자본만의 생산성이기 때문에 그렇습니다. 인간의 논리, 생명의 논리를 배제한 자본만의 논리기 때문이죠. 그래서 자본주의資本主義를 비판하고 극복하려는 이론이 있다면, 저는 그것을 생명주의生命主義 또는 생본주의生本主義라 부르겠습니다. 생명 본위, 그러니까 인간의 문명은 인간 중심의, 그리고 인간 중에도 소수의 강자만이 잘사는 자본과 기술의 문명을 버려야 합니다. 모든 인간은 잘났거나 못났거나 관계없이 생명의 일부, 영성을 가진 생명의 일부가 되어야 하는 거죠. 인간은 자연 생명계의 품속에 깃든 자연의 일부로서, 인간이란 이름의 자다른 원리가 필요합니다. 우리 삶을 해결하는 노동(일)을 존중하되, 자본 종속적인 노동을 우리 삶 그 자체로 일체화해서 생각하지는 말아야 합니다. 과로하지도 말고 과로사하지도 않아야 합니다. 옛 그리스 사람들의 속담처럼 '삶이 죽음으로 가는 지루한 여행길'이 되어선 안 됩니다. 사람들은 말합니다. '어느 누구도 하고 싶어 과로하진 않는다'고요. 그러면서도 스스로 '강자 동일시' 심리에 사로잡혀 위에서 시키는 대로 하는 것이 내 삶의 피할 수 없는 조건이라며 끝없는 일중독에 시달리고 있습니다. 이런 조건은 거부해야 마땅합니다. 그럼에도 우리는 거부는커녕 복종을 당연시하면서 이걸 '근면·성실'로 미화해 받아들이고 있습니다. 바로 이게 제가 비판하는 '일중독' 문제의 핵심입니다. 지금까지 천시되었던 노동을 귀하게 여겨야 한다는 점은 옳지만, 그럴수록 그 귀한 노동이 자본에 따라 자본에 복종하는 노동이 되어서는 안 됩니다. 노동이 자본과 대등하고 더 나아가 자본을 넘어설 수 있을 때 생명의 존엄성은 노동과 함께 비로소 실현될 수 있습니다.

연인 것이죠. 이런 당연한 이치가 '강자 동일시' 심리에 한 번 빠지면 아무것도 안 보이는 거에요.

이 광활한 우주의 일부로 살아가는 것 그 자체에 '정말 고마워!' 하는 마음이 중요합니다. 아이들에게도 네가 우리 가정에 태어난 것만 해도 고마워, 그리고 우리 모두 이 물과 흙과 공기 속에 살아가는 것만 해도 정말 고맙고 좋은 일이야, 이런 정신으로 살아야죠. 이게 인간이고 생명입니다.

사실 자본도 어찌 보면 출발은 사물事物이잖아요. 그런데 이것이 본질이 되어버렸습니다. 돈만 있으면 된다, 돈이 많을수록 좋다, 돈을 많이 받으면 엄청 좋다, 이런 욕망과 마음들이 모두 자본의 일부가 된 우리 자신을 말해주죠. 그것도 '강자 동일시'에 빠진 채로 그저 자본의 자발적 노예가 되는 것이지요. 돈만 있으면 뭐든지 살 수 있으니까요. 자본은 그냥 돈 자체라기보다는 이윤을 낳는 자본입니다. 그러니까 끊임없이 자기를 불려야 합니다. 이윤을 낳지 않는 자본은 이미 자본이 아니기 때문입니다.

끊임없이 이윤을 낳는 자본, 그게 어디서부터 출발할까요? 바로 은행에서부터 출발합니다. 그래서 돈의 본질은 빚이라는 것입니다. 한국은행권 자체가 빚에서 출발했고 (한국은행이 돈을 발행하는 것은 국민들에게 공적 서비스를 베풀어야 한다는 채무를 지는 것이죠, 대신 국민은 세금이란 빚을 지고 국민으로 살아갑니다), 은행에서 빌리는 순간 이자를 갚아야 하죠. 이자를 갚으려면 빌린 것 이상으로 벌어야 합니다. 원래보다 더 키워야 됩니다. 이게 바로 경제성장의 원리이지

강자 동일시

요. 우리가 해마다 경제성장을 않으면 마치 망할 것처럼 떠드는 이유도 바로 자본(돈)의 본질이 빚에서 출발하기 때문입니다.

원래 진정한 가족이나 친한 친구끼리는 이자를 안 받습니다. 만약 급전이 필요해서 돈을 빌리면 원금만 줍니다. "정말 급하구나, 친구야. 내가 도와줄게. 원금만 돌려주면 고맙겠어. 네 형편이 좋아진다면 그때 천천히." (더 사랑하는 사이라면 원금마저 받을 생각을 않죠. 그냥 좋으니까 선물로 주는 거죠. 마치 부모가 자녀에게 주듯이 말입니다.) 그러나 이자 논리가 들어가면, 그 순간 자본의 증식 원리 이윤추구가 작동됩니다. 가족도 친구도 없지요. 그야말로 인정사정 볼 것 없이 시간의 경과에 따라 이자율을 계산하는 것입니다.

게을러질 수 있는 권리, 노동을 넘어서자

이런 식으로 삶과 자연이 상품과 노동으로, 화폐와 자본으로 흡수되고, 마침내 가치전도가 일어납니다. 물론 저는 노동과 자본의 쌍방관계에서는, 자본보다 노동의 입장에서 보려 합니다. 저는 대부분 정당한 노동운동을 지지합니다. 그러나 그렇다고 해서 노동이 신성하다거나, 노동이 모든 삶의 우위에 서야 한다고는 생각지 않습니다. 왜냐하면, 자본과 노동이 이미 한 몸이 되어버렸기 때문입니다. 흔히 노동을 '인적자본' 내지 '가변자본'이라 부르는 것도 노동이 이미 자본의 일부란 이야기죠. 자본 안에서 모두 하나다! 이게 자본주의입니다. 무지막지하지요. 그래서 우리는 이 고생스러운 노동을 갈수록 적게 할수록 좋다고 느낍니다. 피땀 흘린 결과가 노동시간 단축으로, 마침내 노동해방으로 돌아와야 옳죠. 그것은 하늘에 해가 있듯 너무도 당연한 일입니다. 그러나 노동해방을 위해서라도 노동자가 먼저 자유로워야 합니다. 프랑크푸르트 학파의 허버트 마르쿠제는 "노예해방을 위해선 먼저 노예 자신이 해방돼야 한다"고 말했습니다. 이제 우리는 노동자, 나아가 우리 자신이 얼마나 자유로운지, 이걸 제대로 보아야 합니다.

지금부터라도 노동을 우상숭배하듯 무조건 찬미하면 안 됩니다. 인간이 노동을 통해 집을 짓고, 옷을 만들고, 음식을 만드는 일 마음과 몸을 기쁨과 정성으로 합쳐 땀흘리며 일하는 것 그 자체는 너무나 소중하고 귀한 일입니다. 하지만 임금노동으로 상징되는 이 자본과 노동의 관계에서 자본의 몸을 불려주는 노동을 숭배하는 건 정말 바보 같은 짓입니다. 자본이 살아야 노동도 같이 사는 원리는 버려야 합니다. 다른 원리가 필요합니다. 우리 삶을 해결하는 노동(일)을 존중하되, 자본 종속적인 노동을 우리 삶 그 자체로 일체화해서 생각하지는 말아야 합니다. 과로하지도 말고 과로사하지도 않아야 합니다. 옛 그리스 사람들의 속담처럼 '삶이 죽음으로 가는 지루한 여행길'이 되어선 안 됩니다. 어느 누구도 '자발적으로 과로하진 않는다'고 합니다. 그러나 '강자 동일시' 심리에 사로잡혀 상사가 시킨다고 그저 복종하는 것이 내 삶의 조건이라며 끝없는 일중독에 시달린다면 이런 조건은 거부해야 마땅합니다. 그럼에도 우리는 거부는커녕 복종을 당연시하면서 이걸 '근면·성실'로 미화해 받아들이고 있습니다. 바로 이게 제가 비판하는 '일중독' 문제의 핵심입니다. 지금까지 천시되었던 노동을 귀하게 여겨야 한다는 점은 옳지만, 그럴수록 그 귀한 노동이 자본에 따라 자본에 복종하는 노동이 되어서는 안 됩니다. 노동이 자본과 대등하고 더 나아가 자본을 넘어설 수 있을 때 생명의 존엄성은 노동과 함께 비로소 실현될 수 있다는 것을 알아야 합니다.

최근의 기본소득 논의는 기술혁명으로 말미암은 성과를 사회 구성원이 함께 누리는 방법을 고민하면서 등장했습니다. 기술혁명으로 말미암아 일자리를 상실하는 데 대한 두려움에 빠질 게 아니라, 남아 있는 일을 잘 나누고 그 기술적 효율 향상의 결과를 기본소득의 형태로 나누는 게 바람직하다는 논의입니다. 무엇이 정답인지 정확히는 모르겠습니다마는 그 방향만큼은 사람과 사람, 사람과 자연이 같이 사는 방향이어야 한다고 생각합니다. 그래서 처음에 나온 이야기, 어떤 30대 아버지와 10대 아들이 마트에서 음식물을 훔치다가 경찰에게 붙잡혔는데 많은 사람들이 그들의 처지에 공감하면서 도움의 손길을 내밀었던 이야기는 여러모로 매우 상징적입니다.

하지만 사회경제적 빈부격차가 벌어지는 현실의 구조적 모순은 그대로 둔 채, 그런 개별적 선행으로 온정적인 도움을 주고 끝난다면, 사태가 해결될까요? 아니지요. 그때그때의 '땜질 처방'에 불과한 거지요. 그런 의미에서 여러분과 함께 전체 사회구조적 차원에서, '우리가 살아가는 삶의 전반적 방식에서 전도된 가치를, 어떤 부분이 전도되어 있고, 어떤 부분을 어떻게 바로잡아야 할 것인가?'를 함께 생각해보는 것은 아주 중요한 일입니다.

일중독과 '충분한 삶'의 조건

요즈음 저는 갈수록 노사관계를 비롯한 노동문제가 막다른 골목길에 들어선 것처럼 느껴집니다. 한국 사람들이 세계 최장 시간으로 노동을 하고 있습니다. OECD엔 왜 가입했는지 모르겠습니다. 괜스레 OECD 비교만 하면 안 좋은 지표로 50개 이상에서 1등입니다. 예를 들면, 자살률, 청소년 스트레스 지수, 노인 빈곤율, 산업재해, 노동 시간의 길이 등이 그렇습니다. 최근에는 미세먼지까지도 있지만, 직업병이나 안전사고 등 산재 역시 세계 최고 수준이죠. 게다가 산재를 은폐하는 것도 세계 최고입니다.

최근 삼성전자 서비스에서 노동조합의 결성을 방해하고 탄압했다고 경영자들이 법정 구속되는 일이 있었습니다. 구속된 분의 개인적 사정으로 보면 참으로 안타깝고 가슴 아픈 일입니다. 그러나 사회정의의 관점에서 보면 헌법 33조에 엄연히 명시된 단결권, 단체교섭권, 단체행동권, 즉 노동 3권을 이른바 '1류 기업'에서 버젓이 무시해버린 사건입니다. 대통령이나 판검사에게 바치는 뇌물은 엄청 중시하면서도, 최일류기업에서 노동조합 하나 인정 못하는 수준이 정말 안타깝죠.

강자 동일시

제가 일중독에 관심을 갖게 된 이유와 배경은 이렇습니다. 제가 1997년도에 『세계화의 덫』이라는 책을 번역할 때, 과로로 쓰러질 뻔했습니다. 과로사의 전조로 목 뒤에 쇳덩어리를 올려놓은 것 같은 느낌이 왔습니다. 머리는 무엇인가로 꽉꽉 가득 차 부풀린 듯 뜨겁고 어지러우면서 천근만근 짓눌린 목과 어깨가 단단한 돌처럼 굳어졌습니다. 혈압이 갑자기 오르면서 천정이 빙빙 돌아, 쓰러졌습니다. 놀란 아내가 많이 주물러주고 긴급한 병원치료 덕분에 겨우 풀리고 살아났습니다.

저 자신도 문제지만 더 중요한 것은 사회적으로도 이런 피로를 풀어야 합니다. 의사 선생님을 찾아가면, "일을 좀 적게 하라" "산책을 많이 하라" "명상을 하라" 등 이런 개별적인 처방을 해줍니다. 이런 것도 중요하지만 무엇보다 사회가 바뀌어야 합니다. 과로 문제는 개인의 문제이기 전에 사회구조적으로 대처해야 합니다. 부모 세대가 평균 12시간 노동했다면, 우리는 평균 8시간 정도로도 충분한 삶을 살아야 합니다. 우리가 열심히 노력해서 사회적으로 생산력을 올렸다면, 우리 자녀 세대는 하루에 6시간만 일해도 넉넉한 삶을 살 수 있어야 합니다. 나중엔 하루 3, 4시간으로 줄어야겠죠.

'넉넉하고 좋은 삶'을 이야기할 때, 꼭 재벌 회장처럼 살 필요는 없잖아요? 세 끼 밥, 사랑하는 가족과 친구들과 함께 맛있게 먹고, 인권단체나 환경단체 같은 곳 몇 군데에 한 달에 1만 원씩이라도 후원금을 내고, 한 달에 한두 번 좋은 영화도 보고, 또 좋은 책 몇 권씩 사서 읽으면서 또 좋은 음악과 새소리를 들으며 자연 속에서 걸을 수 있다면, 그것만으로도 충분히 좋은 삶입니다. 아까 안 좋은 것으로 OECD 1등 이야기했는데, 정말 우리가 책을 안 읽는 것도 1등입니다. 아이들 보고는 열심히 공부하라 하면서, 어른들은 책을 읽지 않습니다. 또 1년에 한두 번 국내든 해외든 여행도 가고, 그런 것이 반드시 큰 부자가 되어야 가능한 건 아닙니다.

일단 노동시간을 단축하고, 각 개인이 책임지는 교육 문제, 노후 문제, 주거 문제를 사회공공성 차원에서 해결해야 합니다. 그것을 위한 재원은 일단 소득세나 법인세로 충당하는데, 누진제를 제대로 적용하고 탈세도 방지해야 합니다. 특히 재정을 투명하게 관리해 쓸데없이 4대강 같은 데 쏟아붓지 말고, 교육이나 복지에 더 많이 써야 합니다. 아이들이나 부모들이 대학등록금으로 등골이 휘지 않게 반값등록금, 나아가 무상교육으로 나아가야 합니다. 또 주거 문제와 관련해서도, 부동산 개념이나 시세차익, 투자 개념이 아니라, 평생 저렴하게 빌려 살다 떠나게 하는 것이 옳다고 봅니다.

누구든지 내가 받는 월급 중에 작은 일부만 월세로 내면서 살아도 아무런 문제가 없다면, 교통과 주거 문제에 별다른 스트레스를 받지 않고 살 수 있다면 그렇게 기를 쓰고 '영혼까지 끌어 모아' 집을 장만할 필요는 없잖아요. 기를 쓰고 집을 산 사람일수록 보상심리 때문에 집값이 더 빨리 더 많이 오르기를 바랍니다. 그러다 보니 점점 월세도 올라가게 되고, 사실 청년들은 취업해서 월급을 받아봐야 월세 내기도 바쁩니다. 가면 갈수록 악순환이고, 한 5퍼센트밖에 안 되는 부동산 특권 계급, 주식 특권 계급을 제외하면, 나머지는 주거문제 하나만으로도 온갖 스트레스를 받으며 정말 힘들게 살아갑니다. 그런 악순환의 고리를 끊어내야 합니다. 집과 땅에 관한 개념을 바로잡아야 합니다. 주거, 교육, 노후, 의료비 문제의 공공성을 강화해서, 조금 일하고 조금 받더라도 살아가는 데 어려움이 없는 삶의 구조를 만들어야 합니다.

농촌에는 가능하면 유기농법으로 농사짓게 해서, 농민이 선생님 수준의 월급이라도 받았으면 좋겠습니다. ('유기농 농민 공무원제'라 부를 수 있겠죠?) 그래야 농민이 자부심을 갖고 살 수 있지 않을까요? 저는 농민을 공공의 밥상을 차리는 '공직자'라고 생각합니다. 지금 얼마 남지 않은 70~80대 농민이 돌아가시면, 이어받을 사람들이 거의 없습니다. 청년들을 키운다고 하지만 농민이 100만 명도 안 됩니다.

그래서 노동정책은 노동시간 단축과 일자리 나누기를 연계해서 균형을 잡았으면 좋겠습니다. 또 농업정책의 방향은 농민이 자부심을 가지고 생계 걱정 없이 건강한 농산물을 만들 수 있는 환경을 제공해야 합니다. 그리고 교육의 목표는 아이들이 자기 개성에 맞게 전공을 선택해서 공부하고, 사회에 나오더라도 직업 간 차별 없이 자부심을 누리며 일할 수 있게 격차를 줄여야 합니다. 더불어 복지 행정은 주거, 교육, 의료, 노후 문제를 공공성 차원에서 풀어내야 합니다.

그렇게 된다면 일중독 문제도 해결되면서 좀 더 여유로운 삶이 가능한 사회가 되지 않을까 생각합니다. 일중독에서 출발해서 이렇게 이야기를 확장했습니다. 물론 이것은 우리를 불행에 빠트리는 일중독이 사실은 우리를 둘러싼 삶의 구조 즉 사회의 모순에 근거하고 있기 때문이지요. 그리고 그 사회적 모순의 뿌리는 우리들 내면에 만연된 '강자 동일시'의 심리에 깊이 내리고 있지요. '강자 동일시'는 현 사회의 모습을 모순인 채로 지속시키고, 사회적 모순은 또 '강자 동일시' 심리를 더욱더 강화시키지요. 정말이지, 건강한 의식과 건강한 사회 없이 건강한 삶은 불가능한 꿈일 뿐이지요. 이런 악순환의 고리를, 이제 우리는 더 이상 망설이지 말고 반드시 '끊어내야' 합니다. '강자 동일시'에서 깨어나고 '일중독'에서 해방되어야 합니다.

오늘의 행복, 내일로 미루지 않기

더불어 잘살기 위한 방법을 끊임없이 공부하자

5,000만 국민 중에 일자리를 갖는 사람, 경제활동인구는 대충 절반 정도입니다. 자본의 입장에서는 효율을 무한대로 추구하니까 끊임없이 많이 노동해야 되지만, '인간

적인 필요'라는 관점에서 보면 5,000만 국민의 필요에 따라 필요한 만큼만 생산하면 됩니다. 집, 학교, 도로 등도 필요에 따라 만들면 됩니다. 노동의 총량이 높아지고 효율이 올라가는 것만큼, 더 시간을 줄이면서 나눈다면 삶의 질도 고양될 수 있지요.

"나 홀로 잘살자"는 논리가 아니라 "더불어 잘살자"는 논리라면, 부분적이긴 하나 자본주의의 생산성(제가 파괴성이라 했지만) 향상에 따른 긍정적 성과도 분명 있습니다. 하지만 이제는 그것이 임계치를 넘어섰습니다. 자연은 자본의 이윤추구적 생산성 활동으로 인한 숱한 파괴와 훼손에도 불구하고, 자연 스스로 스스로를 치유하는 끝없는 '회복 탄력성'을 가지고 있습니다. 산불이 났을 때, 함부로 새 나무를 심는 것보다 그냥 내버려두는 것이 때론 산림회복에 더 나은 결과를 가져온다는 것은 이미 상식이 되었습니다. 지구온난화, 미세먼지, 공기·물·흙의 오염, 코로나 바이러스 등이 끝없이 발생하는 것은 이 모두가 자연과 환경의 '회복 탄력성'이 임계치를 넘어선 결과인 것입니다. 전 지구적으로 '코로나 바이러스'와 '변이 바이러스' 등이 끝없이 창궐하며 우리의 삶을 위협하는 오늘을 겪으면서도 자본의 탐욕에 속수무책 끌려가는 일은, 이제 그만해야겠습니다. 이제야말로 자본의 한계를 넘어 새로운 삶을 추구하는 운동이 절실히 필요합니다.

"오늘 행복을 내일로 미루지 말라"

아무리 재벌 회장님이라 할지라도 그 가정에 가면, 주로 회장님이 혼자 벌어 온 가족이 다 같이 나눠 먹고 살죠. 역량에 따라 벌고 필요에 따라서 나눠 먹고 삽니다. 어떻게 보면, 순수한 사랑이 흐르는 가정의 원리는 자본주의 원리를 넘어서는 것입니다.

거꾸로 만약 자본주의 원리를 먼저 앞세워 가족에 적용해보세요. 살벌해집니다. 의외로 돈 많은 가정에서 자주 칼부림이 나는 이유가 바로 그겁니다. 그렇잖아요? 전에 '로또 맞은 형제의 비극'에 대한 이야기가 있지 않습니까? 한꺼번에 목돈이 생기면 비극으로 끝나기 쉽죠. 서로 어려울 때는 오히려 잘 돕고 살죠. 자본의 원리가 가족 속에 들어가면 결국은 살 판 죽을 판 싸우게 됩니다. 우리가 자본주의 이전 원초적인 가족을 우리들 삶과 사랑의 보금자리로 생각할 때 그 가족은 봉건주의의 잔재를 보여주기도 하지만 자본주의 너머를 상상할 수 있는 근거가 되기도 합니다. 매우 중요한 부분이죠. 온 사회를 한 가족처럼 경영할 수 없을까? 노자老子도 '소국과민小國寡民'—'나라를 작게 국민(백성)의 수도 적게'—을 바람직한 국가와 사회의 모습이라 했지요. 사회를 작게 하여, 이윤추구의 경쟁이 아닌 사랑과 우애로 넘치는 한 가족처럼 경영하는 것! 한번 깊이 되새겨볼 주제이지요..

저는 이념적으로는 '사회생태주의' 또는 '생명주의'를 지지합니다. 생태사회주의의 이념이 현재 자본주의의 한

강자 동일시

계를 넘어가는 이념적 대안으로, 제 오랫동안의 공부와 경험이 찾은 결론이지요. 사람과 사람, 사람과 자연이 같이 사는 게 우리의 미래가 되어야 합니다. 저는 이 공생의 패러다임이 정책이나 사회구조에 녹아들어야 한다고 생각합니다.

세계금융위기(2008년)는 신자유주의로 상징되는 자본주의의 마지막 단계가 파산선고를 한 것입니다. 그때 시장논리 그대로 두었다면, 수많은 은행이 무수히 쓰러지고 연쇄 파동으로 세계 자본주의가 완전히 녹다운되었을 것입니다. 그런데 미국이건 유럽이건 국가가 천문학적인 공적 자금을 투입했는데, 그 공적 자금의 실체는 어디서나 국민 세금입니다. 국민의 세금으로 자본을 구제한 셈입니다. 정부는 공공부채를 안고 끊임없이 세금을 거둬들여서 그걸 메워가는 겁니다. 민간부채를 공적 부채로 전환한 것이 2008년 경제위기 극복 프로그램의 실체입니다. 평소에 자본이 잘 나가면 국가 간섭이 필요 없다고 하고, 자본이 위기에 몰리면 국가를 통해 긴급(구제)자금을 수혈받아 다시 일어납니다. 어떤 점에서 농민, 노동자, 학생, 여성, 국민은 모두, 이래도 봉이고 저래도 봉인 셈이죠.

수많은 국민의 힘으로 어거지로 녹다운된 자본주의를 살려낸 것입니다. 미국도 그렇고, 우리나라도 다 그랬습니다. 세계 자본주의 나라 전체를 부채나 재무구조 차원에서 세밀히 따지고 보면, 어떤 점에선 사실상 파산 상태나 마찬가지입니다. 우리나라도 공적 부채와 개인 부채를 다 합하면 5,000조 원쯤 됩니다. 가계 부채도 1,500조 원이라니, 섬뜩하죠? 5,000조 원의 부채를 우리나라 인구 5,000만 명으로 나누어보세요. 그러면 대략 1인당 1억 원의 부채를 안고 살아가는 것입니다. 전체 평균이니 갓난아기도 포함되겠죠. 정말 한국전쟁 이후부터 치더라도 지난 70년 동안 열심히 일하며 살아왔는데, 나라 전체가 부채 덩어리가 된 것입니다. 뭔가 크게 잘못된 것 아닙니까?

가정에서 온 가족이 열심히 살았으면 이제 부채를 갚고 좀 남아돌아 여유가 생기는 살림살이어야 합니다. 종종 국회에서 예산안 통과로 몸살을 앓는데, 진정 국민의 살림살이를 걱정하는 게 아니죠. 선심성 예산이란 게 모두 선거 때 표를 의식한 거죠. 그 예산조차 다 빚더미를 전제로 짜는 것입니다. 그러니까 계속 마이너스(부채)를 덩치로 안고 가는 겁니다. 수십 조, 수백 조씩, 예산도 최근 들어 엄청나게 늘어났습니다. 예산이 늘어나는 만큼 부채 규모도 늘어납니다. 그런데 이게 모두 후세대들이 감당해야 할 빚입니다. 미래가 암담하다는 이야기죠.

정말이지, 늦었지만 이제라도, 하나하나씩 바꾸어 나가야 합니다. 좀 천천히 가더라도 좀 알차게 채워가면 좋겠고, 주거, 양육, 교육, 직장, 의료, 노후 등 우리가 삶의 고통을 느끼는 여러 분야들에서 이제는 좀, 스트레스를 덜 느끼게 구조를 제대로 바꿔가면 좋겠습니다. 빚은 적은 게 좋고 삶의 질은 높은 게 좋습니다.

제가 늘 드리는 말씀이 있어요. 초등학교 때부터 책상

강자 동일시

앞에 만날 써 붙여 놓았던, '오늘 할 일을 내일로 미루지 말자'가 있죠? 이제 이런 구호를 당장 떼 내시고, '오늘의 행복을 내일로 미루지 말자'는 새 구호를 가슴에 새깁시다.

사실 지구가 언제 어떻게 될지도 모르고, 온갖 사건·사고로 범벅이 된 이 '위험사회'에서 우리 각자도 언제 어떻게 될지 몰라요. '강자'가 되어봤자 '별 볼 일' 없어요. '강자동일시'에서 깨어나야 해요. 오늘 하루하루 최선을 다해 행복하게, 의미 있게, 보람 있게 사시되, 큰 방향성은 사람과 사람, 사람과 자연이 함께 더불어 살아야 한다. 함께 더불어 사는 지구, 함께 더불어 사는 사회가 우리의 커다란 방향이 되어야 합니다. 그래야만 죽지 않고 삽니다. 이런 마음을 함께 가졌으면 좋겠습니다. 고맙습니다. 우리 한번, 모두 함께 크게 외칩시다. '오늘의 행복을 내일로 미루지 말자.' '하루를 살아도 최선을 다해 행복하자!'

'부루투스, 너 마저도!'라는 시저의 말이, 저절로 연상되는 이 시대, '종교마저도! 대학마저도! 언론마저도!'라는 탄식이 들립니다. 다시 말해 모두들 돈에 중독된 것입니다.

돈이 신이 되고 말았습니다. 돈 중독은 오늘날 우리 대부분이 걸려 있는 가장 확실한 집단 질병입니다.

아무리 수십억짜리 집이 있어도 죽으면 무슨 소용입니까? 톨스토이가 전하는 우화처럼, 정작 필요한 땅은 주인공 파홈이 숨이 차 쓰러져 죽은 땅 바로 그 한 뼘짜리 땅뿐이었지요.

2

'중독'에서 깨어나 생명의 길로

우리는 부유해진 만큼 행복해졌는가

'맘몬'이 지배하는 세상

저는 종교가 없습니다만, 언젠가 수녀님들 모임에 초청되어 안동까지 간 적이 있습니다. 또 광주 신부님들 계신데 가서 IMF와 세계화를 주제로 말씀을 나눈 적이 있습니다. 오늘 특별히 명동성당에서 이런 귀한 자리에 불러주셔서 감사드립니다.

경제를 생각해보면 우리가 경제성장을 위해 파이를 키우는 데만 몰두할 것이 아니라, 파이를 어떻게 분배할지에 대해서도 보다 많은 신경을 써야 할 것 같습니다. 그런데 조금 더 생각해보면, 파이를 크게 키워 골고루 잘 나눠먹는다 하더라도, 파이 자체가 오염투성이거나, 암 유발물질 투성이라면 파이를 키워 골고루 나눠 먹는 게 오히려 공멸의 시간을 더 앞당길 수도 있습니다. 최근의 미세먼지나 지구온난화와 기후위기의 징후들이 그 증거입니다. 또 에볼라, 메르스, 사스 같은 각종 바이러스의 창궐 역시 그 분명한 증거들입니다. 물론 지금 우리 모두가 겪고 있는 코로나19 사태 또한 그 연장선 위에 있지요.

따라서 경제와 경영이라는 영역에서 경제인, 정치가, 행정가, 학자들, 활동가, 일반 시민 등 모두가 이 '파이 키우기(성장)'와 '파이 나누기(분배)'의 균형을 유지하는 데 보다 분명한 실천이 필요합니다.

프란치스코 교황의 말씀이 떠오릅니다. "삶의 질을 증진하지 못하고, 인간을 고양하지 못하고, 생명세계를 파괴하는 경쟁을 경제발전이라 한다면, 그건 발전이나 진보가 아니라 퇴보"라는, 그 말씀에 깊이 공감합니다. 최근에 함세웅 신부께서도 "교회가 자본주의의 부스러기를 먹고 살아간다"고 하셨습니다. 굉장히 압축적이면서 통렬한 비판이 담겨 있습니다. 우리의 실상을 보면 교회가 (개신교냐 가톨릭이냐를 떠나) 자본주의의 부스러기를 먹고 살 뿐만 아니라, 교회 자체가 이미 자본주의 기업이 되어버렸습니다(대학도, 언론도, 정치도, 그리고 문화나 예술도 예외가 아닙니다).

세상이 병들어갈 때, 그나마 마지막으로 기댈 수 있는 언덕, 힘과 용기를 얻을 수 있는 희망의 횃불은 대학과 언론, 종교와 예술에서 타오르고 있어야 한다고 생각합니다. 참으로 걱정스러운 것은 모르는 사이, 이런 분야들마저도 맘몬(부, 재물, 소유라는 뜻으로, 기독교에서는 하느님과 대적하는 우상 가운데 하나를 이르는 말)에 물들고만 현실이, 오늘 여기

강자 동일시

저기 나타나고 있기 때문입니다.

"부루투스, 너 마저도!"라는 시저의 말이, 저절로 연상되는 이 시대, '종교마저도! 대학마저도! 언론마저도!'라는 탄식이 들립니다. 다시 말해 모두들 돈에 중독된 것입니다. 문제는 이렇게 중독된 줄도 모르고 중독되고, 죽어가는데도 죽는 줄 모르고 한사코 맘몬 앞으로, 벼랑 끝으로 끝도 없이 무리지어 달려가는 쥐떼들처럼 일사불란하게 가고 있다는 데 있습니다.

우리는 부유해진 만큼 행복해졌는가

제가 1961년에 태어났는데, 꽤 상징적인 해입니다. 우리나라에 박 대통령이 두 분 계셨는데, 아버지 박 대통령과 따님 박 대통령이죠. 아버지 박 대통령이 군사쿠데타를 일으켜 정권을 잡은 것이 1961년입니다. 가장 최근에는 따님 박 대통령이 있었고요. 아버지 박 대통령과 따님 박 대통령 시절을 비교해보면, 그 사이에 경제 규모나 1인당 국민소득 차원에서, 우리나라는 300배나 부자가 되었습니다. 앞에서도 말씀드린 적이 있습니다만 약 60년 전에는 1인당 국민소득이 기껏해야 100달러 정도였는데, 최근에는 3만 달러를 넘었습니다. 대략 계산하더라도 300배나 부자가 되었습니다.

국민소득이 300배가 되었다면, 그리고 그렇게 돈이 중요하다면 국민이 느껴야 할 행복도가 300배까진 아니더라도 적어도 30배 정도라도 높아져야 하지 않을까요? 아니면,

자살이나 스트레스가 적어도 10배 이상은 줄어야 하지 않나요? 상식적으로 보면, 소득이 증가했고 돈이 늘어났으니까 삶의 기쁨과 행복이 높아 학교나 일터나 온 사회에 웃음꽃이 흘러넘쳐야 하는데, 오히려 청소년 스트레스 지수나 (남녀노소 가리지 않고) 자살률이나 산업 재해율 같은 지표들이 OECD 1위를 하고 있어요. 노동시간도 법적으로는 줄었다지만, 실제 노동시간은 하루 8시간 꼬박하고도 모자라 2시간이나 4시간씩 더 하는 사람이 부지기수예요. 더 이상 하게는 다른 쪽에서는 일이 없어 노는 사람들이 수두룩하고요. 이 모든 게 파이의 크기만 늘리려 하지, 파이의 분배에는 관심을 두지 않는 우리 사회의 정치경제 시스템 탓이 크지요.

지금 우리들은 어떻게 살고 있죠? 버스나 지하철과 같은 대중교통을 타보시면 사람들의 표정을 읽을 수 있습니다. 철없고 순진해 보이는 중고생들만 깔깔거리고 웃을 뿐, 대부분의 사람들은 표정 없이 엄숙하거나 괜히 찡그리고 있죠. 뭔가 힘들고 지쳐 있는 듯 보입니다. 조금이라도 기력이 남아 있으면 뭐하죠? 대부분 스마트폰, SNS에 깊이 빠져 있어요. 그러다 보면 눈도 아프고 머리도 좀 어지러워지고요. 출근한 사람들은 정신없이 일하다가 퇴근하면 이런저런 술자리에도 가야 하죠. 가정에는 엄마들이 육아와 가사노동에 찌들고요. 여성들은 대체로 직장노동과 가사노동으로 이중의 부담을 지고 있어요. 그러다가 누가 돌아가시면 문상가기 바쁘고, 왜 사는지, 어떻게 사는 게 옳

강자 동일시

은 건지, 아주 잠시 생각하다가 잊고 곧 다시 일상으로 복귀합니다. 삶은 아무것도 변하지 않은 채 다람쥐 쳇바퀴는 돌아가죠. 그 바퀴는 갈수록 더 빨리 돌아갑니다. 그렇게 다들 억지로 적응하며 살아갑니다.

정말 우리는 무엇을 위해 이렇게 달려갈까요? 내가 먹고 마시는 미세먼지나 물속의 미세플라스틱 같은 것들이 우리 몸과 생명체를 병들게 하는데도, 그냥 그러려니 너무도 조용합니다. 체념에 익숙해져서일까요? 자포자기에 길들여져서일까요? 청년들이 결혼과 출산에 어려움이 많다는 이야기도 하지만, 독한 마음을 먹고 결혼하고 출산하려해도 남녀의 생명능력 자체가 퇴화하고 있습니다. 정부가 걱정하는 출산율을 말하려는 게 아닙니다. 건강한 신체에 건강한 정신이 깃들고, 건강한 신체에 건강한 아기가 잉태됩니다. 물도 공기도 인심도 인간관계도 건강하지 않으니 우리네 삶인들 건강할 리 있겠습니까? 지금 우리는, 우리 스스로 알지 못하는, 심각한 삶의 위기에 빠져 있습니다.

대량생산, 대량유통, 대량소비, 대량폐기 시스템의 문제

라돈침대나 미세플라스틱 관련 뉴스도 많이 보셨죠? 2020년부터는 코로나19 사태로 온 세계가 위기에 빠졌습니다. 언제 끝날지도 모르고, 혹 끝나더라도 더 센 변종이 올지 모릅니다. 그래서 근본을 다스리지 않으면, 백신이나 마스크나 사회적 거리두기만으로는 원점 회귀가 되기 쉽습니다.

결국 우리의 생활방식 전반에 문제가 있습니다. 자본이 돈벌이를 위해 만들어온 대량생산, 대량유통, 대량소비, 대량폐기의 시스템이 1차적 문제이지만, 그런 시스템에 적응하고 동화되고 일체감을 느끼며 협력해온 우리 자신도 문제입니다. 우리는 별다른 주저없이 습관적으로 비닐이나 플라스틱을 많이 씁니다. 값싸고 편하니까요. 하지만 내가 이렇게 편하게 살 수 있는 대가로 너무나 많은 문제가 발생합니다. 그리고 이미 누군가가 실제로 피해를 보고 있습니다. 예컨대 플라스틱 사출 공장에서 일하다가 여러 오염물질에 노출돼 건강을 잃은 사람들도 많고, 산재사고를 당한 사람이 많습니다. 하루 평균 10명 내외가 일하다가 죽고, 200명 이상이 다칩니다. 우리가 사용한 플라스틱 쓰레기는 강으로 흘러들고 바다로 가서 물고기 배 속에 있다가 다시 인간에게 돌아옵니다.

자본주의적 대량생산과 대량소비의 순환 과정을 살펴보면, 어쩌면 이것은 사람과 사람, 사람과 자연을 죽여 가는 길일지도 모르겠다는 걱정에 사로잡히게 됩니다. 경제·경영도 죽음의 경제·경영이 있고 살림의 경제·경영이 있다는 것을 깊이 생각하게 합니다. 공부를 하면 할수록 더 많이 깨닫게 됩니다. 하늘에서 비가 내려 땅의 곡식과 나무, 사람을 살리고 그 빗물이 강으로, 바다로 갔다가 햇볕에 증발되어 다시 구름으로 올라가는, 하늘과 땅의 순환, 비와 강의 순환이 살림의 메커니즘입니다. 이런 자연의 진리가 사람이 만들어내는 온갖 생산과 소비의 오염으로 깨지고 있습니다. 또 밥이 똥이 되고, 똥이 밥이 되는 순환 역시 중요한 살림의 메커니즘입니다. 그런데 이 역시 똥오줌을 퇴비로 전환하지 않고 그저 물로 깨끗하게 씻어버리는 바람에 오염의 원인이 됩니다. 똥오줌을 잘 삭혔다가 거름을 만들어 흙으로 돌리면 상추나 깻잎, 풋고추, 배추 등이 춤을 추며 올라옵니다. 그런데 편하고 쉬운 삶만 추구하고 돈벌이만 중시하는 시스템 속에 농사를 경시하고 온 천지를 시멘트로 바르고, 외형만 깔끔하게 유지하려는 사회의 제도들이 이런 순환의 생태적 고리, 자연의 자연스러운 과정들을 방해하고 가로막고 있습니다. 가로막힌 순환 속에 자연만 파괴되는 게 아닙니다. 자연에서 나오는 인간의 모든 먹거리들이 오염되고 있습니다. 자연이 망가지고 인간이 먹는 모든 것도 망가지고 만 것입니다. 물론 망가진 먹거리를 먹는 인간도 따라서 망가지고 마는 것이지요.

소금을 예로 들어 볼까요? 우리가 요리할 때 소금이 안 들어가는 데는 거의 없습니다. 죽염을 먹으면 좀 낫다고 하는데, 그렇지 않습니다. 그 좋다는 천일제염 속에도 미세 플라스틱이 숨어 있기 때문입니다. 여러 번 볶다 보면 오염 물질의 일부는 날아가겠지만, 여전히 남아 있는 것들(중금속이나 미세플라스틱 등 발암물질)이 우리 몸에 나쁜 영향을 끼칩니다. 가톨릭농민회나 한살림 같은, 유기농 생산자와 도시 소비자들이 협력해서 만들어가는 생활협동조합 등이 만든 농산물 일부를 제외하고 나면 대부분의 농산물은 농약(살충제, 제초제) 투성입니다. 풀과 벌레를 죽인다는 건 사람도 얼마든지 죽인다는 것입니다. 농약을 뿌리면 흙과 그 속의 미생물도 죽습니다. 나중엔 어떠한 생명체도 살 수 없는 사막화 현상이 일어납니다.

이런 문제의식을 우리가 함께 공유하고 가정, 공장, 사무실, 시장에서 사람과 자연을 해롭게 하는 것들을 안 만들고 안 쓰고 안 팔면, 우리는 우리의 삶과 환경을 바꿀 수 있습니다. 다시 강조하지만, 안 만들고 안 쓰고 안 팔아야 합니다. 그래야 안 죽고 잘삽니다. 이 세상에 태어나 노력하고 애쓰는 것은 다 잘살려고 하는 일이지, 죽으려고 망하려고 하는 일은 절대로 아니지요. 만약 그렇다면 그것이야말로 정말 잘못된 것 아니겠습니까? 그래서 죽임의 교육과 죽임의 경제가 아니라, 살림의 교육, 살림의 경제가 필요한 것입니다.

깨져버린 순환의 구조, 똥바가지의 미덕

70, 80대 어르신들 이야기를 들어보면, 산업화·공업화가 되기 전 농어촌에는 쓰레기가 없었다고 합니다. 그도 그럴 것이 비닐이나 플라스틱류가 나오기 전에는 배추를 묶더라도 지푸라기로 묶었습니다. 요즘은 비닐이나 비닐 끈으로 묶지요. 플라스틱이나 비닐은 엄청 편리합니다. 오래 쓰고 다시 쓸 수도 있고요. 문제는 이게 잘 썩지 않고 미세플라스틱으로 발암물질이 되어 돌아옵니다. 만일 예전처럼 채소를 지푸라기로 묶는다면, 다 쓴 뒤에 텃밭이나 밭에 깔아주면 이게 다 삭아 거름이 되지요.

제가 돌아가신 아버지로부터 물려받은 게 딱 하나 있는데, 바로 똥바가지입니다. 1919년에 태어나셨으니, 당시엔 대부분 농사를 지었고, 똥오줌을 모아 퇴비로 쓰던 시절이었죠. 제 아버지도 푸세식 변소에서 잘 삭은 똥오줌을 똥장군, 똥지게로 밭가에다 날라 퇴비로 만들어 쓰셨지요. 저는 제 아버지가 그렇게 농사짓는 모습을 보면서 자랐습니다. 지금 저는 아버지가 쓰시던 그 똥바가지를 물려받아 조치원 시골 마을 제 작은 텃밭 농사에 잘 쓰고 있습니다. 저는 오래전부터 수세식 화장실을 없애고 똥오줌을 따로 받아 퇴비로 만듭니다. 오줌은 오줌대로 삭히고 똥은 똥대로 삭혀서 텃밭에 거름을 줍니다. 고추, 배추, 토마토를 길러서 아이들 세 명을 제 똥으로 키웠습니다. 유기농 아이들로 키웠죠. 그래서 그런지, 튼튼하게 잔병 하나 없이 잘들 컸습니다. 몸이 튼튼하니까 마음도 튼튼해져, 남다른 배려심과 자율성이 눈에 띌 정도로 동네에서 칭찬받는 좋은 청년들이 되었습니다. 살림의 경제와 살림의 교육을 '나부터' 실천한 덕분이라고 생각합니다.

희망은 만들어가는 것이다

누구도 자기 혼자만의 힘으로
지금 이 자리에 서 있지 않다
저만 해도 1979년 당시, 목표로 정한 대학에 꼭 가야겠

"나 하나라도 똥물이 냇물을 오염시키지 않도록, 내가 쓰는 종이 한 장이 나무를 헛되이 낭비 않도록 하자. 남들이 다 안 한다 하더라도, 나만이라도, '조금'이라도 한다면 적어도 그만큼은 지구가 '조금' 더 늦게 망하겠지!" 그렇게 저 자신을 채근하기도 합니다.

중국의 루쉰도 말했지요. "희망이란 있다고 할 수도 없고, 없다고 할 수도 없다. 마치 길이 처음부터 있었던 게 아니듯, 수많은 사람이 걸어가고 또 걷다 보면 새로운 길이 생기는 것처럼, 희망도 그렇게 만들어 가는 것이다." 그런 마음으로 가야죠.

다는 생각으로 재수까지 해서 남들이 좋다고 하는 (실제로 좋은지는 아직까지도 잘 모르겠습니다만) 서울대에 합격했습니다. 그런데 1981년 막상 대학에 가서부터는 생각이 많이 바뀌었습니다. 대학에서 공부도 하고 최루탄 가스도 마시고 가끔 학생 시위에도 참여하고 이런저런 고민도 하면서 깨달은 사실은, 지금까지 내가 살아가는 데는 너무도 많은 사람의 도움이 있었다는 사실입니다. 어머니, 아버지의 땀과 눈물뿐만 아니라, 음으로 양으로 도와주신 너무나 많은 분들의 땀, 눈물이 보였습니다. 나 하나가 성장하는 데 정말로 수많은 분의 도움이 있었구나, 이런 생각이 들었습니다. 가난한 농사꾼의 아들인 저는, 중학교에서 고등학교 갈 때, 만약 장학금이 없었더라면 고교 진학은 불가능했습니다. 고등학교를 못 갔으면 물론 대학도 불가능했겠지요. 그런데 제 운명을 바꾸어준 이 고마운 장학금 역시 장학금을 주신 기업가의 은혜이기도 하지만, 돈을 만들어준 그 기업에서 일하는 수많은 노동자들의 땀, 눈물의 결과라는 생각도 들었습니다. 내가 하루하루를 살아가기 위해 밥을 먹어야 하는데, 이 곡식이나 채소를 길러내는 '어머니 대지'인 지구와 물과 흙과 비바람과 햇볕이 나를 키워준 것 아니냐, 이런 생각도 '철'이 조금씩 든 다음엔 더욱 깊고 절실하게 느껴졌죠. 저 자신의 삶에 대해 진지하게 생각하면서, 제 삶을 키워준 부모님을 포함한 수많은 사람(특히 농민과 노동자)의 땀과 눈물을 생각하게 되고 동시에, 대자연의 은혜를 새삼 깊이 감사하게 되었습니다.

플라스틱을 잔뜩 먹고 죽어간 바닷새, 그리고 일자리를 돌려달라며 높은 굴뚝 위에 올라 고공농성을 하는 노동자의 사진들을 보면 정말 가슴이 미어집니다. "나는 살려고 하는 생명들에게 둘러싸인 살려고 하는 생명이다"라며 '생명에의 외경'을 말한 강철 같은 의지의 슈바이처조차 "나의 세계에 대한 마음은 낙관적이지만 나의 세계에 대한 인식은 비관적이다"라고 했지요. 그렇습니다. 세상을 보면, 세상은 정말 '비관적'입니다. 우리 몇 명이 이런 이야기를 하고 문제제기를 한다 해서 과연 이 세상이 변할 수 있을 것인가? 세상은 물질만능주의, 편리주의, 소비주의, 경쟁주의의 물결로 끊임없이 우리를 몰아치는데, 과연 오늘 우리가 나누는 얘기들이 이 거센 파도를 이길 수 있을까? 아무리 단전에 힘을 주고 가슴을 쭈욱 피면서 자신감을 불어넣더라도 솔직히 낙관하기 어렵다는 얘깁니다.

제가 최근 신문 칼럼에서 '성장중독증'이 문제라고 지적했더니 댓글이 300개 이상 달렸습니다. 대부분 악플이죠. 그중에는 "너나 잘 먹고 잘살아라. 나는 끊임없이 생산하고 성장하고 돈 벌어야 되겠다!"라는 내용이 정말 많았습니다.

그럴 때는, 우리는 이제 반성이나 성찰을 아예 못할 정도로 정신의 마비가 퍼졌는가 하는 회의가 들더군요. 이성과 양심에 대한 믿음이 사라질까봐 두려워지는 순간이기도 합니다. (사실은 이런 현상이야말로 이 땅의 사람들이 얼마나 '강자 동일시'에 빠져 있는지를 확인할 수 있는 경우일 뿐이지만요.)

하지만 오늘 여러분들을 뵈니, 제가 여러분께 힘을 드리기보다 오히려 제가 여러분에게 힘을 얻습니다. 정말로 고맙습니다.

저 자신에게 다짐하곤 합니다. 아무리 거센 물결이 우리를 몰아치더라도 '생명 살림'의 관점에서 우리에게 주어진 길을 남이 알아주던 말던 뚜벅뚜벅 걸어가는 것이 우리의 본분이다. 누가 알아주건 못 알아주건, 그것이 나의 시도를 가로막을 순 없지 않느냐, 이기든 지든 중요한 것은 바른 생각을 선한 마음으로 '실천'하는 것이다. 하루에도 몇 번씩 제 스스로에게 다짐하는 말입니다. '내일 지구가 망한다 하더라도 오늘 사과나무를 심겠다'는 스피노자의 말처럼, "나 하나라도 똥물이 냇물을 오염시키지 않도록, 내가 쓰는 종이 한 장이 나무를 헛되이 낭비 않도록 하자. 남들이 다 안 한다 하더라도, 나만이라도, '조금'이라도 한다면 적어도 그만큼은 지구가 '조금' 더 늦게 망하겠지!" 그렇게 저 자신을 채근하기도 합니다.

중국의 루쉰도 말했지요. "희망이란 있다고 할 수도 없고, 없다고 할 수도 없다. 마치 길이 처음부터 있었던 게 아니듯, 수많은 사람이 걸어가고 또 걷다 보면 새로운 길이 생기는 것처럼, 희망도 그렇게 만들어가는 것이다." 그런 마음으로 가야죠. 혹시 금방은 안 이루어진다 하더라도 '그럼에도 불구하고' 작은 희망이라도 만들어보려 노력하는 가운데 진짜 운 좋게 제대로 희망이 생길 수도 있겠죠. 최선을 다했는데도, 아무 소용이 없다면 그것 역시 할 수 없이 받아들여야 합니다. 그야말로 '진인사대천명盡人事待天命'일 뿐이지요.

어찌되었든 지구를 구해야 한다는 이 마음, 이 희망의 마음이 '나부터' 출발한 불꽃과 횃불이 되어 끊임없이 지구촌 전체로 번져나가면 좋겠습니다. 진짜 성공할지 실패할지는 아무도 장담하지 못할 겁니다. 하지만 결과에 관계없이 그런 마음으로 우리 모두 한 분 한 분 손을 잡고 저마다의 자리에서 한 걸음 한 걸음 실천에 옮길 때 희망은 조금씩 조금씩 자신의 얼굴을 보여줄 것이라고 믿습니다.

필요의 경제, '작은 것'이 아름다운 경제

석유 이야기도 마찬가집니다. 우리가 입는 옷은 상당부분 석유화학제품입니다. 옷만 아니라 온갖 색깔 있는 것, 이 색료 자체도 석유에서 옵니다. 플라스틱 제품 역시 석유화학제품이죠. 자동차나 공장의 모든 기계, 농기구까지 모두 석유를 써야 하고요.

그러니 현대 문명이란 화석연료문명, 곧 석유 문명입니다. 학자들은 2005년 무렵 이미 석유 채굴량의 정점, 즉 '피크 오일'을 지나갔다고 합니다. 벌써 10년 이상 지난 셈이죠. 지금은 서서히 내리막길이라는 거예요. 지구의 자원은 유한하니 갈수록 줄어들고 그만큼 가격도 오르겠지요.

그래서 다른 한쪽에서는 암반 사이에 끼어 있는 석유 찌꺼기를 녹여 뽑아내 가공 처리를 해서 또 석유를 만든다고 합니다. 이런 게 오일샌드oil sand, 셰일오일shale oil, 셰일

가스shale gas 등의 이름으로 나와요. 기존 원유 생산량에 한계가 오니 자꾸 새로운 원천을 개발하는 겁니다. 지구가 인간의 어머니라고들 하는데, 정말이지 어머니 배 속을 안 뒤지는 곳이 없는 셈이죠. 그렇게 기를 써서 기존의 석유 시장에 진입하면서, 끊임없이 새로운 유전을 찾아내어 지속적으로 생산량을 유지하고 심지어는 생산과잉으로 가격까지 낮추는 현상까지 존재합니다. 그러나 인류가 그런 몸부림을 칠수록 지구가 함유한 자원에 마지막 구멍을 내는 것은 분명합니다. 고갈의 속도를 늦추는 듯 보이면서 최후의 고갈의 방향으로 가고 있는 것이지요. 이미 많은 지식인들이 "석유 문명 이후의 인간은 어떻게 살아갈 것인가?" 하는 문제제기를 해왔습니다.

『작은 것이 아름답다』를 쓴 슈마허 선생은 독일계 출신의 영국 분인데, 영국의 경제발전이나 영국 식민지의 경제를 다 둘러보고선 대안적 모델로 '불교 경제학'을 이야기했습니다. 불교의 소박함과 비폭력이 대안의 핵심이라는 것이죠. 불교는 소박함의 경제이면서 순환의 경제입니다. 자연에 해를 가능한 한 끼치지 않으려는 경제입니다. 사실, 저는 이와 같은 철학을 대부분의 수녀님이나 신부님들도 실천하고 계신다고 봅니다.

그런 실천들이 주는 메시지를 우리 모두가 진지하게 받아들여야 합니다. 지금 당장 우리가 사는 데 큰 문제는 없는 듯 보이지만, 거시적 차원에서는 지구온난화와 기후위기, 생물다양성 위기, 자원고갈과 (초)미세먼지, 환경호르몬과 미세플라스틱 등 이미 전 지구적 생태 문제의 심각성이 우리들 코앞에 들이대고 있는 것입니다.

'경제' 하면 살짝 머리가 아파집니다만, 중고등학교 때 '경세제민經世濟民'이라는 말을 들어보셨죠? "세상을 잘 경영해서 백성을 구제한다"는 뜻입니다. 세상을 잘 다스려 백성이 잘 먹고 잘살 수 있도록, 물에 빠져죽지도 않고 잘 살도록 돕는다는 뜻입니다. 가만히 보면, 다스리고 구제한다는 것은 오늘날 우리가 아는 정치政治 바로 그것입니다. 경제가 정치죠. 정치를 한다는 것은 백성의 살림살이를 돌본다는 것입니다.

서양말에서는 경제를 '이코노미'라 하죠. 이것은 '오이코스'와 '노모스'의 합성어인데, '오이코스oikos'가 '가정, 집'을 뜻하고, '노모스nomos'는 '경영하다, 꾸려가다'는 뜻입니다. 우리가 보통 집안 살림살이를 잘 꾸려가는 것이 중요한데, 이게 확장되면 나라 경제, 공공 경제가 됩니다. 즉, 사회 전체의 경제도 그 출발점은 가정에서 살림살이를 잘 꾸려가는 것이지요. 집에서 살림살이를 한다는 것은, 성실히 일하고 열심히 놀면서 알뜰살뜰 절약하고 아이들을 길러내고, 온 가족을 보살피면서 이웃과도 잘 지내는 것을 말하지요. 그러면서 특히 우리 삶의 토대요, 밥상살림의 기초인 자연을 존중하고 환경을 생각하며 그렇게 살아가고자 하지요. 어느 누구가 살림살이를 하면서 자연을 해치고 이웃과 싸우며 자녀들을 학대하고 제대로 놓지도 않고 성실히 일하지도 않는 것을 '살림살이'라고 주장하겠지요. 그런

강자 동일시

보통의 살림살이가 바로— 생명을 지키고 아끼며 존중하며 사랑하는 삶이— 올바른 '경제'인 것입니다.

그런데도 왜 이렇게 우리는 미세먼지나 온갖 쓰레기더미에 둘러싸여 '집단자살 체제'처럼 달려가는 경제가 되었을까요? 모든 문제가 '강자 동일시' 환자의 돈벌이 성공, 돈벌이 경제이기 때문입니다. 인간적인 필요를 충족하기 위한 경제, 곧 살림살이 경제라면 큰 문제가 없을 겁니다.

오로지 '강자'가 되기 위해 성공을 향해 돈만 벌고자 하는 탐욕, 맘몬의 마음이 문제입니다. '강자 동일시'의 돈중독이 문제죠. '강자 동일시'의 돈중독에 걸리면 (일중독은 당연히 따라오고요.) 건강도 인간관계도 마을 공동체도 자연생태계도 끊임없이 파괴됩니다. 그것은 '불도저 경제'와 같습니다. 불도저 같은 중장비로 공원을 만들거나 마을입구에 아이들이 위험하지 않게 강 위에 다리를 놓아준다면, 또학교를 짓거나 사람들이 살 집을 짓는 데 중장비를 쓴다면효율적이고 좋은 일이죠. 돈을 위해서가 아니라 인간적 필요를 위한 경제라면 오직 그런 취지에 따라서 마을 사람들이 사람답게, 행복하고 건강하게 살 수 있게 도와주면 되는 것입니다. 작업을 한 뒤에는 그런 중장비들을 창고에보관하면서 기름칠도 해주고 큰 작업이 필요할 때까지 잘관리하면 됩니다.

그런데 살림살이 경제가 아닌, 돈벌이 경제는 다릅니다. 중장비는 하루만 놀아도 큰 손해입니다. 굴리면 굴릴수록 돈이 들어오니까요. 중장비 사업자가 군수님을 찾아갑니다. "군수님, 1차선 도로는 농로로 너무 좁아요. 2차선으로 해야 되지 않겠어요?" 나무를 뽑고 길을 넓힙니다. 2차선을 한 다음 어떻게 할까요? 집집마다 자동차가 있으니 막힘없이 잘 오가야 하고 그러니 이왕 2차선 한 거 4차선으로 넓히자고 합니다. 그래서 또 갓 심은 나무를 뽑고 4차선을 만듭니다. 장비를 쉬지 않고 굴려야 되니까요. 처음엔 사업가가 장비 운전을 하겠지만, 돈을 잘 벌수록 장비도 많이 사고 노동자(기술자)도 여럿 고용하겠죠. 사람이나 기계나 쉬지 않고 굴리는 기업이 돈을 벌죠. 자연이 파괴되든 말든 사람이 망가지든 말든, 성공한 강자가 되기 위해 풍선처럼 부푼 욕심으로 돈, 돈, 돈 하며 끝없이 돈을 추구하니, 돈중독이라 할 밖에요. 바로 이 끊임없이 기계를 돌리고 노동을 바치는 돈벌이가 필요의 경제를 초과해 가짜 욕망을 부풀려 온갖 쓰레기를 만들고 온 세상을 부정부패로 얼룩지게 합니다. 필요도 없는데, 사람들이 원하는 것도 아닌데, 끊임없이 돈을 벌려 하니까 서류를 조작하고 엉터리 결정을 하고 영향력 있는 인물을 매수하고, 그럴 수밖에 없는 거지요.

마을 이장이 되어 바라본 세상

제 인생 경력 중에 특이한 것이 있습니다. 대학 선생을 하는 도중에 2005년부터 2010년까지 마을 이장을 했습니다. 당시에 전국적으로 '쪼금' 유명해졌죠. 교수가 이장을 한다고요. 실은 이장을 하고 싶어서 한 게 아니라, 이상한 아파트 사업을 막느라고 부득이하게 했던 겁니다. 2005년 봄, 제가 사는 시골 마을에 얼토당토 않은 아파트 1,000가구가 들어온다 해서 '정말 이상하다, 여기에 무슨 아파트냐?' 싶어서 그 진행과정들을 하나씩 파봤더니 당시 이장이 위조서류를 만들어 군수에게 민원을 올렸더라고요. 알고 보니, 아파트 업자들이 농간을 부린 겁니다. 그 과정에서 이장도 한몫 챙기려 했죠. 마을 사람들 도장 7개를 도용하고 자기 것까지 도장 8개를 찍어 당시 논과 밭 그리고 과수원이던 땅을 "아파트를 지을 수 있는 땅으로 바꾸어달라"고 주민들 몰래 민원을 냈던 겁니다. 그것도 이미 토지용도 결정 관련 서류가 군청에서 도청으로 넘어간 상태였는데, 그 민원을 근거로 다시 결정한다고 도청으로부터 군청으로 서류를 되돌려 받은 겁니다. 실은 도청도 문제죠. 건설업자들이 충남도청과 연기군청을 모두 매수했던 셈이죠. 제가 수사관이라면 그 모든 관련자를 다 잡아 넣었을 텐데, 제가 얼마나 화가 났던지 교수하던 게 다 후회가 되더라고요. 교수 아닌 검사가 되었으면 하루아침에 깨끗이 정리할 텐데, 이런 생각으로요.

하지만 저나 마을 사람들의 모든 노력에도 불구하고 결론은, '토지용도 변경은 불법이나 아파트 사업은 합법이다'라고 났습니다. 참으로 기가 막혔습니다. 이게 우리나라 행정이고 사법입니다. 이렇게 돈에 중독된 경제는 필요의 경제가 아닌 이윤의 경제가 되어 거짓과 부정부패, 어불성설의 논리, 인신공격과 폭력 등 총체적 사회악을 부릅니다.

때로 법마저도 '악'을 편듭니다.

사람들이 거짓말을 하고도 거짓임을 인정하지 않고 스스로를 세뇌하며 오히려 뻔뻔스럽게 변해가는 것, 최근 쏟아지는 가짜뉴스나 언론의 타락상들이 처음부터 사람이 잘못되어서가 아닙니다. 다 그 뒤에 있는 '강자 동일시' 환자의 돈벌이와 이윤의 경제가 사람들을 돈중독, 일중독으로 병들게 하고 있는 겁니다. 제가 사는 마을에 불법적으로 들어서는 아파트 건설과 싸우는 과정에서 저 자신 스스로 뼈저리게 체험했습니다. 그러니까 돈벌이의 이윤 경제가 아닌 전통적인 필요의 '살림살이' 경제를 다시 살려내야 한다는 것을 확실히 깨달았습니다. 농민들이 같이 모내기도 하고, 밥도 함께 먹고, 서로 이야기도 나누고, 애환과 기쁨을 같이 나누기도 하면서 '따로따로 그러나 함께' 공동체적으로 살아가던 모습이 얼마나 귀한 것인지를 저는 저의 체험을 통해 깨닫게 되었던 것입니다.

돈이 막히니 삶이 막힌다

돈, 신이 되다

돈은 원래 인간의 필요를 해결하는 수단으로 나왔습니다. 완전 자급자족이 불가능하니까 물물교환을 했습니다. 그러다가 돈이 생겨나 교환을 원활하게 해주었죠. '등가교환'의 수단입니다. 돈의 의미는 가치를 측정하고 교환의 수

강자 동일시

단이 될 때에 한해서입니다. 돈이 그 정도에서 머물면 지금과 같은 숱한 사회적 병폐들이 안 생길 수도 있습니다.

그러나 자본주의 상품사회는 모든 것을 상품으로 만들고 화폐로 교환해 이윤을 축적하려 합니다. 그러다 보니, 돈이 신이 되고 말았습니다. 중세에 신이 했던 역할을 오늘날은 돈이 하고 있죠. 돈은 완벽합니다. 결함이 없어요. 실수도 없고 실패도 없습니다. 하얀 돈이건 검은 돈이건 아무 상관이 없습니다. 돈이라 하면 모든 사람이 좋아하고 존경하고 숭배합니다. 그래서 돈을 가지면 '강자'가 됩니다. 강자가 되려면 반드시 돈이 있어야 합니다. '강자 동일시'와 돈중독은 결국 하나가 됩니다. 종교는 아편이란 말도 있지만, '강자 동일시'의 돈중독은 오늘날 우리 대부분이 걸려 있는 가장 확실한 집단 질병입니다.

모든 것이 돈중독이니 자연이나 사람이나 땅이나 집이나 다 '돈벌이의 수단'일 뿐입니다. '집'은 '가정'이 아니라 '부동산'이 되었습니다. 그야말로 '돈 놓고 돈 먹기'입니다. '돈 놓고 돈 먹는' 돈중독 사회에서 도저히 극복할 수 없는 빈부의 격차는 사람들을 확실히 갈라놓습니다. 내 존재의 소중함은 나보다 못한 처지의 다른 사람을 무시하는 것으로 표현합니다. 무시당한 사람들은 '상대적 박탈감'에 치를 떨고 이를 갈면서도 그런 일을 당할수록 '강자 동일시' 심리에 빠져 오로지 위만 보고 따라가고 있지요.

돈이 막히니 우리 삶이 막힌다

우리 몸도 피가 위아래로 잘 돌아야 동맥경화에 안 걸리고 건강한 신체를 유지할 수 있는데, 사회가 한쪽에는 돈이 너무 많이 몰려 난리이고, 한쪽에는 돈이 너무 없어 말라 죽고 있습니다. 한쪽은 홍수이고, 또 한쪽은 가뭄입니다. 이런 현상을 '돈맥경화'라고 합니다. 돈은 가치측정과 교환의 수단이니 만큼 사회적으로 잘 돌아야 합니다. 돈은 사람을 돌게 하지 말고 사회를 돌게 해야 합니다. 돈은 돌아야 하는 것이니까 돈인데, 그 돈이 사회에서 안 도니 사람을 돌게 하는 것입니다. 무한축적을 추구하는 자본주의 사회에서는 겉으로는 돈이 돌지만 속으로는 돈맥경화에 시달립니다. 그래서 '빚'이라는 외부 수혈을 하게 됩니다. 그 빚은 당연히 일하는 노동자들이나 일반 국민들이 집니다. 노동이나 세금의 형태로 돈이 필요한 자본에게 수혈을 해주는 셈이죠.

그런데 말이지요. 이윤의 무한축적 경제가 아니라 인간적 필요 충족을 위한 살림살이 경제를 보면, 상당히 다릅니다. 우리에겐 물이 필요하고, 채소가 필요하고, 옷이 필요합니다. 그 필요한 것들을 사기 위해 돈이 필요합니다. 그때 그 필요한 돈이 사회 전체에 골고루 돌면 사람들이 사는 맛도 나고, 행복감도 따라 충만하게 되겠지요. 그러면 돈은 좋은 돈이 될 수 있습니다. 그런데 지금의 돈은 그렇지 않습니다. 돈이 워낙 신과 같은 세상이 되다 보니, 사람과 사람의 관계조차 돈으로 표현됩니다. 친구를 사귈 때도 저 친구가 돈이 많으니 내가 저 친구를 사귀면 이득을 볼 수 있겠다는 생각에 사귀는 식이죠. 아파트 촌에서 고급아파트 아이들과 임대아파트 아이들이 어울려 놀지 못하게 막는 부모들이 있습니다. 높은 담장을 쌓고 출입문을 막아 아파트 사이를 아예 단절시켜버리기까지 합니다. 결혼할 때도 사람 자체가 좋아서가 아니라 돈 많은 집안 출신의 상대와 결혼해야 유리하다고 생각합니다. 돈이나 권력이 많은 사람과 친해져야 뭔가 이익을 얻을 수 있겠다고 생각하는 것, 이게 다 돈세상에서 우리가 인간임을 포기하고, 인간성을 잃어가는 표식일 뿐입니다.

학교 선택을 한번 볼까요? 이왕이면 좋은 학교에 가서 좋은 배움을 얻고자 한다, 여기까지는 좋습니다. 그런데 그 기본적인 마음이, 좋은 배움을 통해 세상을 제대로 깨닫고 그 깨달음을 바탕으로 나 자신과 사회를 위해 제대로 바르게 살아보겠다는 것이 아니라 좋은 학교를 나와야 높은 대우를 받고, 같은 시간 안에 남보다 더 많은 돈을 벌 수 있다는 식이라면 문제가 많죠. 그런 식이다 보니, "내가 무슨 학교 1등 출신인데……" 하며 어깨에 잔뜩 힘이 들어가거나, 아니면 "전공을 불문하고 무조건 SKY 대학에 가야 해"라고 믿죠. 이게 모두 돈벌이 경제, 탐욕의 경제, 지름길 경제, '돈이 신이 된' 세상에서 벌어지는 일들입니다.

모두가 주인이고 아무도 주인이 아닌

아무리 수십억짜리 집이 있어도 죽으면 무슨 소용입니

까? 만일 그런 집을 가지고 가려 하면 관이 얼마나 커야 할까요? 톨스토이가 전하는 우화처럼, 커다란 땅을 소유하려 아무리 크게 원을 그리며 달렸더라도 정작 필요한 땅은 소설 속 주인공 파홈이 숨이 차 그만 쓰러져 죽은 땅 바로 그 한 뼘짜리 땅뿐이었지요.

집과 땅에 대한 해법은 '누구나 주인이면서 누구도 주인이 아니'라는 원리 속에 있습니다. 집과 땅은 결코 '돈을 버는' '사고파는' 부동산이 되어서는 안 됩니다. 집과 땅은 '우리가 사는' 삶의 고향, 삶의 터전일 뿐입니다. 그곳은 우리가 '아주 잠시, 머물다' 가는, 지구별 어느 한 모퉁이 작고 작은 소중한 흔적일 뿐입니다. 집과 땅이 내 소유로 내 맘대로 '돈으로 사고팔아 돈을 버는' 그런 부동산이어서는 모든 사람이 불행해집니다. 정말이지 집이나 땅은 모든 사람이 세상에 태어나 저렴하게 빌려 살다가 돌려주고 가는 것이 옳습니다. 내가 살아 있는 동안 고맙게 빌려 쓰는 마음으로, 그리고 그 비용은 실비 개념으로 내가 버는 소득의 작은 일부분만 책정하면 좋겠습니다. 사회 전체가 부동산에 대한 그런 경제 개념을 갖는다면, 우리가 이렇게 오랫동안 일하지 않고도, 또 집 때문에 온갖 고생을 하거나 스트레스를 받지 않고도 살 수 있지 않을까 합니다. 우리가 기차나 버스를 차비를 내고 잠시 빌려 쓰다가 돌려주고 가는 것처럼 집이나 땅에 대해서도 그렇게 하고 그렇게 가면 좋겠습니다.

저 들판의 꽃들을 보라

풍년인데도 기쁘지 못한 이유

농사 문제를 한번 보죠. 예로부터 농촌에 풍년이 들면 농민이 얼마나 기뻐했습니까? 꽹과리나 풍악을 울리면서, "정말 좋다!"고 "하느님 고맙습니다!" 이러면서 논밭에다 절도 하고, 사람들끼리 즐겁게 술과 떡을 나눠 먹었습니다. 그런데 언젠가부터 풍년이 들면 농민이 한숨을 쉽니다. 정말 이상한 일이죠.

따지고 보면 공업화, 산업화와 더불어 농업이 구조적으로 천시되기 시작했습니다. 이른바 '수출 위주의 경제개발', 그게 이미 1960, 1970년대부터 50년 이상 이어졌습니다. 정치가들이 가끔 '새로운 먹거리'를 이야기하는데, '새로운 먹거리'가 아니라 '원래 있던 먹거리'라도 건강하게 제대로 보존하면 좋겠습니다. 이른바 '새로운 먹거리'란 진짜 먹는 밥이 아니라 좀 삐딱하게 표현하면 "어떻게 하면 약삭빠르게 남들의 피, 땀, 눈물을 뺏어올 것인가?"를 찾자는 것 아니겠습니까? 예를 들면 첨단 과학기술을 가지고 돈을 벌자, 디지털 자본주의가 새로운 돈벌이다, 아니면 원격 의료가 새로운 노다지다, 이런 식이죠. 그러나 포테이토 칩은 먹을 수 있지만 컴퓨터 칩은 먹을 수 없습니다. 식량 위기가 오면 컴퓨터는 무용지물이고, 쌀이나 감자가 절실해지죠.

유럽의 선진국들은 식량 자급률이 100퍼센트입니다.

남아도는 식량은 팝니다. 그런데 우리의 경우 쌀을 제외하면, 콩이나 다른 곡류의 95퍼센트 이상을 수입합니다. 그래서 전체 식량 자급률이 25퍼센트도 안 됩니다. 식량을 자급하지 못해 식량을 수입해서 해결하면 여러 문제점이 있습니다.

첫째, 곡물의 가격이 조용히 그리고 끝없이 올라갑니다. 세계 곡물 자본들이 전 세계의 곡물을 서서히 독과점으로 장악해가고 있기 때문입니다. 우리도 모르는 사이에 식량 부문이 독과점으로 운영됩니다. 이미 종자, 씨앗 시장이 그렇게 장악되었습니다. 해마다 씨앗을 새로 사야 합니다.

두 번째로, 수입 농산물은 대체로 보면 농약과 제초제와 화학비료 등으로 길러진 유전자조작GMO 식품이 많습니다. 밀가루나 과자류는 방부제까지 듬뿍 뿌려져서 들어오죠. 방부제를 치지 않을 수 없는 것이, 몇 달 동안 배를 타고 컨테이너와 항구 창고 등에 있다가 소비자에게 와야 하기 때문입니다. 그렇게 오랜 시간이 걸리니 곰팡이를 피하려고 방부제를 뿌려야 합니다. 그러니 이제 똥도 방부제 똥이 나오는 거예요. 어떤 농민이 저에게 "강 선생, 큰일 났어요! 똥이 안 썩어요!" "왜 똥이 안 썩습니까?" "방부제 똥이 나와요." "왜 방부제 똥입니까?" "빵, 라면, 칼국수, 만두가 전부 다 방부제잖아요. 온갖 방부제를 먹다 보니 방부제 똥이 나올 밖에요." 이러시는 거예요. 똥조차 안 썩는 세상이 된 거죠.

세 번째 '식량의 무기화' 문제입니다. "오염된 것도 좋고, 가격이 비싸도 좋으니 굶주리지 않게 제발 농산물을 파시오!" 하는 거예요. 그러면 중국이나 미국 같은 데서 어떻게 나올까요? 예컨대, "너희들 사드 문제로 우리 말을 안 들었지!" 하면서 안 판다면 어찌 되죠? 이게 '식량의 무기화'입니다. 그러니까 가격 문제, 건강 문제, 안보 차원에서도 식량 자급률을 높여야 합니다.

지금 우리의 식량 자급률은 25퍼센트밖에 안 됩니다. 게다가 전문가들의 말을 들으면 농기계나 비닐하우스는 다 석유를 많이 쓰는데, 석유가 자급이 안 되니 농기계나 비닐하우스를 쓰는 부분을 다 빼고 나면 실제 자급률은 5퍼센트밖에 안 된다고 합니다. 저는 식량 자급률을 70~80퍼센트 이상으로 높이고, 좀 더 욕심 부려 100퍼센트를 달성해야 세계 어느 나라랑 상대를 하더라도 우리가 당당하게 자주적인 목소리를 낼 수 있다고 봅니다. 신사업, 신수종 사업을 위한 과학기술 발전도 물론 중요하지요. 하지만 그에 못지않게 중요한 일은 농어촌을 사람들이 신바람 나게 살 수 있는 희망의 공간으로 만들어주는 일이라고 생각합니다.

모든 것이 기계처럼 돌아가는 세상

이 세상을 살아가는 원리는 크게 자연의 방식, 인간의 방식, 기계의 방식이 있습니다. 자연의 방식은 춘하추동, 생로병사의 원리입니다. 변화무상이고 생성소멸입니다. 인간의 방식은 인위적 방식이면서 인공의 방식입니다. 우리 자신의 삶인데 생명의 길과 기계의 길 사이를 왕래합니다. 기계의 방식은 무한운동, 무한증식입니다. 무한이윤을 추구하는 자본의 원리에 가깝습니다.

우리는 보통 인간의 방식을 당연시하고 그렇게 살아갑니다. 인간이니 어쩔 수 없기도 합니다. 그러나 이제 우리는 자연의 방식에서 배워야 합니다. 자연을 닮아가야 합니다. 완전히 자연으로 갈 수는 없더라도 한 발자국이라도 자연에 더 가깝게 다가갈 때 비로소 희망이 생깁니다. 지금 인간의 방식은 가면 갈수록 기계의 방향으로 가게 되어 있습니다. 기계를 보십시오. 기계는 24시간 돌아갈 수 있습니다. 그런데 24시간 편의점의 야간노동, 배달의민족 같은 24시간 배달 플랫폼, 이렇게 많은 것들이 기계처럼 기계를 닮아갑니다. 인간의 삶이 아니라 기계의 노동을 파는 겁니다. 우리의 인위적 방식은 시급히 자연의 방향으로 전환을 해야 합니다. 그래야 개인도, 사회도, 지구도 생존이 가능합니다.

아이들이 학교에서 자기 재능을 발견하고, 그 발견한 재능을 키워내는 데 꼭 상대평가(등수 매김, 상호경쟁)를 할 필요는 없습니다. 모든 아이들에게는 나름의 색깔과 속도가 있습니다. 춤을 잘 추는 아이, 디자인을 잘하는 아이, 말을 잘하는 아이, 생각이 창의적인 아이, 몸이 빠른 아이 등, 아이마다 달란트가 다 다릅니다. 그걸 선생님이나 부모님이 함께 발굴해 용기를 주고 격려하고, 더 잘할 수 있는 프로그램이나 경로를 안내해주면 됩니다. 줄을 세워 목표점에 빨리 도달하는 '1등'을 만들고 그 '1등'만이 잘사는 사회를 만들면 안 됩니다. '1등'이 아닌 나머지 다른 아이들은 어떻게 하라구요. 아이들 모두, 저마다 자기가 하고 싶은 일을 스스로 선택하고 여러 갈래의 다양한 목표에 열심히 즐겁게 다가가는 삶을 살 수 있도록 사회는 옹호하고 지켜주어야 합니다. 저마다가 저마다의 뜻으로 소중한 '단 한 사람의 고귀한 존재'임을 느끼게 해주어야 합니다. '1등'을 위한 'First One'의 경쟁가치 사회가 아닌, '저마다'를 존중하는 'Only One'의 존재가치 사회로 바꾸어야 합니다. 그 'Only One'들이 서로가 서로를 존중하며 손을 잡고 함께 '사람 사는 사회'를 성숙시킬 수 있도록, 또한 모두가 자연의 작은 일부임을 깨닫고 자연과 생명을 존중하는 새로운 '생태사회'를 만들어 나갈 수 있도록 그렇게 아이들 하나하나를 소중하게 키워야 합니다.

야성과 영성의 회복, "저 들판의 꽃들을 보라"

성경 말씀에도 나오죠. "저 들판의 꽃들을 보라." 저 꽃들은 경쟁하지 아니하고 각자 아름다운 꽃을 피우고 있잖아요. 왜 인간이 꽃도 닮아가지 못합니까? 우리가 자연을 좋아하고, 꽃을 선물하기도 하지만, 막상 꽃이나 자연에서 배우지 못한다면 무슨 의미가 있습니까?

갈수록 사람들이 자연의 야생성이나 영성을 잃고 있습니다. '영성spirituality'은 종교와 학문이 만나는 연결고리입니다. 영성은 이 세상 만물이 서로 밀접히 연결되어 돌아간다는 깨달음입니다. '가이아 이론'도 우주 전체를 하나의 생명체로 보는 것입니다. 우주가 하나의 덩어리로 연결되어 있다는 영성적 세계관은 불교에서도 '독불장군獨不將軍'과 같은 말로 표현됩니다. '독불장군'이라는 게 흔히 말하는 혼자 간다는 뜻이 아니라, 이 세상에 나 아닌 것이 없다, 모두가 나다, 서로 연결되어 있으니 결국은 모두 나다, 이런 보다 깊은 뜻이 숨어 있는 말입니다. 서로 연결되어 있음에 대한 깨달음, 내가 함부로 하면 그 함부로 한 게 곧 나에게 하는 것과 같다는 통찰, 이런 게 영성입니다. 조금 지나친 비유를 하나 더 하자면 지구별에 인간이란 생명체가 나타나 오랜 시간 인류가 지구에 침을 많이 뱉었는데, 그게 다시 인류에게 떨어지고 있어요. 45억 년 지구별의 나이에 비하면 정말 하잘것없는 자본주의의 100년 내지 200년 역사가 그 짧은 기간에 인류를 유례없는 위기로 몰아갑니다. 자본가만이 아니라 노동자나 소비자 역시 자본주의의 톱니바퀴 역할을 했기 때문에, 결국 인류가 뱉은 침이 다시 인류에게 떨어진다고 비유할 수 있지요.

그런데 앞서 말한, 생명의 야생성과 생명의 연결성에 대한 깨달음, 저는 이 야생성과 연결성이야말로 자연이 인간에게 주는 메시지의 핵심이라 생각합니다. 생명의 야생성과 연결성을 잊어버리고 인위의 원리나 기계의 원리로 삶을 살아가려니 어느 누구인들 지치고 망가지지 않을 수 있겠습니까? 모두가 '돈중독' '일중독'의 환자가 되는 것은 너무나 당연한 일입니다. 많은 청년이 취업 걱정 때문에 마음부터 지칩니다. '큰 배움터' 즉 '크게 배운다'는 대학大學에 가서 아주 작은 배움小學만 얻고 갑니다. 저 같은 대학 교직원 먹여 살리느라고 부모님들 고생시키면서 돈 많이 내고 졸업장 하나 들고 나갑니다. 꼭 대기업 같은 데 취업하지 않아도 고시 같은 것을 패스하지 않아도 얼마든지 인간답게 살아갈 수 있습니다. 오히려 자연을 닮아 자연의 경제를 회복하고, 그런 마음을 함께하는 사람들이 모여 살기 시작하면 훨씬 더 자유롭고 평등하고 재미있고 창의적인 삶을 살 수 있어요. 그러면서 나라가 이런 젊은이들을 도와줄 수 있도록 정책변화와 지원 프로그램을 만들게 압력을 넣고 여론을 조성하는 게 우리 공동의 책임입니다. 젊은이들에게 힘을 보태주어야 합니다. "취업 안 해도 괜찮다," "더 좋은 길을 발견할 수도 있어! 우리가 도와줄 게" 그렇게 격려하면서 사회경제 정책의 변화까지 함께 만들어나갈 수 있으면 정말 좋겠습니다.

'아래로는 갈구고 위로는 비벼야 살아남는다'는 갈비의 법칙 속에 10년만 시달리면, 위 아래를 막론하고 모두 자연스러운 인간성을 상실합니다. 사회적 DNA가 변하는 것입니다. 그 변한 사회적 DNA는 바로 '강자 동일시' DNA입니다. 우리의 사회적 DNA는 '강자 동일시'를 삶의 에너지로 삼아 성공과 출세를 향해 '강자'가 되기 위한 끊임없는 노력을 합니다. 하지만 그렇게 해서 살아남고 '강자'가 되어봐야 삶의 의미나 가치를 추구하지 못한다면 갈수록 삶은 공허해집니다. 또 삶이 공허해질수록 더욱더 '강자'가 되고 싶고 저절로 돈중독, 일중독에 빠지게 됩니다. 만족을 모르는 '돈벌레', '일벌레'가 되고 말지요. 그처럼 한도 끝도 없이 달려가다가 어느 날 갑자기 '왜 이렇게 살지?'라는 생각이 드는 순간 멘붕이 그냥 오지요. 그나마 몸이 안 아프면 다행입니다. 대개는 심신이 지치고 자기도 모르는 사이 암 같은 큰 병에 걸립니다. 우울증은 왜 그리도 많고, 과로사로 돌아가시는 경우도 왜 그렇게 늘 발생하는지요. 지도층 인사라 해도 다를 게 없지요.

3
생태민주주의를 향하여

'국민총행복'이란 무엇인가

생산력의 발전이 우리를 행복하게 할까?

생태민주주의는 결론부터 요약하면 사람과 자연이 모두 조화롭게 잘살자는 이야기입니다. 요즘 미세먼지는 물론 환경호르몬이나 지구온난화, 기후위기, 자연재해가 우리 미래를 어둡게 하고 있기 때문에 정말 절실하고도 중요한 주제입니다.

원래 제 전공은 경영학이지만 공부를 하다 보니 다른 것들과 자연스레 연결이 되더군요. 경영이나 경제가 사람이나 자연 없이는 이뤄지지 못하니까요. 우리가 경제활동을 하는 이유도 결국은 잘살고자 하는 것 아니겠습니까? 그래서 경제고 노동이고 교육이고 모든 활동이 궁극적으로는 행복한 삶을 추구하는 것입니다.

그런데 근대 이후 사회나 대학이 갈수록 많이 분업화

하면서 각 분야별로 좁은 범위에 집중하여 전문적으로 일하다 보니, 삶 자체가 많이 파편화했죠. 그래서 각종 전문가나 연구자들이 부지런히 연구, 분석하고 해법을 내놓지만 제각기 강조점이 다른 걸 알 수 있습니다. 삶을 총체적으로 보기보다는 자기 전공만 쳐다보고, 잘 모르면 모르는 걸 오히려 자랑으로 여깁니다. 사실 저도 그런 면에선 별로 자유롭지 못합니다.

그럼에도 저는 나름, 늘 필요하다고 느낄 때 제 전문 영역의 담을 넘어 관련된 다른 영역을 끊임없이 학습, 실천하면서 살아왔습니다. '생태민주주의' 역시 초분과적 접근이 필요한 문제이지요. 경영과 경제, 노동과 교육, 정치와 문화, 사회와 자연을 모두 아울러 생각해야 제대로 된 답이 나온다는 얘깁니다.

옛날에 마르크스가 말했던 역사발전 단계에서 "자본주의 이후에 무슨 주의로 갈 거냐?" 할 적에 기존의 사회주의나 공산주의로 공식화되었던 시스템이 이미 1990년대 이후 모두 무너져버렸습니다. 남아 있는 사회들조차 우리가 그냥 믿고 본받을 수 있는 시스템을 보여주는 것 같진 않습니다. 게다가 현재 우리가 사는 이 자본주의 역시 일정한 역사적 성과에도 불구하고 많은 문제를 노출하고 있습니다. 크게 보면 봉건주의가 역사적 과업을 하고 사라졌듯이, 이제 자본주의도 역사적 과업이 끝났다고 생각합니다. 그런 점에서 오늘 이 자리는 생태민주주의 관점에서 우리 삶을 성찰하고 또 앞으로 어떻게 살아야 하는지 스스로 질문하는 시간이기도 합니다.

자본주의 발전으로 사회 전체가 생산력이 발전해 보통 사람도 어느 정도 풍요롭게 살게 되었지만, 미세먼지나 미세플라스틱 등이 보여주는 위기의 징후를 보면, 이런 식의 자본주의가 계속 확대 재생산되면 어쩌면 지구 종말, 인간 멸종의 시대가 뜻밖에 빨리 올 것이라 봅니다. 학자에 따라 그 시점을 향후 50년으로 보는 사람도 있고, 불과 25년 남았다고 하는 사람도 있습니다. 누군가는 길게 봐야 100년 정도 남았다고도 합니다. 정확한 수치야 아무도 모르고, 또 이런 저런 경고 덕에 조금은 늦추어질 수도 있겠지만, 저 역시 그런 파국의 시간이 꼭 올 수밖에 없다는 위기의식을 절망적으로 느끼곤 합니다.

'국내총생산'과 '국민총행복' 사이에서

오늘 저는 '국내총생산GDP'과 '국민총행복GNH'이라는 두 개념에 초점을 맞춰, 어떻게 하면 사회경제의 지속 가능성sustainability을 찾아볼 수 있을지 이야기하고자 합니다. 방금 말씀드린 대로 지구가, 아니 지구 위에 사는 인류의 삶이 아무 탈 없이 지속 가능하진 않을 것 같습니다. 하지만 죽을 때 죽더라도, 살아 있는 동안엔 아우성이라도 쳐야 되지 않나 생각하면서, 좀 더 단단한 각오로 스스로를 다잡아봅니다. 어쩌면 우리 세대까지야 그럭저럭 버티겠지만, 지금 자라나는 세대는 상당히 불안하고, 그다음 세대는 진짜 미래가 없지 않을까 싶습니다. 오늘 아침 제가 나올 때 길이 한 치 앞도 안 보일 정도로 안개가 진하게 끼었습니다. 바로 그런 안개 같은 미래가 우리의 미래가 아닐까 싶어 순간 우울했었습니다. 그래도 어쨌든 골방에 박혀 있으면 더 우울해지니, 가슴을 펴고 광장으로 나가야지요. 그래서 나왔습니다. 나오니까 역시 좋군요. 사람을 만나고 같이 웃으면 한결 마음이 낫습니다. 저는 그렇습니다. 만나고 같이 웃고 같이 이야기 나누면, 칠흑같이 자욱했던 마음의 안개도 말끔히 걷히지요. 여기 오신 분들도 바로 그런 마음 아닐까 싶네요.

흔히 '국민총생산'을 뜻하는 GNPgross national product나 '국내총생산'을 뜻하는 GDPgross domestic product는 우리한테 꽤 익숙하지요. 그런데 '국민총행복'을 뜻하는 GNHGross National Happiness는 낯섭니다. 제가 어느 신문 칼럼에서 "내가 촛불 대통령이라면 오늘부터 국민총행복 개념으로 나라를 경영"하고 싶다 했습니다. 모두 잘 아시는 헌법 10조에 행복추구권과 인간존엄성 개념이 나오고 35조에는 환경권이 나옵니다. 물론 자유권 같은 다른 권리도 많지만, 오늘 주제와 연관해서는 행복추구권과 환경권이 중요합니다. 국가는 이런 국민의 권리를 보장하기 위해 부단히 노력할 책무가 있습니다.

1972년에 노벨문학상을 받은 독일 작가 하인리히 뵐Heinrich Böll이 쓴 '어부와 관광객' 이야기가 있습니다.

부자 나라에 살던 한 청년이 오랜만에 휴가를 얻어 가난한 나라로 여행을 떠났습니다. 해안가에 갔는데 남루한

옷차림의 어부가 낮잠을 자는 거예요. 그 모습이 너무나 평화롭죠. 자기가 바쁘게 살아왔던 산업사회의 장면과 너무나 달라 사진을 한창 찍었습니다. 노인이 놀라 깼습니다. 좀 민망하잖아요. "아이고 어르신, 죄송합니다. 참 좋은 데 사십니다. 그런데 어르신은 고기 잡으러 안 가세요?" 그러니까 노인이 뭐라 그랬습니까? "어허, 새벽녘에 벌써 잡아 왔네."

청년이 말했죠. "아, 그러면 또 한 번 더 가면 돈도 많이 벌고 좋잖아요."

그러니까 노인이 뭐라 그랬겠어요? "그렇게 돈 많이 벌어 뭐하게?"

청년이 논리적으로 답했죠. "그럼 저 허름한 배도 새 걸로 바꾸고, 그러면 고기도 훨씬 더 많이 잡을 수 있잖아요."

"그렇게 고기 더 많이 잡아서 뭐하게?"

"그러면 냉동공장과 가공공장까지 만들어가지고 지금보다 돈을 훨씬 더 많이 벌 수 있지 않습니까?"

"그다음에 뭐하게?"

"아, 그럼 저 언덕 위 경치 좋은 곳에 멋진 별장을 짓고, 편안히 지내실 수 있지 않겠습니까?"

그랬더니 노인이 뭐라 그랬을까요? "이미 오래전부터 나는 그렇게 편안한 삶을 살고 있다네. 지금도 충분하다네."

사실 이와 비슷한 이야기를 들어보셨을 것입니다. 청년의 입장에서는 끊임없이 많이 잡고, 많이 생산하고 많이 버는 것이 미덕이고, 좋은 삶이라고 생각하고 있는 거지요. 하지만 노인은 자신의 소박한 필요에 맞게 매순간 행복을 음미하며 사는 게 인생이라 본 것입니다. '충분함의 미학'이랄까요? 화려하게 살지 않아도 충분히 행복하다는 것이지요. 이에 동의하실 분도 계시고, 동의하지 않는 분도 계시겠지요. 어떤 분은 "아, 왜 그 노인처럼 살아? 더 활발하게 움직여 경제를 활성화해야지? 농어촌 재개발도 멋지게 좀 하고 말야." 이렇게 생각하실 수도 있겠습니다. 그럼에도 오늘 제가 강조해서 말씀 전하고 싶은 이 작가의 메시지는 '충분함의 미학'입니다. 이제 우리에게 중요한 것은 끝없이 욕망을 부풀려 무한대로 소유해 나가는 게 아니라 멈추고 스스로 만족할 수 있는 삶의 가치라는 거죠.

우리가 돈을 벌 때, 무엇을 위해 돈을 버는지 따져보면 그 목록이 갈수록 길어집니다. 자동차만 해도 예전보다 더 속력도 나고, 더 튼튼해야 하고, 디자인도 좋아야 하고 그렇러니 차 값은 훨씬 더 비싸게 됩니다. 일상생활도, 아무리 돈을 벌어도 갈수록 돈은 부족하고 그만큼 더 열심히 일해 더 많이 벌어야 하죠. 자기도 모르게 돈중독에 빠지고, 일중독의 덫에 걸려들 수밖에 없게 되지요.

제가 가장 싫어하는 광고가 있습니다. "100세 시대, 노인으로 품위 있게 살려면 몇억을 모아야 된다." 이런 광고인데, 젊은이는 젊은이대로 노인은 노인대로, 끊임없이 돈벌이 전선에 나서라는 말이죠. 그 일의 내용이 무엇이건 사람이나 자연이 손상되건 아무 관계없이 돈만 되면 무조건 참여하라는 뜻이죠. 우리는 정말 필요하고 좋은 것만 만드는 게 아니라 플라스틱 제품이나 환경호르몬 제품도 만들고, 심지어 무기나 독약(살충제, 제초제, 고엽제 등)을 만들기도 하지요. 돈이 되고, 돈을 벌 수만 있다면 무슨 일이든지 해야겠다고 생각하지요. 누구나 알면서도 외면하는 '불편한 진실' 가운데 하나는 우리가 밖에서 사 먹는 상당수 음식들이 죄다 독약이라는 사실이지요. 열심히 돈 벌어 모처럼 외식하고 맛있게 사 먹지만 실은 온갖 병을 얻는다는 점에서 외식을 한다는 게 독약을 사 먹고 있는 셈이죠. 물론 조금 지나친 과장일 수도 있겠지요. 중요한 점은 우리 모두 이런 측면에서 한 번쯤은 '다르게' 사회구조도 성찰하고 동시에 그 속에 사는 우리 자신의 가치관도 생각을 바꾸어 되돌아보자는 이야기입니다.

성장중독증과 중독증 난독현상

예전에는 GNP를 많이 썼을 텐데, 언젠가부터 GDP를 쓰고 있습니다. 왜 그럴까요? 먼저 GNP는 국민총생산이고, GDP는 국내총생산입니다. 무슨 차이가 있고, 왜 GDP로 개념이 바뀌었을까요?(물론 대입 시험에 안 나오니까 알 필요도 없긴 합니다. 농담입니다).

GNP는 결국 국적이 중요합니다. 국민총생산이니 한국 국적을 가진 사람이나 기업이 1년 동안 국내건 해외건 생산한 총 부가가치입니다. 그런데 GDP는 그 국적을 따지지 않고 한국 땅 안에서 만들어낸 부가가치의 총합입니다. 이른바 '세계화' 시대가 되면서 전통적인 국내 기업 또는 외국 기업의 경계가 모호해졌습니다. 예를 들면 국민은행이 우리 국민의 은행입니까? 아니면 외국민 은행입니까? 삼성전자가 한국의 대표 기업입니까? 아닙니다. 주식 소유구조로 보면 죄다 외국 기업입니다. 그러니까 그 자본의 국적에 무관하게 한국 안에서 생산한 부가가치(돈벌이)가 많을수록 GDP는 올라가는데, 이걸 우리는 경제성장이라 합니다.

물론 세계 전체적으로 보면 이 두 개념이 같아집니다. 최근에도 언론에서 한국의 경제성장률이 몇 퍼센트인지, 마이너스인지 플러스인지, 올랐는지 내렸는지, 다른 나라들에 비해 나은 건지 못한 건지, 이런 것을 엄청 따집니다. 저는 이런 태도야말로 일중독이나 돈중독과 함께 한국사회를 지배하는 '성장중독증'을 드러내주는 사례라고 봅니다. 해마다 2퍼센트건 1.5퍼센트건 꾸준히 올라가야 바람직하다는 사회적 정서, 그리고 많이 오를수록 더 좋다는 신념, 나아가 이런 성장이 무한하게 지속될 것이라 당연시하는 태도, 이 모두는 성장중독에 걸친 우리 사회의 난독현상입니다. 경제가 예전 같지 않으면 경기후퇴 내지 경제위기라 하면 되는데, 오죽하면 굳이 '마이너스 성장'이라 부를까요? 바로 성장중독증 때문이죠.

강자 동일시

우리를 집어삼킨 자본의 마음

멈추지 않는 성장은 죽음의 길이다

중국 같은 경우는 최근 성장률이 7퍼센트 내외라 하는데, 이것도 사그라든다고 난리입니다. 잘나갈 때는 10에서 15퍼센트씩 막 달려 나가다가 이게 7퍼센트밖에 안 되니 중국 경제가 걱정이다, 이렇게 말하죠. 한국도 1980년대 중후반에 15퍼센트씩 성장했죠. 그러다가 1997년에 IMF 외환위기가 왔고 그 이후 '망했다'고 하는데, 저는 좀 다르게 봅니다. 그건 자본의 입장이고, 일반 국민의 입장에서는 1960년대 이후 경제개발 과정이 어떤 의미로는 망하는 과정이었다 보기 때문입니다. 국민이 주인이 되어 소박한 삶, 소박한 필요를 충족하는 건강한 경제가 아니라 자본과 권력이 주인이 되어 금수강산을 함부로 유린하고 동원하고 착취하는 병든 경제를 만들어 왔기 때문이죠. 건강을 망친 비만증 환자 같은 경제이지요. 몸은 커지고 살을 쪘지만 온갖 병치레로 허덕이는 비만증 환자의 모습이 바로 지금의 경제성장이지요.

한국 같은 경우 1987년 민주화운동이 있던 1980년대 후반이 제일 잘나갈 때였습니다. 경제성장률이 15퍼센트 내외였어요. 1997년경까지 거의 매년 10퍼센트 이상 확대되었습니다. 그러니까 아이들 키로 본다면 중고등학교 시절에 해당하죠. 그 이후 1990년대 중반 들어 쪼그라들기 시작하다가 IMF 위기가 터지고 증가율도 점차 정체되고 우리의 사회적 의식은 정치적 독재에는 반대하지만 자본의 독재에 대해선 여전한 불감증을 앓고 있습니다. 그것도 아주 심하게 앓고 있습니다. 탈세나 뇌물 공여, 회계조작, 노동권 탄압, 산재=기업 살인 같은 걸 그냥 봐주면 안 된다고 하면 고개를 끄덕이지만, 만일 보수 언론에서 '경제를 망치는 일'이라 떠들어대면 금세 그런 목소리는 사그라들죠. 경제가 살아야 나도 산다면서 자본의 독재를 인정하는 거죠. 거기에 더하여, 자꾸 그렇게 문제를 지적하고 비판하면 결국 북한이나 중국을 도와주는 것과 마찬가지니 그건 '빨갱이와 똑같다' 한마디 하면 그것으로 '끝'입니다.

이렇게 우리는 자본의 품 안에서만 가능한 민주주의를 민주주의라고 착각하고 있는지 모릅니다. 그것은 이미 우리들 안에 '자본의 마음'이 깊숙이 내면화해 있기 때문입니다.

지금 수준(2019년, 2퍼센트 성장)에 이릅니다.

크게 보면 세계 전체가 선진국으로 갈수록 1퍼센트 성장한다는 게 어렵습니다. 그 이유는 이미 시장이 포화상태라 그렇습니다. 여러분 가정에서 물에다 꿀이나 설탕을 넣어보세요. 처음 맹물일 땐 쉽게 잘 녹습니다. 그것도 따뜻한 물일 때 잘 녹죠. 근데 설탕이나 꿀이 많이 들어가고 나면 잘 안 녹습니다. 포화상태니까요. 경제성장도 마찬가지입니다. 처음엔 도시도 별로 없는 농어촌 중심 사회에선 뭐든 만들면 죄다 팔렸죠. 사람들이 물건을 안 갖고 있을 때는 만들어내는 족족 팔립니다. 만들기 바쁘지요. 한 20, 30년 만들고 팔고 나면 한 나라 시장이 다 찹니다. 포화죠. 그래서 세계 시장으로 나가죠. 또 20, 30년 지나면 세계 시장도 포화가 됩니다. 그러니 이제 어느 나라건 성장하기가 힘들어지는 거죠.

그래서 이제 (국적을 가리지 않고) 자본의 입장에선 북한 같은 곳도 개발의 대상, 투자의 대상, 새로운 시장으로 봅니다. 북한이 민주화되고 문을 여느냐와는 아무런 상관없이 자본은 그렇게 본다는 것입니다. 우리는 지난 60년 동안 삼천리 금수강산을 개발강산으로 바꾸어놓았는데, 이제 진짜 금강산이나 백두산도 그렇게 개발 대상지로 삼게 된다면 정말 끔찍할 것 같습니다. 이념, 이념 하지만 실은 이념도 필요없어요. 아무것도 아니에요. 누구나 아다시피, 자본은 이윤만 있다면 지옥이라도 쫓아가거든요.

1990년대 사회주의권이 붕괴되면서 그 뒤 약 20년 이상 소련과 동구, 중국 등이 다 시장경제에 편입되었습니다. 영국, 미국, 독일, 프랑스 중심의 자본주의 진영은 서로 앞다투어 투자처와 상품시장을 개척했죠. 그렇게 해서 새로운 투자처와 시장이 개척되면, 그 나라는 GDP가 올랐다고 경제성장이 된다고 환호성을 지릅니다.

이런 관점에서 보면, 미국을 비롯한 이른바 자본주의 국가는 GNP/GDP를 늘리는 과정에서 어떻게 하면 빈틈을 뚫고 들어가 조금이라도 더 시장을 확장해볼까 호시탐탐 노리는 것입니다. 이걸 그럴듯한 말로 포장해서 경제개발, 경제성장, 경제발전이라 할 뿐이죠.

우리를 장악한 자본의 마음

그런데 이런 문제를 좀 더 깊이 들여다보면, 경제성장에 중독된 게 자본과 자본가의 문제만이 아닙니다. 우리들도 은행에 저축할 때 어디가 이자를 좀 더 많이 줄지에 관심을 갖죠. 그런데 바로 그 순간 우리는 자본의 성장 욕구와 같은 이해관계를 갖게 됩니다. 자본이 돈벌이를 잘해 성장해야 내 이자도 커지니까요. 그래서 갈수록 사태가 꼬이는 것입니다.

어느 은행에서 이자를 더 많이 주는지 생각하는 이게 곧 자본의 마음입니다. 자본은 늘 우리 밖에만 있는 게 아니죠. 우리가 성장에 중독된 것 역시 그런 자본의 마음이 우리 안으로 들어온 것입니다.

한 걸음 더 생각해보죠. 은행이나 금융기관들이 이자

를 좀 더 많이 주려면 어떻게 해야죠? 당연히 투자를 더 야무지게 해야죠. 고수익률을 보장하는 곳에 투자하죠. 그런데 기업으로 치면 어떤 기업이 고수익을 올리겠습니까? 좀 거칠게 말하자면, 수단과 방법을 가리지 않고 노동인권 탄압과 자연 파괴까지 예사로 해대며 비용을 줄이고 동시에 수익을 많이 내는 기업이 고이윤을 낼 것입니다. 그런 기업에다 은행이 투자하면 많이 벌겠지요. 그렇게 되면 바로 그런 펀드에 가입한 일반인들도 더 많은 이자를 받겠죠. 이런 식으로 우리 모두는 엮여 있습니다.

그러니까 자본이란 게 단순한 기업이나 기계, 회사, 경영자 등만이 아니라, 바로 우리 자신의 느낌과 생각과 행동, 판단과 태도, 일상 의식 속에도 깊숙이 들어와 있다는 이야기입니다. 자본을 객관적 실체로 보는 게 아니라 사회적 관계로 보아야 한다는 이야기가 바로 이런 것입니다. 사람과 사물, 사람과 사람이 맺는 관계가 우애롭고 조화로운 관계냐, 아니면 억압하고 착취하는 관계냐, 바로 이게 자본을 판가름하는 기준이라고 저는 생각합니다.

민주 진보세력도 자본의 마음을 넘어서지 못했다

우리의 삶과 사회가 자본관계에 맞물려 있기 때문에 예컨대 적폐청산 같은 일도 쉽게 안 풀립니다. 제대로 된 민주주의가 안 된다는 것이죠. 촛불혁명으로 새 정부가 들어서도 이상하게 진도가 잘 안 나가는 것, 그 원인이 바로 여기에 있습니다. 노골적으로 자본을 옹호하는 보수(극우) 정당만이 아니라 민주당이나 심지어 정의당조차 자본을 넘어선 새로운 사회관계를 여는 데 역부족입니다. 사실은 생각도 의지도 부족합니다. 어쩌면 정치와 정당 이전에 우리 국민들 스스로도 그럴 의지와 열망이 별로 없는 것은 아닐지 몰라요. 그저 취업 잘하고 돈 잘 벌면 '만사형통'이라고 생각하고 있으니까요. 정리해고 시기나 경제불황이 닥치면 다들 뭔가 근본적인 대책이 필요하다고 외치지만 정작 무엇을 어떻게 고칠지에 대해선 별다른 생각도 별다른 대안도 없죠. '악덕' 자본가 몇이나 타락한 정치인들 몇몇을 감옥에 보낸다고 해서 풀릴 문제가 아니죠. (그렇다고 탈세나 뇌물 공여, 회계조작, 노동권 탄압, 산재로 나타나는 기업 살인 같은 것을 그냥 놔두자는 것은 결코 아닙니다.) 우리의 사회적 의식은 정치적 독재에는 반대하지만 자본의 독재에 대해선 여전한 불감증을 앓고 있습니다. 그것도 아주 심하게 앓고 있습니다. 제가 좀 전에 탈세나 뇌물 공여, 회계조작, 노동권 탄압, 산재=기업 살인 같은 걸 그냥 봐주면 안 된다고 하면 고개를 끄덕이지만, 만일 보수 언론에서 '경제를 망치는 일'이라 떠들어대면 금세 그런 목소리는 사그라들죠. 경제가 살아야 나도 산다면서 자본의 독재를 인정하는 거죠. 거기에 더하여, 자꾸 그렇게 문제를 지적하고 비판하면 결국 북한이나 중국을 도와주는 것과 마찬가지니 그건 '빨갱이와 똑같다' 한마디 하면 그것으로 '끝'입니다. 이렇게 우리는 자본의 품 안에서만 가능한 민주주의를 민주주의라고 착각하고 있는지 모릅니다. 그것은 이미 우리들 안에

'자본의 마음'이 깊숙이 내면화해 있기 때문입니다.

그리기에 필요한 것은 대안적 삶의 방식입니다. 대안적 삶의 방식은 무엇보다 인간적 욕구에 충실하고, 소박하게 살면서 가능하면 적게 쓰고, 나누면서 사는 것입니다. '어부와 관광객' 이야기에 나오는 노인의 자세로 살아가는 것이죠.

물론 진짜 노인처럼 살면 안 됩니다. 그것은 우리가 사회구조적인 불평등이나 파괴성을 함께 줄이면서도 대다수 국민의 인간적 욕구를 충족하는 새로운 사회를 만들어야 하기 때문입니다. 물론 청년의 말처럼 살아서도 안 되지요. 더 이상 '강자 동일시'의 돈중독과 일중독의 환자로 살아서는 안 됩니다. 아니 살 수가 없습니다. 중독의 끝은 죽음뿐입니다. 만족할 줄 모르는 자본의 이윤 욕망을 따라 무한 증식의 포식자로 사람과 자연을 파괴하는 일을 해서는 안 됩니다. 경제발전이라는 이름으로 자행되는 파괴적 개발이나 성장에 대해서도 눈감아서는 곤란합니다. 사회구조를 승자독식의 경쟁구도에서 나눔의 상생구조로 바꾸어야 합니다. 생산과 소비를 생태적으로, 자연과 인간, 인간과 인간이 함께 더불어 살 수 있는 구조로 바꾸자는 데 합의가 신속히 이루어져야 합니다. 그래야 비로소 자본주의 이후의 새로운 사회, 인간다운 사회를 상상할 수 있습니다.

'국민총생산'에서 '국민총행복'으로

알고 보면 어이없는 GDP 개념

GDP 개념에 대해 좀 더 구체적으로 들어가 볼까요? 어떤 기업이 생산과 수출을 많이 하면 GDP가 올라갑니다. 그런데 생산 과정에서 누가 열심히 일하다 다쳐 산재 사고가 납니다. 병원에 많이 가면 갈수록 그 병원의 수입이 올라 GDP 성장에 기여합니다. 직업병이건 단순 사고이건, 아니면 과로사건 사람들이 병원 신세를 많이 질수록, 또 장례식장이 돈을 많이 벌수록 경제가 성장한 것으로 기록됩니다.

그다음에 또 어떤 점이 있습니까? 경제가 잘 돌아가려면, 가정에서 어머니들이 일을 많이 합니다. 아이와 노인을 돌보고, 경우에 따라선 환자까지 돌봐야 합니다. 부부가 같이한다고 해도 대부분 여성의 노고가 더 큽니다. 그런데 남자가 바깥에서 돈을 벌어오면 GDP에 기록되지만, 여성의 가사노동 가치는 GDP에 기록되지 않습니다.

친구끼리, 동료들끼리 도와주고 서로 사랑하는 마음을 나누는 이런 부분이야말로 사회를 인간답게 만들고 경제 시스템을 유지하는 데 굉장히 중요한데도 불구하고 이런 부분은 GDP에 흔적도 없습니다. 반면 오폐수를 방류해 바다와 강이 심각하게 오염되는데도 공장들에서 상품을 많이 만들어 해외로 수출을 많이 하면 어떨까요? 삼천리 금수강산이 오염강산으로 변했음에도 GDP가 성장했다고 박수치는 거죠. 지금 우리는 3만 달러 시대를 살아가고 있습니다.
그 사이에 제 고향인 마산만 하더라도, 아름답던 바닷가 해
수욕장도 다 없어지고, 달이 차면 달빛 아래 바지락을 캐던
갯벌도 없어졌습니다. "내 고향 남쪽바다 그 파란물 눈에
어리네" 하며 불렀던 노래는 이제는 너무나 어울리지 않는
'철지난 유행가'처럼 되었지요. 논밭이나 구릉지가 있던 자
리엔 죄다 고층아파트들이 들어섰어요. 그렇게 자연이 죽
어가는 대가로 1인당 GDP 3만 달러 시대가 왔습니다. 제가
태어났던 1960년대 초에는 100달러도 안 되었습니다. 지난
60년 동안 우리는 300배 이상 부자가 됐지만, 이웃사촌도
잃고, 금수강산도 잃고, 맑은 공기와 푸른 하늘도 잃었습니
다. 대신, 미세먼지나 환경호르몬, 아파트 숲, 자동차 행렬,
그리고 코로나 바이러스까지 창궐합니다. 도대체 무엇이
문제인가요?

'국민총생산'에서 '국민총행복'으로 패러다임을 바꾸자
이제 분위기를 좀 바꿔 보죠. GNH(국민총행복)입니다.
흥미롭게도 약 50년 전에 국민총행복을 기준으로 나라를
다스리겠다고 한 사람이 있습니다. 누구냐? 우리가 잘 아
는 선진국들이 아니라 히말라야 기슭의 가난한 나라 부탄
의 젊은 왕입니다. 1972년에 구상했고 공식적으로 "GNH
를 기준으로 나라 운영을 새롭게 하겠다"고 선언한 것은
1974년입니다. 당시 한국은 유신 헌법 등 군사 독재 시절
이었는데, 부탄은 전혀 다른 길을 걸은 셈이죠.

강자 동일시

조사마다 좀 차이는 있지만, 어떤 조사에서 부탄 사람들의 97퍼센트가 '행복하다'고 대답했습니다. 지금 우리는 어떤가요? 사실 부탄의 1인당 GDP 수치는 우리의 10분의 1도 안 됩니다. 우리는 3만 달러를 넘지만, 거기는 2,500달러도 안 됩니다. 가난한 편이지요. 그러나 부탄은 맑은 하늘이 있고, 늘 웃는 얼굴의 이웃이 있으며, 어린이는 물론 성인들의 당뇨병이나 비만, 과로사 같은 게 없습니다. 따지고 보면 우리도 예전에 이웃 간에 정이 살아 있고, 동네마다 쪼끔만 나가면 개울에 미꾸라지나 송사리가 지천으로 놀던 시절이 있었죠.

물론 자동차나 고속기차, 아파트나 김치 냉장고, 에어컨, 휴대폰 등이 있어, 물질적 편리함은 비교할 나위 없이 좋아졌지만, 과연 그만큼 행복해졌는가? 얼마나 마음이 너그러워지고 여유로워졌는가? 또 사람들끼리 서로 우애롭게 지내는가 하는 관점에서 보면, 정말 우리의 행복지수 GNH가 경제성장GDP만큼 올라갔는지 모르겠습니다. 공자님은 "의식이 족하면 염치를 안다"고 말씀하셨지만 아무리 먹을 것과 입을 것이 넘치더라도 이상하게 행복하지 않음은 무슨 까닭에서일까요? 혹시 GDP가 올라갈수록 정작 우리의 GNH는 내려간 것은 아닐지 걱정스럽기조차 합니다.

동네 약수터를 한번 생각해보십시오. 동네마다 약수터가 갈수록 줄어들고 있습니다. 이런 작은 변화에서도 우리는 위기감을 느껴야 합니다. 지하수가 오염되고, 약수터가 없어지고, 숨 쉬는 것마저 힘들어지고 있습니다. 지금은 마스크를 쓰고 계시지만, 좀 있으면 전투경찰이 쓰는 방독면을 쓰고 살아야 할지 모릅니다.

우리가 못 살 때는 '앞만 보고 달리자'는 데 모두 합의했습니다. 그러나 앞만 보고 달려 지금은 부자 나라가 되었음에도 별로 행복하지 않습니다. 얼마 전에 또 네 모녀가 자살하는 안타까운 일이 발생했습니다. 1인당 국민소득이 3만 달러면 세계 200여 개 나라 중 우리가 10퍼센트 안에 드는 셈입니다. 보통 100명 중 10퍼센트 안이면 탑클래스입니다. 세계 전체에서 경제력 수준이 탑클래스라면, 지금부터는 삶의 양이 아니라 '삶의 질'을 생각하는 패러다임으로 바뀌어야 합니다. 대통령부터 일반 시민까지 이제는 그런 방향으로 합의를 이루어야 합니다. "나는 오늘부터 삶의 양이 아니라 삶의 질을 중심으로 나라를 운영하겠다." 대통령이 이렇게 선언하는 그런 상상을 해봅니다.

부탄이라는 나라를 아시지요. 부탄의 총리가 이런 이야기를 했습니다. "행복은 한 사람이 다른 사람과 공유하지 않은 채 나 혼자서만 얻을 수 있는 건 아니다." 우리 전우익 선생님 말마따나 '혼자만 잘살면 무슨 재민겨'이지요. 나의 행복과 사회의 행복은 하나로 결부되어 있다는 이야기입니다. 이런 사실 하나만 제대로 이해하고 우리의 일상을 바꾸더라도 아이들끼리, 친구끼리 좀 더 잘 어울리게 하고, 또 이웃 간에 서로 마음을 열고 만날 수 있는 관계들을 얼마든지 만들 수 있지 않을까 싶습니다.

사람과 사람의 유대관계, 이것이 파괴되고 단절된 것이 어쩌면 '세계 최고를 자랑하는' 우리나라 자살률의 가장 큰 원인입니다. 사람이 자살하려는 마지막 순간에 전화를 걸어 대화할 그 한 사람이 없는 경우, 사람은 자살의 유혹을 뿌리치질 못한다고 합니다. 그 마지막 한 사람이 없다는 것, 가족이든 친구든 정말 마음을 터놓고 이야기할 사람이 없을 때, 삶의 의미가 없기 때문이지요.

아이들이 학교에서 왜 스트레스 지수가 높겠습니까? 예를 들면, 시험이 있고, 등수를 매기는 상대평가가 있고, 그다음에 SKY대학이라는 서열화가 있고, 그 서열화에 따라서 나중에 사회적인 경제적인 대우가 달라집니다. 뭔 시험은 왜 그리도 많이 쳐야 하죠? 대학을 졸업하고 직장에 가면 어떻죠? 직장에서 살아남고 승진하려면 아래를 잘 갈구고 위로 잘 비벼야 하는 '갈비의 법칙'이란 게 있습니다. 앞에서도 말씀드렸고 또 제가 자주 제 강의에서 반복해 말하는 것이지만 아무도 이 자본주의 조직관리의 1급 비밀을 공개하지 않아서 제가 '갈비의 법칙'이라고 정식화를 했습니다. 아래로 갈구고 위로 비벼야 살아남는다는 법칙이죠. 그런데 갈비의 법칙 속에 10년만 시달리면 상하를 막론, 모두 인간성을 상실합니다. 자연스러운 인간성을 잃고 좀비처럼 이상한 사람이 되는 거죠. 사회적 DNA가 변하는 것입니다. 그 변한 사회적 DNA는 바로 '강자 동일시' DNA입니다. 우리의 사회적 DNA는 '강자 동일시'를 삶의 에너지로 삼아 성공과 출세를 향해 '강자'가 되기 위한 끊임없는 노력을 합니다.

하지만, 그렇게 해서 살아남고 '강자'가 되어봐야 삶의 의미나 가치를 추구하지 못한다면 갈수록 삶은 공허해집니다. 또 삶이 공허해질수록 더욱더 '강자'가 되고 싶고 저절로 돈중독, 일중독에 빠지게 됩니다. 도저히 만족(충분함)을 모르는 '돈벌레', '일벌레'가 되고 말지요. 그처럼 한도 끝도 없이 달려가다가 어느 날 갑자기 '왜 이렇게 살지?'라는 생각이 드는 순간 멘붕이 그냥 오지요. 그나마 몸이 안 아프면 다행입니다. 대개는 심신이 지치고 자기도 모르는 사이 암 같은 큰 병에 걸립니다. 우울증은 왜 그리도 많고, 과로사로 돌아가시는 경우도 왜 그렇게 늘 발생하는지요. 지도층 인사라 해도 다를 게 없지요. 과거의 전두환, 노태우, 그리고 최근의 박근혜나 이명박 대통령들을 보세요. 사회나 역사에 대한 그리고 인생에 대한 철학도 없이 그저 돈과 권력만 추구하다가 인생이 얼마나 망가지고 초라하게 됐습니까?

그런데 우리들도 역시 마찬가지의 오류에 곧잘 빠집니다. 남의 일이 아니란 것이죠. 그러니까 우리가 삶의 의미나 가치, 삶의 질을 추구하지 않고, 오로지 돈이나 권력으로 상징되는 삶의 양만을 얻기 위해 인생을 산다면 결국은 삶이 애처롭게 되어버리는 것입니다. 법적으로 위법과 불법이 있느냐 하는 문제를 넘어서 그렇다는 이야기입니다. 그래서 우리 사회 전체가 GDP 같은 개념을 버리고 GNH 개념과 같은 방향으로 바뀌었으면 좋겠습니다(최소한 GNH

강자 동일시

와 같이 성찰하고 고민하는 개념이라도 되었으면 좋겠습니다).

저는 1980년대에 제레미 리프킨의 『엔트로피』를 흥미롭게 읽고, 정말 이런 사람도 있구나, 했는데 알고 보니 이분이 독립 연구자더라고요. 어떤 대학에 소속된 게 아니고, 자유롭게 연구를 하니까 훨씬 더 창의적인 생각을 많이 했구나 하는 것을 알게 되었습니다. 제레미 리프킨은 '삶의 양'을 말하는 GDP가 아니라 '삶의 질'을 말하는 새로운 패러다임으로 이동해야 한다고 주장합니다. "앞으로는 소유에서 공유의 시대가 오고, 생산성보다는 재생성 시대, GDP보다는 삶의 질을 강조하는 시대가 올 것이다"라고요. 이제 이런 근본 변화를 서두르지 않으면 지구의 생존 자체가 위험해집니다. 굳이 종말론 같은 이야기를 들먹이지 않더라도 우리 삶이 더 이상 안전하지 않다는 지표들이 갈수록 많이 쏟아져 나오고 있지요.

GDP의 한계를 지적할 때, 같은 맥락에서 이런 이야기도 할 수 있습니다. 많이 들어보셨죠? 이 X축은 소득입니다, 그리고 Y축은 '행복도'입니다. 보통 소득이 증가하면 행복도가 비례해 높아질 것이라 생각하지만, 현실은 다르다는 이야기입니다. '이스털린의 역설'이라 하지요. 미국의 경제사학자인 리처드 이스털린 교수의 1974년 논문에 따르면, 소득이 증가하면 행복도가 상당 정도 오르지만 그 이상으로는 소득이 아무리 올라가도 행복도가 올라가지 않는다는 것입니다. 실제로 세계 40여 개 나라들의 자료를 수집해 소득과 행복도 사이의 관계를 살펴봤더니, 이런 현상이 발견된 거죠.

소득 수준이 어느 정도를 넘어서면 그 이상 더 벌어도 그만큼 더 행복해지지는 않는다는 사실은 이미 인류가 경험으로 깨닫고 있는 법칙이기도 합니다. 물론 나라마다 시기마다 만족할 만한 소득의 수준은 다르겠지요. 게다가 반드시 월급으로 받는 소득만 소득이 아니라 사회보장이라든지 공공시절이나 공공정책이 제공하는 혜택들도 소득이 될 수도 있지요.

어쨌든 소득이 오르는 만큼 행복해지는 것도 분명하지만, 일정한 선을 넘어 가면 아무리 소득이 올라도 더 행복해지지 않는다는 것은 어떤 의미로는 이미 '인류의 상식'입니다. 행복도가 정체하거나 오히려 하락할 수도 있습니다. 그래서 '역설'이라고 하는 것입니다.

그런데 이스털린, 이분은 왜 그런가 하는 이유에 대해서는 설명하지 않았습니다. 제가 덧붙여 설명해보자면, 두 가지가 가능합니다. 하나는, 인간의 행복이란 돈과 달리 영원히 증가할 수도 없고 증가할 필요도 없다는 이야기입니다. 행복하면 그 수준만 잘 유지해도 행복한 것이죠. 행복도 돈처럼 무한히 늘어나야 한다고 생각하는 순간 오히려 불행해집니다. 두 번째는, 소득으로, 숫자로, 돈으로, 표현되는 삶의 양은 증가하는데 그것에 비례하여 그만큼 '삶의 질'이 올라가지 않으니까 행복도가 떨어지는 것이죠. 저는 돈이 아무리 많아도 더 이상 행복해지지 않는 이유가 이 두 가지에 있다고 생각합니다.

강자 동일시

그럼 행복을 결정하는 결정적 변수인 '삶의 질'이란 과연 무엇일까요? 앞에서 언급했던 영국의 스키델스키 부자父子는 『얼마나 있어야 충분한가』라는 책에서 행복한 삶을 위한 7가지 '기본재'를 얘기했습니다. 저 역시 행복한 삶이란 '양이 아닌 질'이라는 스키델스키 부자의 견해에 적극적으로 공감하면서 다음과 같이 '삶의 질'을 네 가지 차원으로 정의해보고자 합니다.

첫째 개인적 차원에서는 건강과 여유입니다. 둘째 대인적 차원에서는 존중과 평등입니다. 셋째 사회적 차원에서는 인정스런 공동체가 있어야 합니다. 넷째 생태적 차원에서는 맑은 물과 공기로 상징되는 아름답고 조화로운 자연입니다. 이 네 가지의 차원이 갖춰져야 삶의 질이 향상됩니다. 다시 한 번 말하자면 인간의 행복은 '삶의 질'에 따라 결정적으로 달라집니다. 물론 어느 정도의 '삶의 양'이 인간다운 삶의 기본 생계를 위해 필요한 것은 두말할 필요없기는 하죠. 하지만 삶의 질이 망가지는데도 삶의 양만 추구한다면 아무리 소득이 올라도 불행해지기 쉽다는 것 또한, 두말할 필요없는 우리 모두의 경험적 깨우침입니다. 미국의 이스털린 교수나, 스키델스키 부자나 제가 '삶의 질' 이론을 똑같은 생각으로 강조했다는 사실은 무엇을 의미할까요? 저는 그것이 동서양을 막론하고, 사람의 행복을 위한 기본 조건은 비슷하다는 것을 뜻한다고 생각합니다. 사람 사는 이치야 어디 가나 비슷한 법이지요. 우리가 어디에서 우물을 파더라도 한우물을 깊숙이 파면 우리 집 지하수와 옆집 지하수가 만납니다. 학자들도 한참 연구를 하다 보면 영역이 다르더라도 서로 만나게 되는 거지요.

정리하면 이렇습니다. 지금까지 한국뿐만 아니라 대부분 세계는 보수적 성향이 강할수록 '파이'를 키워야 한다는데 강박적으로 집착합니다. 일단 경제성장을 최우선시하지요. 그래서 자연스레 성장중독증을 부릅니다.

이런 사람들은 돈을 끊임없이 벌려고 합니다. 충분함이나 만족을 모르기 때문입니다. 이명박 대통령 시절(2008~2012) "모두 부자되세요"라는 말이 유행했죠? 언론도 맞장구를 쳤고, 뉴스 끝에 '부자 되세요.'라는 인사말도 했죠. 한심한 이야깁니다. 일반사람들도 '부자 되세요.'를 예사로 쓰고 다녔죠. 그런데 대통령 주도로 4대강 사업을 하면서 4대강 주변에 친인척 이름으로 많은 땅을 사놓았다는 얘기가 있더라고요. 그러니까 결국은 나라 경영을 빙자해 사적 이익을 추구한 혐의가 짙은 거지요. 〈삽질〉이란 영화에서도 잘 드러나 있듯 결국 헛된 삽질이었습니다. 자기 이익과 돈과 권력만 생각하는 이가 대통령이 되니 온 나라를 망치게 되는 것이죠.

파이의 원천을 들여다봐야 한다

돈과 권력을 추구하는 이들은 언제나 계속해서 파이를 키워야 한다고 생각합니다. 파이 키우기가 전적으로 틀린 말은 아닙니다. 일단 배가 고프니 파이를 만들어야죠. 게다가 만들 때 이왕이면 크게 키워서 먹자, 좋은 이야기입니다. 이것만 놓고는 잘못됐다고 말할 근거는 없습니다.

그런데 파이는 키웠지만 막상 파이를 만든 노동자나 농민이 소외되면 어떨까요? 노동조합이나 여러 시민사회단체NGO에서는 이렇게 말합니다. '이제는 성장보다 분배가 중요하다', '만날 성장만 하자면서 정작 나누지는 않는다'라고. 정당한 주장입니다. 사실, 잘 나눠야 사기가 올라 또 더 키우고 더 잘 만들 것입니다.

그런데 여기서 저는 한 단계 더 나가자고 제안합니다. 파이를 크게 만들어 공정하게 잘 나눠먹었다 칩시다. 막상 파이를 입에 넣었는데, 아이고, 돌이 씹히고 유리조각이 나오고, 눈에 잘 안 보이지만 방부제나 암 유발 물질이 들어 있다면 어떨까요? 아무리 크게 만들어 사이좋게 나눠 먹어봤자 아무 소용없습니다. 파이를 만드는 재료가 무엇인지가 중요하다는 얘깁니다. 그래서 파이의 크기나 파이의 분배도 중요하지만, 또 하나 '파이의 원천'이 중요하다는 것입니다.

파이의 원천은 다름 아닌 인간의 피와 땀과 눈물, 기쁨과 환희와 생명 그리고 자연의 생명력입니다. 사람과 자연의 생명력을 파괴하고 착취해서 어느 시기, 어느 국가, 어느 인종만 잘 먹고 잘산다면, 그리하여 전 지구적 환경파괴와 인류사회의 구조적 불평등을 물려주어, 살아갈 터전까지 땅과 물과 공기 모두를 오염시킨 상태로 남겨준다면, 이건 범죄입니다. 당연히 파이를 키우는 과정도 또박또박 올바르고 건강하게 가야 합니다.

'경제 민주화'라는 주제가 대통령 선거 때 등장했을 때도 파이를 키워서 골고루 나눠 먹자는 정도까지였습니다. 파이의 원천이 문제니 이제부터 사람과 자연을 존중하는 경제를 만들자, 이런 깨달음은 그때나 지금이나 아직 많이 부족합니다. 2016~2017년 촛불혁명으로 탄생한 문재인 정부 역시 한편으로는 일자리 지원, 다른 편으로는 기업들 지원에 무게중심을 두고 있죠. 자본의 관점에서 보면 겉으론 뭐라 해도 속으로는 환호성을 지를 것입니다. (2020년 7월의 '한국판 뉴딜' 계획에 따르면 100조가 넘는 천문학적 혈세를 들여 '디지털 자본주의'에 필요한 일자리까지 국가가 지원해주고, 빅데이터 사업을 적극 지원하며 그것도 모자라 온갖 스마트스쿨, 스마트시티 등 디지털을 활용한 돈벌이 공간에 온 사회를 노출, 지원해주는 내용이 들어 있지요.)

물론 겉보기에는 그리고 일시적으로는 기업이 발전하고 성장하고 일자리가 늘어나 사회 전체가 좋아질 것 같지요? 저도 제발 그러길 바랍니다. 하지만 지난 60년간 경제개발로 우리는 어떤 결과를 얻었습니까? 앞에서 말한 대로, 물질적 수준이 높아졌더라도 삶의 질은 떨어졌죠. 사회 전체의 불행도가 높아졌습니다. 세계 최고의 자살률이 그 증거죠.

정치적으로는 민주화했지만 촛불정부의 경제정책 역시 자본에 속박되어 있다는 게 저의 시각입니다. 우리들 역시 자본에 묶여 있습니다. 취업할 땐 돈을 많이 주고 고용이 안정된 직장을 선호하겠죠? 그런데 그 직장에 들어가 무엇을 하는지는 잘 물어보지 않습니다. 예를 들면, 인간의 몸에 해로운 물질(예컨대 가습기 살균제나 농약을 생각해보세요)을 만들거나 전쟁무기를 만드는 경우도 많습니다. 아니면 아파트 건설을 한답시고 불법으로 토지 용도를 변경하고 공무원들에게 뇌물을 주어 '합법' 사업처럼 만들기도합니다. 어떤 공인회계사들은 기업의 실적을 조작해 투자자나 노동자들을 속이기도 합니다. 이런 회사에 취업을 해야 하나 말아야 하나를 두고 갈등하는 사람을 거의 못 봤습니다. 기회가 없어서 그렇지, 기회만 주어진다면 어떤 일을 하건 무조건 돈 많이 주는 곳에 취직하겠다, 이런 욕망이 많은 사람들 안에 잠재되어 있다는 이야깁니다.

정치 민주화 하나만으로는 부족하다

아직 갈 길이 멉니다. 정치 민주화 하나만으로는 너무너무 부족합니다. 경제 민주화 역시 분배나 복지 문제 정도로만 생각하면 결국은 자본에게 속박됩니다. 그러면 어떻게 하란 말이냐? 바로 '생태민주주의'입니다. 기존의 자본, 권력, 상품의 원리가 인간, 생명, 생태의 원리로 바꾸어지고 '생태 민주주의'로 과감히 나아가야 합니다.

환경이란 말과 생태라는 말은 비슷하지만 다릅니다. 환경environ-ment, Um-welt이란 사람의 관점에서 '내 주변을 둘러싼 것'이라는 뜻입니다. 반면, 생태는 다릅니다. 생태계Eco-logy란 oikos(집)과 logos(논리)의 합성어입니다. 자연과 사람이 모두 하나의 집을 이룬다, 하나의 생명체다, 이런 생각이 생태에는 담겨 있습니다. 환경이란 말에는 어느 부분, 인간 주체와 자연 객체가 분리되어 있습니다. 인간이 자연을 지배하거나 보호하거나, 환경이라는 말 속에서 자연은 대상화됩니다. 그러나 생태란 말에는 인간과 자연이 한 몸이다, 겸손하게 살아야 한다, 인간이 자연의 주인이 아니라 자연이 인간의 주인이다. 이런 철학이 밑바닥에 깔려 있습니다. 따라서 생태민주주의란 자연의 일부인 사람이, 자연스럽게, 자연 생명력의 원리에 따라 사는 것입니다. 경제 발전을 하더라도 철저히 자연의 원리 안에서, 자연의 조화와 균형을 깨뜨리지 않으면서 해나가야 하는 것입니다.

우리는 한시바삐 자본, 상품, 권력의 지배를 벗어나야 합니다. 반복해서 말하지만 자본, 상품, 권력, 시장, 화폐는 무한 이윤의 원리를 추구하면서 인간과 자연의 생명력을 무자비하게 파괴하기 때문입니다. 이것은 어떤 개인이나 기업의 문제가 아니라, 삶과 역사의 근본 구조 문제입니다.

자본주의가 위기에 처하면 늘 국민을 쥐어짜고 혈세를 자본(은행과 기업들)에다 갖다 바치면서도 국민은 정리해고와 대량실업의 희생을 겪습니다. 자본은 위기 극복을 위해 전쟁도 불사합니다. '전쟁특수'란 용어가 그냥 나온 게 아니죠. 제2차 세계대전 덕분에 미국이 영국을 제치며 세계 최강대국으로 부상했고, 한국전쟁과 베트남 전쟁 덕에 일본이 잿더미에서 세계경제의 강자로 급부상했지요. 자본주의가 잘 나가면 원료 채굴이나 시장 확장을 위해 인간

강자 동일시

노동력을 밤낮 없이 최대한 가동하고, 자연 파괴도 아무 일 아니란 듯 일삼아 행합니다.

현재의 디지털 자본주의, 이른바 4차 산업혁명 같은 것들도 결국은 자본의 새로운 이윤 공간의 확장에 불과합니다. 이걸 분명히 자각하지 않고, 좋은 게 좋다는 식으로 자본에 끌려 다니다 보면 나중엔 결국 모든 게 망가지고 나서, 비로소 속았다는 사실을 깨닫습니다. 그리고 그 깨닫는 순간 모든 것이 끝났다는 사실을 또한 보게 됩니다.

집과 토지 같은 부동산이나 교육과 의료를 상품처럼 사고파는 사회는 좋은 사회가 아닙니다. 땅이나 집을 가지고 재산 증식을 하면, 현실적으로 굉장히 쉬운 수단인 것만은 분명합니다. 그런데 이것이야말로 물가 상승의 주범입니다. 임금 인상이 주범이 아닙니다. 여러분들 피부로 느끼시고, 다 아시는 거잖아요. 몇 년 지나면 몇천만 원 전세 올려 달라고 합니다. 그러면 어쩔 수 없이 싼 곳으로 나가거나, 아니면 눈물을 머금고 은행에서 돈을 빌려, 올려줘야 합니다. 청년들이 겨우겨우 최저임금 조금 넘게 받아 월급의 거의 반 이상을 월세로 냅니다. 주거비가 아무리 최대한으로 잡아도 월급의 10퍼센트 이하라야 책도 좀 읽고, 영화도 좀 보고, 여행도 하고, 맛있는 것도 조금 먹고, 이렇게 작더라도 소박한, 나름의 여유를 누리며 살 수 있다고 봅니다. 월급의 절반 이상을 주거비로 써야 한다면 어떤 청년인들 미래를 설계하고 결혼과 육아를 준비할 수 있겠습니까?

부채 부문에서도 언급할 부분이 있습니다. 집집마다 부

채가 있지만, 기업도 빚을 집니다. 그다음에 공기업, 그리고 국가도 빚을 집니다. 해외에서 돈 빌려와 부족한 돈을 씁니다. 그 부채를 다 합쳐보니까 대한민국의 총 빚이 대략 5,000조입니다. 이걸 5,000만 명으로 나눠보니까 1인당 부채가 1억 원입니다. 개인별로 다르겠지만, 나라 전체로 봤을 때 1인당 평균 1억 원의 빚이 있다는 말입니다. 갓난아기와 어르신도 1억의 빚이 있는 나라가 된 것입니다. 지난 50~60년 동안 열심히 앞만 보고 달려왔는데, 개인적으로 좀 풍족해지었을지언정, 나라 전체적으로 봤을 때 1인당 부채가 1억 원인 나라가 됐습니다. 이런 나라를 후손에게 물려주고, "그 빚을 갚으며 살아라"고 하면 이건 앞 세대들의 폭력입니다.

그런데 해마다 나라 예산이 엄청 늘었고, 최근에는 더욱 폭발적으로 증가했습니다. 김영삼 정부 때 1년 예산이 40조를 넘기 시작했습니다. 저는 40조도 어마어마한 돈이라고 생각하는데, 지금은 500조인 시대가 되어버렸습니다. 이건 여당이건 야당이건 마찬가집니다. 여야 모두 빚더미 나라를 만드는 데 일조한 것입니다. 그 사이에 재벌 등 자본은 너무 배를 불렸습니다. 투자할 곳이 없다 하며 (많은 이윤을 챙길 사업이 마땅치 않다는 것이지요) 곳간에만 쌓아두니 아마 배가 나오다 못해 터질 지경일 겁니다. 오죽하면 해외 금고에다 천문학적인 돈을 감춰두고 있을까요. 예전에 탐사전문 언론 〈뉴스타파〉가 해외의 조세피난처에 거액을 숨겨둔 기업과 개인들의 명단을 입수해 발표한 적도 있지요. 한국 기업들은 세계에서 3번째로 많은 자금을 조세피난처에 맡기고 있다고 합니다. 하지만, 나라 전체는 부채 공화국이 되어버렸지요. 해마다 예산을 짤 때부터 아예 부채를 깔고 들어가니까요. 국회의원마다 자기 지역 개발 사업을 위해 돈 달라고 난리들이지요. 서로 서로 견제하는 듯하다 어느새 적당하게 자기들끼리 나누고 절충해 예산안을 통과시킵니다. 그렇다 보니 예산 자체는 해마다 급증하는 추세입니다. 무책임한 일들이죠. 일단 내 돈이 아니니 다음 선거를 생각해서라도 펑펑 쓰고 보자, 지나치다고 하겠지만 이런 생각으로 보이는 게 사실입니다.

이것은 어떤 의미로는, 정치와 행정이라는 이름으로 국민을 상대로, 그리고 다음 세대를 상대로 사기를 치는 것입니다. 결국은 다 세금으로 거두어갑니다. 천문학적으로 늘어나는 빚은 두고두고 대를 이어 갚아나가야 합니다. 그러다가 외환위기가 또 닥치면 IMF 등으로부터 큰 돈을 빌리면서 또다시 세계자본의 돈벌이를 위해 국민의 희생을 갖다 바칠 것입니다. 작은 가게에서 우유 하나 훔치는 것은 확실한 절도죄로 잡아가지만, 이런 식으로 나라 빚을 크게 늘리면서 공익이란 미명 아래 사실상 사익을 취하고 그 빚에 대해선 나 몰라라 하는 무책임에 대해선 분노할 줄 모르고 아무도 문제제기를 하지 않습니다.

부의 집중과 '설국열차'

'20대 80 사회'란 말을 들어보신 적 있으세요? 1997년
에 제가 번역한 『세계화의 덫』이란 책이 있는데, 그 책에
나오는 개념입니다. 그 책 저자들이 발명한 개념은 아니
고, 소련이 멸망한 이후인 1995~1996년 무렵, 고르바초프
로 상징되는 세계의 정치가들, 그다음에 조지 소로스와 워
렌 버핏 같은 세계의 정치경제 엘리트들이 모여 '세계경
제포럼(일명 다보스포럼)'을 엽니다. 해마다 스위스의 휴양
지 다보스에서 열지요. 그 자리에서 자기들끼리 브레인스
토밍 하듯이, 앞으로 세상이 어떻게 돌아갈지 자기 나름대
로 전망을 세우고 전략도 짭니다. 그 결론 중 하나가, 앞으
로 21세기 경제는 노동력의 20퍼센트만 필요하고, 나머지
80퍼센트의 노동력은 쓰레기 같은 존재가 될 수밖에 없다,
그러니 이들 노동자, 노동계급들에게는 티티테인먼트,──
엄마 찌찌(티티)와 엔터테인먼트를 결합한 밥──즉 싸구려
먹을거리와 저속한 문화예술로 겨우겨우 목숨만 부지하게
해야 한다는 내용이죠. 이게 '20대 80 사회'의 핵심이죠. 그
런데 이제는 그게 '10대 90 사회'로 더 악화하고 말았네요.
10퍼센트의 부유하고 안정된 사람들과 90퍼센트의 가난
하고 불안정한 사람들로 나뉘는 세상.

〈설국열차〉라는 영화가 생각납니다. 지구온난화가 너
무 심해 이른바 과학기술로 문제를 해결한답시고 우주적
차원에서 냉각제를 너무 많이 쓰는 바람에 오히려 지구가
꽁꽁 얼어붙죠. 그 상황에서 생존자들을 실은 '설국열차'가

끝도 없이 지구 전체를 계속 돌지요. 물론 그 안에는 지배층이 사는 기관차, 그 뒤로 귀족들이 사는 특실들, 그다음 중산층, 그렇게 부의 순서대로 쭉 나가다가 기차의 맨 뒤, 빈민 칸이 나오죠. 지배층은 이들에게 바퀴벌레 같은 걸로 만든 싸구려 먹을거리를 던져주면서 반란만 일으키지 않게 유지하려 합니다. 인력이 필요할 때마다 하나씩 가져다 쓰지요. 그렇게 소수를 위해 다수가 희생하거나 대기하고 있어야 합니다. 따지고 보면, 현재 우리가 살고 있는 지구촌 자본주의의 모습 역시 바로 이런 원리에 따라 움직이고 있는 것은 아닌가요? 지나친 말일까요?

'20대 80 사회'도 '10대 90 사회'도 아니라 이제는 '1대 99 사회'란 말까지 나옵니다. 세계 전체적으로도 그렇고, 각 나라도 그렇게 변합니다. 지금 우리나라에서는 1퍼센트의 땅 부자가 60퍼센트 이상의 땅을 갖고 있습니다. 이미 '20대 80 사회'를 넘어섰습니다. 10퍼센트가 땅이나 자산의 90퍼센트를 소유하고 있고, 또 자원도 90퍼센트 소비하는 양상입니다. 90퍼센트의 사람들은 겨우 남은 나머지 10퍼센트를 가지고 아옹다옹 경쟁하며 살아야 하니 얼마나 힘들고 지치겠습니까?

이런 격차 문제와 관련해 우리는 청문회 때 개인적 차원의 윤리적 비판에만 떠들썩하고 차별과 격차, 불평등과 분열을 낳고 있는 구조와 시스템에 대한 본질적 관심은 보이고 있지 않습니다. 우리가 정작 관심을 가져야 할 것은, 그 당사자 개인의 문제도 문제지만 보다 중요한 문제들,

사회 전반적으로 벌어진 이 구조적 격차, 자산격차, 소득격차, 학벌격차, 학력격차 등을 어떻게 줄이고 모두 골고루 잘살 수 있게 만들 것인가 하는, 말하자면 구조적 모순과 그에 따른 구조적 범죄를 해결하는 일입니다.

우리나라 노동시간을 한번 볼까요? OECD 보고서에는 연평균 2,100시간도 안 되는 것으로 나오지만, 실제 현장에 가보면 3,000시간을 예사로 일하고 있습니다. 부럽고 좋은 직장으로 알려진 현대자동차 같은 경우에도 1년 365일 중에 363일 일하는 분들이 많습니다. 추석과 설날 당일만 빼고 일합니다. 정말 무서운 일입니다. 거의 살인적이죠. 그런 분들은 몇 년 지나면 과로로 돌아가실 가능성이 큽니다.

최근 택배 노동자와 우체국 노동자가 과로로 쓰러지는 일이 계속해서 일어나고 있습니다. 그렇다고 아직 안 쓰러진 사람은 온전할까요? 어쩌면 진짜 죽지 못해서 그냥 다니는 거지, 속으로 골병들고 있다는 이야깁니다. 과연 언제까지 정신적으로 육체적으로 피폐해지고 너덜너덜해질 때까지 몸 바치며 살아야 할까요? 살아남기 위해, 남같이 살기 위해 언제 끝날지 모르는 (아마 직장을 포기해야만 끝날) 장시간 노동을 하는 거지요. 반면 실업자들은 자신이 쓸모없는 존재라는, 버림받은 느낌으로 할 일이 없어 마음이 문드러지며 홈리스처럼 살고 있습니다.

처음으로 한국에 오는 외국인들은 인천공항에서부터 한국인의 얼굴을 유심히 본다고 합니다. 시차 문제 때문일 수도 있지만, 대부분 피곤에 쩔어 졸거나 자고 있다는 거지요. 서울 시내 지하철을 타보면 제대로 온전하게 책이나 신문을 읽는 사람이 없습니다. 휴대폰 중독에 빠져 있거나 아니면 피곤해서 잡니다. 그러니까 유치원이나 초등학교 시절에 그 생기발랄하던 에너지는 다 어디로 갔는지요. 사그라지고, 생기가 없는 사회가 된 것입니다.

이 '생기 없는 사회'에 무슨 미래가 있을까요? 지난 60년 동안 사람과 자연의 생명력을 부단히 뽑아내어 상품과 화폐로, 자본으로 전환시켜 결국엔 전 국민 평균 1억 원의 빚더미를 만든 나라, 1인당 국민소득 3만 달러에도 불구하고 여전히 생계 곤란으로 자살 가족이 끊임없이 나오는 나라, 가정과 학교와 직장을 다람쥐 쳇바퀴 돌듯 왔다 갔다 하면서 오늘의 행복을 언제나 계속해서 내일로 미루는 나라, 이런 나라, 이제 그만합시다.

한번 망가진 자연은 회복되기 어렵다

최근 산재 통계가 많이 줄어들었지만, 실제 산재가 줄어들었느냐? 이것도 별개의 문제더라고요. 우선, 공상公傷 개념과 산재産災 개념이 어떻게 다를까요? 산재 인정을 받으려면 적어도 4일 이상의 치료나 요양을 요하는 질병이나 부상 또는 사망이 생겨야 합니다. 3일 이하의 간단한 치료로 끝나면 공상 처리합니다. 그렇게 공상 처리하면 통계에 산재가 포함되지 않습니다. 회사나 국가 입장에서는 산재 수치가 올라가면 안 좋기 때문에 언제나 공상 처리로 돌리려고 합니다. 산재 다발 사업장이 되면 바로 특별근로감독이 들어가니까요. 이것저것 털다 보면 안 나오는 게 없을 것입니다. 그렇게 되면 회사를 경영하기가 힘들어지니까, 자꾸 산재 수치를 줄이거나 은폐하려 합니다. 또 OECD나 ILO에서도 압력이 들어오니까, 산재왕국의 오명을 벗어내려고 자꾸 수치를 내리려는 경향이 있죠. 산재를 관리하는 게 아니라 산재 수치를 관리하고 있습니다.

그다음에 GMO 같은 걸 한번 보시죠. 유전자조작은 한편으로는 과일이나 곡식을 보다 더 크고 많게 합니다. 대추만 해도 사과인지 알 수 없을 정도로 큰 것이 있습니다. 유전자가 결합되기도 하면서 터무니없이 큰데, 종자 자체가 그렇게 변형된 것입니다. 또 라운드업 같은 강력 제초제를 뿌려도 죽지 않는 과일이나 작물을 유전자조작으로 만들어냅니다. 라운드업 같은 제초제를 비행기로 확 뿌리면서 작물을 재배하면, 결국 간접적으로 우리가 다 먹게 됩니다. 윤구병 선생님의 말씀이 떠오릅니다. "요즘 아이들이 철이 없는데, 철없는 과일을 먹다 보니까 철이 안 든다." 그런 아이들이 자라나 이제는 엄마 아빠가 되었죠. 갈수록 철없는 어른이 늘고 있어요. 학교 공부에 지쳐 진짜 공부도 않고, 사회나 역사 의식은 별로 없고, 나이만 차서 어른이 되는 것이죠. 지식의 총량은 늘어가는데 의식은 점점 사라져가는 형국이지요. 자신의 이기적 욕망을 충족시키는 출세와 성공을 위한 성적과 점수관리가 공부의 전부는 아니지요.

강자 동일시

지금 대학생들은 옆의 학생한테 "친구야, 내가 지난주에 빠져서 진도를 못 따라잡았는데, 노트 좀 빌려줘"라는 말을 잘 못합니다. 저한테 와서 호소합니다. "선생님, 아는 친구가 없어서 노트도 못 보겠는데……." 제가 속으로 그러죠. '나더러 우짜라꼬?' 지난 20년 동안 우리 아이들을 어떻게 키웠나요? 과거에 비해 더 많은 돈과 에너지와 정성을 기울여가면서 아이들을 잘 키운다고 했으나, 결국은 온실에서 작물 키우듯 아이들을 키운 것은 아닌지요.

밥상의 기본은 농업입니다. 그런데 지난 60년 동안 전통적인 유기농업이나 전통 농부들, 소농 중심의 농업을 죽이면서 (기계농, 대형농, 화학농 등) 산업화 방식의 농업만 정책적으로 키웠습니다. 점점 공장농업 형태로 바뀌고 있죠. 사실, 교육, 의료, 주거와 마찬가지로 농업 분야도 상품화하지 않아야 옳습니다.

미세먼지는 또 얼마나 심각합니까. 발암물질을 등급별로 분류하는데, 미세먼지에는 1급 발암물질이 가득합니다. 미세먼지 수치가 '좋음'으로 나와도 이게 실제로도 '괜찮다'는 뜻은 아닙니다. 미세먼지, 초미세먼지에서 '좋음'이라고 하는 수준이 진짜 괜찮은 건지에 대해 검토해봐야 한다고 생각합니다. 기준 자체가 안심할 수 있는 범위가 아님에도 당국에서는 폭을 좀 크게 잡아 "안심할 수 있다"고 이야기하기 일쑤이기 때문입니다.

제가 사는 세종시도 마찬가지지만, 전국이 난개발로 몸살입니다. 제 스스로 '생태지킴이'로서 항상 눈을 부릅뜨고 지켜보고 있습니다. 조금만 경계를 소홀히 하면 개발업자들(기획부동산, 디벨로퍼, 건축설계사, 토목업자, 건설회사 등)이 순식간에 그냥 산을 날려버립니다. 그런 것을 설계사무소에서 너무나 쉽게 그려버립니다. 설계도를 만든 다음에 공무원을 적당하게 구슬리는데, 돈으로든 술로든 밥으로든 인간관계로든 구슬려서 프로젝트가 진행되면 되돌리기 힘들어집니다. 정말 무서운 일입니다. 제가 2005년부터 2010년까지 마을 이장을 하면서 직접 몸으로 부대끼며 배운 결론입니다. 알고 보면, 지역개발이란 이름 아래 자연을 파괴하고 인간을 타락시키는 부정부패의 네트워크가 일상적으로 작동되고 있습니다.

환경연합의 활동가와 함께 '난개발'을 방지하겠다고 세종시와 공주시 일대를 돌면서 체크한 적이 있습니다. 진짜 말도 되지 않는 난개발 현장이 수도 없이 많습니다. 우리 한 사람 한 사람 모두가 눈을 제대로 뜨고 살펴야 합니다. 환경연합이나 녹색연합 같은 환경단체에도 힘을 보태야 합니다. 정책적으로도 난개발과 투기 같은 문제가 제대로 잡혀야 정상적 생활이 가능해질 것 같습니다. 돈에 눈먼 자본은 난개발도 난개발이지만, 농경지나 자연을 영구적으로 파괴합니다. 한번 망가진 자연은 좀체로 원래대로 회복되기 어렵습니다. 돈과 이익을 위해 선택한 잠깐의 잘못이 영원한 손실과 파괴를 자연에 가져다주는 것입니다. 도시 재생도 마찬가지입니다. 아주 깨끗하게 만들고 나면 기존 세입자는 다 쫓겨나고, 외부에서 자본이 많은 사람만

강자 동일시

들어옵니다. 용산이 그랬습니다. 최근에 용산역에 내려 좀 걸어보니 완전 딴 세상이 되어 있더군요. 초고층 빌딩에다 으리으리한 주상복합 건물들, 그 사이로 마치 유령처럼 무표정하게 걷는 사람들, 뭔가 깔끔해진 것 같지만 인간미는 전혀 없는, 대형 기계 시스템의 톱니바퀴가 된 듯한 공간……. 이런 걸 '발전'이라 할 수 있는지 저로써는 심각한 회의가 들더군요.

삶의 '탈상품화' 전략

세상을 바꿔야 하는 여러 주체

그렇다면 이제 우리가 무엇을 해야 할지 같이 생각해볼까요? 먼저 정부는 무엇을 해야 할까요? 제가 아까 말씀 드렸듯이, 민주정부라면 당장 GDP보다 GNH로 나라를 경영하기 시작해야 합니다. 그래서 'GNH 정부'에 대한 요구를 많이 해야 합니다.

정부보다 기업(자본)이 더 핵심입니다. 기업은 자본주의에서 중심적인 행위주체입니다. 기업을 바꾸는 방식은 크게 2가지입니다. CEO의 철학이 바뀌든지, 아니면 노동자를 비롯한 모든 시민사회가 압력을 가하든지 해서입니다. 그런데 경영자의 철학은 이윤에 부합하지 않으면 바뀌지 않습니다. 실은 '녹색경제'도 이윤이 되니까 들고 나오는 것입니다.

이명박 정부의 가장 큰 사기가 '녹색성장'이었는데, 그보다 얌전한 형태로 가자는 게 '녹색경제'입니다. (요즘은 '그린뉴딜'이란 포장을 달고 나오죠.) 이런 것조차 기업에게 맡기면 결국은 이윤을 보장할 때만 '녹색상품'을 만들겠다는 겁니다. 제가 스웨덴에서 6개월 연구를 하는 동안 어느 미국 교수가 스웨덴에 와서 이런 얘기를 하더라고요. 복지국가일수록 노인이나 환자 돌봄 서비스가 중요한데, 주로 여성인 사회 복지사의 일도 힘들고 ("3D 노동") 인건비도 비싸니 4차 산업혁명의 맥락에서 '로봇 샤워기'를 도입하면 훨씬 좋다는 얘기였습니다. 크게 보면, 디지털 의료, 원격 의료를 대대적으로 도입하자는 제안이더군요. 그 강연 말미에 제가 물었습니다. "교수님은 본인 어머니가 연로해지면 '로봇 샤워기'에게 맡기겠습니까? 저는 공짜로 줘도 안 할 것 같습니다." 미국 교수는 실리콘밸리에서 개발된 최신 기계를 복지천국이라 불리는 스웨덴에 팔려고 왔다가 그냥 맨손으로 돌아갔습니다. '그린뉴딜'이건 '디지털 뉴딜'이건 모두 돈벌이를 위한 새 상품 출시에 불과한 것은 아닐까 하는 의심을 참을 수 없습니다.

　이런 상황들을 극복하려면, 상품으로 거래되는 시스템이 아닌 인간적이고 정신적인 영역들이 갈수록 늘어나야 합니다. 삶의 '탈상품화' 전략이 필요합니다. 지금은 사회 전체가 상품-화폐 관계에 포섭되어 있습니다. 이걸 인간의 가치가 넘치게 바꿔야 합니다. 상품영역이 줄어들수록 인간의 희망이 생깁니다. 그 출발점은 땅, 교육, 주거, 농업,

　　　　　　　　　　　　　강자 동일시

의료 등이고, 이 영역들은 상품거래 관계가 아닌 사회 공동체 관계에서 풀어야 합니다. 시장에서의 상품거래가 아닌 민주적 정책과 시민의 합의로 진행해야 합니다. 불가능하다고요? 아닙니다. 가능합니다. 결국 시장의 모든 재원 조달도 국민들의 돈으로 하니까요.

여기서 언론과 교육은 대단히 중요한 역할을 합니다. 그러나 헌법에 언론, 출판, 집회, 결사의 자유가 분명히 보장되지만, '가짜뉴스'까지 허용해서는 안 됩니다. NGO(시민사회단체)의 역할도 당연히 중요합니다. 이런저런 비판을 받더라도 흔들리지 말고 꿋꿋이 나아가야 합니다. 왜냐하면 자본을 넘은 새 사회를 기획하고 실험하는 일은 기업이나 정부에 맡길 수 없기 때문입니다. 시민들이 나설 수밖에 없고, 그 구심점은 비정부기구나 시민사회단체가 돼야 합니다.

학교교육 역시 두말할 필요없이 중요합니다. 교과서 교육과 점수파기에만 매달릴 것이 아닙니다. 아이들의 일상생활 속에서 학교 텃밭운동이라든지, 우리가 먹는 일상적인 식품, GMO(유전자조작식품)에 관한 문제, 또 어떤 식품이 우리 밥상에 오기까지 얼마나 먼 거리를 달려왔는지 (푸드 마일리지), 이런 걸 생생하게 가르쳐야 합니다. 에너지를 덜 쓰고, 온실가스인 이산화탄소를 덜 배출하려면 일상 속에서 해야 하고, 가능하면 우리 스스로 만들어 먹는 걸 배워야 합니다. 어릴 때부터 학교 텃밭을 가꾸고, 좀 더 크면 마을이나 지역의 텃밭 운동에 참여하는 것도 좋겠습니다.

공공단체, 농협이나 시청 등에서 남는 땅이나 공유지 같은 곳을 텃밭으로 만들고 '지도사'를 배치해 가꾸게 하면 좋겠습니다. 기존 농민 중 유기농에 관심 많은 분을 지도사로 모시면 그분도 좋고 모두 좋겠죠. 지도사는 공무원처럼 현장에 출근하니까 텃밭을 기본으로 관리해주고, 텃밭 참여자들에게 코치를 해주면 시민들이 주말이나 시간 될 때마다 일도 하고 상추나 고추도 키워보고 깻잎 반찬도 해보면 좋겠지요. 저도 처음에는 텃밭부터 시작했습니다. 그때 받은 감동이 있었기에 수도권을 탈출할 마음을 먹었던 것 같아요. 서울이나 수도권 사람들은 시골이나 농촌에 가면 죽는 줄 알아요. 그런데 막상 마음을 잡고 살면 뜻밖에 삶의 질이 올라갑니다. 예로부터 어른들은 '물 좋고 공기 좋은' 걸 선호했잖아요. 더불어 '인심'까지 좋으면 최고죠. 일단 텃밭을 해보면 풀이나 흙이 다르게 느껴집니다. 풀도 원수처럼 생각할 게 아니라 풀을 매거나 잘라서 작물 옆에 덮어주면 수분도 보호하고 나중에 거름도 됩니다. 손톱 아래 흙이 들어가기도 하는데, 오히려 자연의 품속에 산다는 푸근함과 또 다른 자부심을 느끼기도 합니다. 그런 마음으로 하다 보면 이 흙과 땅이 참 소중하고, 나무 한 그루도 내 몸처럼 느끼게 됩니다. 바로 이런 마음이 자연 내지 생태계 파괴에 대해 저항하는 마음, 본능적인 저항감의 기초가 됩니다. 이런 마음이 생겨야 아이들도 커서 '건물주가 되어 놀고 먹으면서 살겠다'는 자본주의적 삶의 욕망과 방식을 비판적으로 보게 됩니다. 더 나아가 욕심을 채우고자 건물

강자 동일시

을 짓고 도시를 세우며, 쓸데없는 보를 높여 물줄기를 막아 강을 망치고 산을 잘라 시멘트길을 만들어 자연을 파괴하는 행위에 대해 저절로 분노하고 저항하게 됩니다. '자연 파괴는 인간 파괴'라는 생각까지 자연스레 하게 되겠죠. 새로운 지식과 올바른 가치를 배우고 익히는 학생 시절부터 체험을 통해 자연스레 성장하는 게 좋다고 생각합니다. 모든 변화의 출발점은 가정과 학교가 되어야 합니다. 일단 나부터 '먼저' 하면서, 함께 문제의식을 공유하는 이웃들과 '더불어 같이' 재미있게 해나가면 좋겠습니다.

트럼프에게 레이저 눈빛을 날린 그레타 툰베리

스웨덴의 16세 소녀, 그레타 툰베리를 아시죠? 2019년 노벨상 후보였는데, 아깝게 수상하진 못했습니다. 당시 만 16세, 우리 나이로 18세인데 고등학교 2학년 때부터 매 주일 '금요파업'을 시작했죠. 기후위기를 널리 알리고 정치가와 경제인들이 먼저 나서서 행동을 하라고 촉구했습니다.

툰베리가 스웨덴에서 금요일마다 1인 시위한 것, 이미 다 아실 겁니다. 워낙 유명하죠. 2019년 유엔 기후위기 총회에 초청을 받아 (이산화탄소 배출을 많이 하는 비행기를 피해) 무려 4,800킬로미터나 되는 거리를 요트를 타고 뉴욕까지 갔습니다. UN에서 연설도 하고, (기후위기 문제의식이 전혀 없는) 트럼프 대통령에게 레이저 눈빛까지 날렸습니다. 트럼프가 툰베리에게 무슨 상을 주겠다 하니까 "(아무 생각 없는) 당신이 무슨 상을 주냐!" 하며 안 받고, "당신네들이 우리의 미래를 망친다.""정치와 경제, 산업구조를 바꿔 지구를 구하라!"고 외치는 당찬 친구입니다.

뜻밖에 이 친구가 자폐증을 앓았다는 이야기가 있습니다. 초등학교 3학년 때인가 수업시간에 선생님이 '기후위기' 문제를 이야기했는데, 그때부터 툰베리는 이게 정말 심각하다고 진지하게 생각하게 됐습니다. 친구들한테 이야기하고, 어른들, 부모님한테도 다 이야기했는데 모두들 한 귀로 흘려들었다는 거죠. 친구도, 부모님도, 모두들 건성건성 듣고 아무도 '자연의 파괴, 생태계의 위기'에 대해서 진지하게 생각하지를 않았다는 것이지요. 현실에 전혀 변화가 없었다는 겁니다. 그때부터 툰베리는 말해봐야 전혀 안 통하니까 스스로 말문을 닫았습니다. 저항심과 분노감에 1~2년 동안 말문을 닫은 툰베리! 그때, 부모가 걱정이 되어 의사에게 진단하니 '자폐증'으로 나왔다고 합니다. 어떤 의미로는 자폐증이라는 병명이 잘못된 거지요. 오히려 툰베리는 정직하고 건강한 친구일 뿐입니다. "내가 저항으로 말문을 닫겠다"며, 스스로 말을 안 한 것이지요. 일종의 '침묵파업'인 셈이죠. 자폐증이 아니라 건강한 본능적 저항이었던 것입니다.

"자신의 집에 불이 난 것처럼 행동하라." 툰베리의 명언 중 하나죠. 원래 자기 집에 불이 나면 "불이야!" 하며 뛰쳐나와 어디서든 물을 가져와 불을 끄려 해야죠. 우리가 사는 공동의 집인 지구도 그렇게 불타고 있으니, 마치 우리 집에 불 난 것처럼 그렇게 긴박하게 움직여야 한다는 호소입니다. 유럽의회에서도 툰베리를 초청해 경청했죠. 하지만 가시적인 변화는 없었습니다. 툰베리는 갈수록 좌절하고 분노할 수밖에 없었지요. 하지만 전 세계적으로 곳곳에서 특히 청소년 내지 청년들이 툰베리와 연대하겠다고 나섰죠. 우리나라도 많은 청소년들이 생태문제에 적극적인 관심을 갖고 있습니다. '기후위기청소년행동' 같은 모임에서 툰베리와 연대하고 있습니다. 길거리 시위나 피켓팅 같은 걸 하면서 한편으로 시민들의 호응을, 다른 편으로 정치경제 엘리트들의 변화를 촉구하고 있는 것입니다.

생태민주주의를 향하여

생태적 민주 공화국을 위한 선택

모든 권력은 국민으로부터 나오잖아요. 그것이 정당이나 국회의원, 대통령을 통해 구체화합니다. 민주적인 국민이 선출한 민주적인 대표들, 이들이 다시 민주주의를 구체적으로 실현하는 게 곧 민주 공화국입니다. 생태적 민주 공화국이 되려면 어떻게 돼야 할까요?

출발점부터 생태적 마인드와 민주의식이 강해야겠죠. 권력의 바탕인 국민이 가진 생각, 논리, 가치관, 의식이 무조건 자본주의에 적응하고 추종하는 것이 아니다. 좀 더 대안적인 방향으로, 민주적이면서도 생태적인 방향으로 모이는 게 중요합니다. 이게 잘 모아져야 '어떤 사람을 뽑고, 어떤 사람과 함께 만들어갈 것인가?'가 확실해집니다. 그런데 선거 국면이 되면 반드시 바람잡이 같은 이들이 끼 어듭니다. 가치관이나 실천 의지 등에 대한 충분한 검토나 토론 과정이 없이, 그런 바람잡이들의 작전이나 분위기 같 은 것에 쏠려 선택하는 경향이 생겨납니다. 그래서 무엇보 다 "누가 진정한 민주주의자다" "누가 생태적 마인드가 강 하다" "누가 제대로 된 구조 변화를 이룰 수 있겠다" 이런 판단을 먼저 분명하게 내릴 수 있어야 합니다. 이러한 일 이 가능해지려면 평소 사람들이 일상적으로 만나 모임을 열고 자주 토론하고 의견을 나누어야 합니다. 바로 풀뿌리 민주주의죠. 그래서 저는 오늘 이런 모임이 아주 중요하다 고 생각합니다. 한 달에 두세 번씩이라도 인문학 모임 같 은 것들이 곳곳에서 잘 이어가면 좋겠습니다. 이런 게 마 을마다 있어야 이른바 '이미지 정치'나 '쏠림의 정치'가 사 라집니다. '우리가 남인가' 하는 지연, 학연의 '인연정치'가 청산·극복될 수 있습니다. 옛날에는 막걸리 사주면 찍어 주고, 돈 봉투 주면 찍어주고 그랬죠. 마치 노예들이 노예 주인을 뽑는 방식이죠. 최근에는 텔레비전 토론이나 각종 미디어 등을 통해 얼굴 노출도가 많거나, 말발이 좋은 사 람을 뽑습니다. 물론 말발도 중요하지만, 실은 그 철학과 정책 대안이 그리고 그의 삶이 보여주는 '실천'력이 더 중 요합니다. 앞으로 우리의 선택 방향은 생태성과 민주성을 가진 분을 많이 뽑는 것입니다.

　모든 게 더불어 함께 잘살고자 하는 것이니, 사람과 사람, 사람과 자연이 서로를 해치지 않고 조화롭게 잘사는 방향으로 가야 합니다. 그래서 정치, 경제, 교육, 문화, 언론, 검찰, 사회 등 각 영역별로 어떻게 하고, 어떤 방향으로 나아가야 잘사는 것인지에 대해 풀뿌리 시민들이 마을마다 작은 모임들에서 부단히 생각하고 토론해 나가야 합니다. 원래 대안이란 갑자기 나오는 게 아니라 꾸준한 공부와 토론과 실천을 통해 나오는 것이거든요.

스웨덴을 볼까요? 이 나라는 인구가 1,000만 명밖에 안 됩니다. 우리나라는 5,000만이니까 인구가 5배 많아요. 그런데 땅은 스웨덴이 5배 더 큽니다. 그런데 스웨덴에는 평소 마을마다 이뤄지는 공부모임이 약 30만 개나 있다고 합니다. 1인당 3, 4개 정도 모임에 참여한다고 해요. 평소에 왕성한 공부와 토론이 이뤄지니 정치가들도 시민들의 목소리에 귀를 기울입니다. 공식 등록된 시민사회단체NGO는 15만 개나 돌아간다고 합니다. 지역별로 사람들이 공식 조직에 들어가 어떻게 하면 돈이 될까, 어떻게 하면 집값이 올라갈까 하는 관점이 아니라, 어떻게 하면 자신들이 사는 지역이 살기 좋은 곳이 될까, '삶의 질' 차원에서 지역과 사람을 고민하는 모임들입니다. 이런 차원에서 연구하고 토론하는 지역개발 그룹도 수천 개나 됩니다. 이 모든 것이 모여 복지 사회의 바탕을 이루는 것 같습니다. 여기서 힌트를 얻어 우리가 조금만 더 풀뿌리 조직화에 나선다면 우리도 스웨덴처럼 강력한 풀뿌리 문화를 구축할 수 있다고 생각합니다. 어느 사회건, 살기 좋은 사회로 가는 근본 동력은 우리 자신에게 있다는 점을 강조하고 싶습니다. 이게 소위 '피플스 파워People's Power'입니다. 흩어져 있으면 아무 의미가 없으니, 어떤 형태로든 모여야 합니다. 정당이나 노동조합도 중요하지만, 밑바탕에서 공부하는 소모임들, 각종 인문학 모임, 토론 모임, 강연 모임이 많이 만들어져야 합니다. 그런 것이 우리 풀뿌리의 힘이 된다고 믿습니다.

세상의 변화는 우리 삶에서, 일상에서 깊게 성찰하기

사실 이런 좋은 얘기만 하면 모두들 참 좋다 하고 끝나지요. 헤어져서 집에 돌아가는 순간, 대부분 예컨대 "우리 집값 좀 올랐나?" 이런 식으로 원점 회귀합니다. 생태민주주의가 되려면, 자본, 상품, 화폐, 이윤, 손익, 경쟁, 지배 등의 개념으로부터 스스로 자유로워져야 합니다. 우리 스스로가 얼마나 자본주의적 시장질서에 빠져 있는지를 깨닫고 스스로 자유롭지 않으면 돈의 숭배와 자연 파괴가 만드는 억압의 구조를 바꿀 수가 없습니다.

지난 수십 년 동안 한국의 기득권층은 급속한 경제발전의 과실을 상당 부분 독점하고, 고급 정보를 활용하여 주식과 부동산으로 엄청난 자산을 형성했지요. 거기에 더하여 학벌과 혼인으로 서로서로 강철 같은 동맹을 이루어 탄탄한 지배력을 유지해 왔습니다. 또한 너무나 많은 사람들이 '강자 동일시'에 사로잡혀 기득권의 지배체제에 순응하고 그 구조를 지지하고 있지요. 그래서 자본이나 상품, 경쟁과 이익으로부터 자유로워지기가 보통 어려운 일은 아

강자 동일시

닙니다. 하지만 분명한 점은 있습니다. 우리 모두의 건강한 삶을 위해, 사람다움의 가치와 우리 아이들의 올바른 삶을 위해, 생태민주주의를 이룩하고 사람과 사람, 사람과 자연이 조화롭게 잘살고자 한다면 지금 당장 바꾸고, 단호하게 끊어야 합니다. 무엇을요? 자본과의 일체감을요. 여기서 말한 자본은 화폐, 상품, 경쟁, 손익, 계산, 지배, 억압 등과 같은 말입니다.

아파트를 보면서 시세차익이니 투기니 평당 얼마니 하는 말들을 하는 것 자체가 이미 자본(돈벌이)의 범주에 사로잡힌 증거라는 겁니다. 아파트를 살림살이 관점에서 보아 누구든 일정한 공간을 빌려 저렴하게 살다가 돌려주고 간다, 이런 방식이 돼야 합니다. 그 어디에도 집을 가지고 이득을 보려는 세력이 없어져야 비로소 부동산의 공포로부터 자유로워질 수 있습니다.

'분양가 상한제'를 보시죠. '저렴하게 빌려 쓰고 가기'의 관점에서 보면 '분양'이란 용어 자체도 이미 자본의 관점이지만, 그나마 분양가에 상한을 정해서 너무 비싸게 팔지 말자, 이런 얘긴데, 이것에 기를 쓰고 반대하는 사람들이 있죠. 건설자본은 물론이요, 부동산업자, 다주택자, 부동산 투기 세력 그리고 언론마저 결사 반대합니다. 이들이 돈을 벌려면 집이나 땅은 상품이 되어야 하고, 그 상품이 계속해서 가격이 올라야 합니다. 그래야 비싸게 사더라도 더 비싸게 팔 수 있죠. (싸게 사서 비싸게 파는 건 구식이고, 신식은 비싸더라도 사서 훨씬 더 비싸게 파는 것입니다. 그러니 '돈이 돈

환경이란 말에는 어느 부분, 인간 주체와 자연 객체가 분리되어 있습니다. 인간이 자연을 지배하거나 보호하거나, 환경이라는 말 속에서 자연은 대상화됩니다. 그러나 생태란 말에는 인간과 자연이 한 몸이다, 겸손하게 살아야 한다, 인간이 자연의 주인이 아니라 자연이 인간의 주인이다. 이런 철학이 밑바닥에 깔려 있습니다.

을 번다'는 말이 생기는 거죠.)

하여간 성공했다는 사람들, 돈도 많고 가방끈도 긴 분들, 흔히 말하는 전 국민의 1퍼센트에 해당하는 '종부세 내는' 사람들, 그리고 정치가나 행정가들이 서울 강남에 많이 살고 있다 합니다. 행정도시랍시고 새로 만든 세종시도 마찬가지 아닙니까? 부동산 업계 사람들이 만날 그런 이야기 하더라고요. '세종시가 공무원 도시니까 설마 거기 집값 내려가는 정책을 펴겠느냐?' 하면서 안심한다고 합니다. 저는 집과 땅이 상품으로 거래되지 않는 사회가 좋은 사회라고 생각합니다(싱가포르처럼 집을 팔더라도 건물값만 받고, 땅값은 받지 않는 것도 한 방법이라 봅니다). 물론 쉽지 않을 겁니다. 모든 걸 원점에서 다시 시작하면 가능할까, 소유관계나 이해득실이 복잡해서 공정성을 확보하기가 정말 어렵게 돼 있습니다.

생태민주주의와 지속 가능한 삶

생태민주주의가 되기 위해선 토지, 주거, 농사, 노동, 교육, 의료, 화폐 등을 상품화하지 않는 사회구조를 만들어야 합니다. 단 국가가 일방적으로 결정하여 분배하는 방식이 아니라, 민주적으로 풀뿌리 차원에서 토론과 합의를 통해 선택과 결단을 도출하는 것입니다. 집 하나 때문에 10~20년 월급을 모아야 하는 사람의 고충이 있는 반면, 다른 쪽에서는 머리 잘 쓰고 정보망이 좋아서 이사를 몇 번 하면서 1~2년 만에 그냥 수십억 짜리 집 한 채 장만하는 사람이 있습니다. 이로 인한 '상대적 박탈감'과 분노와 좌절이 사회 저변에 많이 깔려 있습니다. 이는 사회의 생명을 좀 먹는 과정입니다. 그리고 청년들은 월급 받아봐야 월세나 전세 내기 바쁘고, 심지어 초등학교 아이가 건물주가 꿈인 사회가 되어버렸습니다. 사회는 물론 사람마저 망가지는 과정이죠. 정말 사람을 위한, 사람답게 살 수 있는 지속 가능한 경제와 사회를 만들려면 우선 자신이 가진 기득권을 과감하게 내려놓고 원점에서 다시 생각해야 합니다. 훨씬 돈이 덜 들고, 덜 스트레스 받으면서도 살아갈 수 있는 삶의 방식이 가능하기 때문입니다.

이미 말씀드렸듯이 부탄은 GDP나 GNP 대신 GNH라는 지표로 나라를 운영하고 있습니다. 그 나라가 참 훌륭하다고 봅니다. 이 나라는 관광객을 받아들이는 데도 하루에 몇 명, 이렇게 제한하더라고요. 우리 제주도도 제2공항 같은 것 짓지 말고, 또 오름 같은 아름다운 경관을 보호하기 위해 1년에 관광객 몇 명, 총량을 정하고 월별로 몇 명씩 이렇게 제한했으면 합니다. 그렇게 절제도 하고 참을 줄도 알고, 그러면 그리움도 커지고, 막상 제주도에 갔을 때 더 좋지 않겠습니까. 마구잡이로 아무거나 할 수 있게 하면 소중한 줄 모르게 되는 것처럼, 어느 지역을 보는 것도 절제하는 가운데 오랫동안 그리워하고 방문해도 좋다고 생각합니다. 언제라도 갈 수 있다면, 재미도 좀 떨어질 것입니다. 제주 사람들 입장에서는 지금 관광객이 많아야 돈을 벌 수 있다고 생각할지는 모르지만, 더 중요한 건 그렇게 하면 너무 빨리 망가져버린다는 것, 자연이 회복력을 상실하고 마침내는 제주에 오는 관광객도 없어진다는 것이지요. 마치 보라카이라는 필리핀의 아름다운 섬이 너무 많은 관광객으로 망가졌던 것처럼 말입니다.

저는 하루에 한 시간 이상 책을 읽고, 한 시간 이상 텃밭에서 일하고, 똥오줌을 따로 받아 퇴비도 만들고, 닭과 강아지도 키우고, 그렇게 삽니다. 그러고 한 달에 몇 번 인문학 모임을 합니다. 동화책, 녹색평론, 일반 인문학 등의 모임이 있습니다. 만나면 재미있고 반갑고 또 서로 배웁니다. 신경림 시인이 말씀하셨듯, '못난 사람은 얼굴만 봐도 반갑다'는 것을 경험하지요. 스트레스나 불안감, 두려움도 서로 나누면 훨씬 줄어듭니다. 내일 세상이 멸망해도 '사과나무를 심을 수만 있다'면 그렇게 안타깝지 않습니다. 다만 세상이 멸망하지 않게 살아 있는 동안 같이 노력해보자는 것입니다.

제법 긴 시간 여러분들과 '지속 가능한 경제 – GNP/GDP를 중심으로' 이런 주제로 이야기했고, GNH가 그중, 하나의 대안이 될 수 있지 않을까 조심스레 말씀드렸습니다.

파이의 크기와 분배 못지않게 더 중요한 것은 '파이의 원천'을 생각하는 경제와 사회입니다. 사람으로 따지자면, 아이가 태어나 성장하고, 배우고, 또 뭔가 일하고, 죽을 때까지 행복해야 합니다. 그러려면 삶의 양보다 '삶의 질'이 중요합니다. 삶의 질을 높이려면 개인의 노력뿐만 아니라 사회가, 사회 전체의 생산구조와 소비구조가 바뀌어야 합니다. 자본과 권력의 지배구조뿐만 아니라 우리 자신의 욕망구조를 좀 더 성찰적으로 들여다볼 필요가 있습니다. 탄소문제나 지구온난화, 온실가스 문제를 생각하면, 자동차나 비행기 심지어 버스나 지하철 같은 대중교통조차 많이 줄여야 할 것입니다. 그 대신 걷기와 자전거 타기를 하면 좋겠습니다. 각종 자원 소비는 많이 줄이면 줄일수록 좋다고 봅니다. 집에서 전깃불도 가능하면 적게 켜고요.

그런 삶 속에서 내 삶의 질과 사회 전체의 행복을 함께 생각해야 비로소 GNP/GDP 개념을 넘어 GNH, 좀 행복한 살림살이, 행복한 사회로 갈 수 있습니다. 언제나 우리가 당연히 여기며 살고 있는 자본주의 사회는 많이 만들어 많이 팔고 많이 소비하는 게 잘사는 길이라 선전합니다. 그러면서도 끊임없는 돈중독·일중독으로 오늘의 행복을 내일로 미루게 합니다. 삶을 위한다 하면서 삶을 망치고 있습니다. 잘 생각해보면, 속임수이지요.

대부분의 부모나 선생님들은 초등학생들에겐 "야, 중학교 가서 놀아라." 그러죠. 중학교 가면, "고등학교 가서 놀아라." 하고요. 또 고등학교 가면, "대학 가서 놀아라." 대학 가면, "취업하고 놀아라." 취업하고 나면, "주말에 놀아라." 주말에 또 일 생기면, "휴가 때 놀아라." 나중에는 정년 이후, 노후, 이제 돌아가시고 나서 산소에 가서 평화롭게 누워야 진짜 휴식을 하게 됩니다. 아니, 무덤가에서 유령들끼리 잘 놀고 계신지도 모릅니다.

달리 말해, 자본이 말하는 대로, 또 그 자본주의에 자신도 모르게 세뇌되고 적응이 되어 '강자 동일시'에 젖은, 그분들 스스로가 '돈중독' '일중독' 환자인 부모나 선생이 말하는 대로 산다면, 거칠게 말하자면, 인생 헛살기 쉽습니다. 행복의 부단한 유예와 끊임없는 돈벌이 과정 속으로 우리 인생이 휘말리기 때문입니다. '중독'의 늪에서 빠져나와 우리가 중심을 잡고 사는 길은 결국, '오늘 행복을 오늘 찾는 것'입니다. 그런데 오늘 행복을 오늘 찾기 위해서라도 깨어 있는 이웃들과 함께 토론하고, 학습하고, 성찰하면서 한걸음씩 나아가야 합니다. 그렇게 차곡차곡 한걸음씩 간다면, 혹시라도 새로운 희망이 생길지 모르고, 또 어쩔 수 없이 세상의 멸망이 오더라도 그 순간까지는 행복할 수 있지 않겠습니까?

정말 소박하고 작은 수많은 풀뿌리 공부모임들, 그 속의 만남, 토론, 이런 것이 모여 여론과 새로운 정책을 만들어낼 것입니다. 그런 힘으로 마침내 세상을 구할 것입니다. 최선을 다했는데도 안 된다면 어쩔 수 없습니다. 하지만 처음부터 냉소주의나 비관주의로 손을 놓을 순 없죠. 남들이 다 그렇다고, 나 또한 맹목적 성장주의와 물질주의에 부화뇌동할 수도 없습니다. 어쨌든 저는 최선을 다해 더불어 공부하고 비판적으로 토론하고 대안적인 것들을 실험하는 것만이, 우리가 사회적 책임을 다하는 길이라 여깁니다. 한 방울 한 방울 떨어지는 낙숫물이 커다란 바위를 뚫는다 했습니다. 거창한 구호보다 그렇게 나날의 일상적인 실천 속에 구체적인 희망이 있다고 생각합니다.

줄을 세워 목표점에 빨리 도달하는 '1등'을 만들고 그 '1등'만이 잘사는 사회를 만들면 안 됩니다. '1등'이 아닌 나머지 다른 아이들은 어떻게 하라구요. 아이들 모두, 저마다 자기가 하고 싶은 일을 스스로 선택하고 여러 갈래의 다양한 목표에 열심히 즐겁게 다가가는 삶을 살 수 있도록 사회는 옹호하고 지켜주어야 합니다. 저마다가 저마다의 뜻으로 소중한 '단 한 사람의 고귀한 존재'임을 느끼게 해주어야 합니다. '1등'을 위한 'First One'의 경쟁가치 사회가 아닌, '저마다'를 존중하는 'Only One'의 존재가치 사회로 바꾸어야 합니다. 그 'Only One'들이 서로가 서로를 아끼며 손을 잡고 함께 '사람 사는 사회'를 성숙시킬 수 있도록, 또한 모두가 자연의 작은 일부임을 깨닫고 자연과 생명을 존중하는 새로운 '생태사회'를 만들어 나갈 수 있도록 그렇게 아이들 하나하나를 소중하게 키워야 합니다.

쟁점과 핵심어

강자 동일시

●

무엇이 우리의 행복을 가로막는가

돈중독·일중독

초판 1쇄 인쇄 2021,05,17
초판 1쇄 발행 2021,05,25

지은이 강수돌
펴낸이 김선식

경영총괄 김은영
편집주간 김지환
책임마케터 권장규
마케팅본부장 이주화
마케팅2팀 권장규, 이고은, 김지우
미디어홍보본부장 정명찬
홍보팀 안지혜, 김재선, 이소영, 김은지
뉴미디어팀 김선욱, 허지호, 염아라, 김혜원, 이수인, 배한진, 석찬미
저작권팀 한승빈, 김재원
경영관리본부 허대우, 하미선, 박상민, 권송이, 김민아, 윤이경, 이소희,
      이우철, 김재경, 최완규, 이지우, 김혜진
디자인 노승우
표지 그림 박주경

펴낸곳 다산북스 출판등록 2005년 12월 23일 제313-2005-00277호
주소 경기도 파주시 회동길 490
전화 02-704-1724
홈페이지 www.dasanbooks.com
이메일 samusa@samusa.kr
용지 IPP · 인쇄 영진문원 · 후가공 제이오엘앤피 · 제본 정문바인텍

ISBN 979-11-306-3758-7 03300

줄을 세워 목표점에 빨리 도달하는 '1등'을 만들고 그 '1등'만이 잘사는 사회를 만들면 안 됩니다. '1등'이 아닌 나머지 다른 아이들은 어떻게 하라구요. 아이들 모두, 저마다 자기가 하고 싶은 일을 스스로 선택하고 여러 갈래의 다양한 목표에 열심히 즐겁게 다가가는 삶을 살 수 있도록 사회는 옹호하고 지켜주어야 합니다. 저마다가 저마다의 뜻으로 소중한 '단 한 사람의 고귀한 존재'임을 느끼게 해주어야 합니다. '1등'을 위한 'First One'의 경쟁가치 사회가 아닌, '저마다'를 존중하는 'Only One'의 존재가치 사회로 바꾸어야 합니다. 그 'Only One'들이 서로가 서로를 아끼며 손을 잡고 함께 '사람 사는 사회'를 성숙시킬 수 있도록, 또한 모두가 자연의 작은 일부임을 깨닫고 자연과 생명을 존중하는 새로운 '생태사회'를 만들어 나갈 수 있도록 그렇게 아이들 하나하나를 소중하게 키워야 합니다.

우리 모두는 나만 잘살고 싶은 이기적인 면도 있지만 함께 나누며 살고 싶어 하는, 이타적인 마음도 갖고 있습니다. … 이기적인 듯 보이는 개인도 그 속 깊이 어딘가엔 분명히 '이타성'이 숨어 있습니다. 최소한 '나의 이기성'을 인정하듯, '남의 이기성'도 인정합니다. 따라서 '나의 이기성과 남의 이기성이 서로 충돌할 때 나는 어떻게 해야 하나'를 고민할 줄 아는 '염치'는 누구나 가지고 있습니다. 우리는 우리들 마음 깊은 곳에 있는 '우리의 이타성'을 살려내야 합니다. 그래야 불행하지 않고 행복해집니다. 우리 모두 행복해지기 위해서 우리의 마음을 활짝 열었으면 좋겠습니다. 서로 마음의 문을 열고 소통하고 배려하고 연대하면 '희망'은 얼마든지 만들 수 있습니다. 그 희망은 옛 노래말처럼 '둘과 둘이 모여 커단 함성될 때' 구체적 현실이 됩니다. 저는 그 희망을 믿습니다.